中国农民社会保障法律制度研究

ZHONGGUO NONGMIN SHEHUI BAOZHANG FALÜ ZHIDU YANJIU

肖新喜 著

中国政法大学出版社

2019 · 北京

图书在版编目（CIP）数据

中国农民社会保障法律制度研究/肖新喜著.—北京:中国政法大学出版社,2019.10
ISBN 978-7-5620-9261-2

Ⅰ.①中… Ⅱ.①肖… Ⅲ.①农民－社会保障法－研究－中国 Ⅳ.①D922.504

中国版本图书馆CIP数据核字(2019)第239075号

出版者	中国政法大学出版社
地　址	北京市海淀区西土城路25号
邮寄地址	北京100088信箱8034分箱　邮编100088
网　址	http://www.cuplpress.com（网络实名：中国政法大学出版社）
电　话	010-58908586(编辑部)　58908334(邮购部)
编辑邮箱	zhengfadch@126.com
承　印	固安华明印业有限公司
开　本	720mm×960mm　1/16
印　张	17.25
字　数	285千字
版　次	2019年11月第1版
印　次	2019年11月第1次印刷
定　价	49.00元

前 言

中国农民社会保障法律制度是我国社会保障法的重要组成部分，它的制度构建与完善对于帮助农民摆脱贫困、谋求发展具有至关重要的意义。然而，由于城乡二元经济社会结构的影响，我国社会保障法律制度也呈现为城乡二元结构。城乡二元结构下的农民社会保障制度存在法制不完善、保障范围窄、保障水平低等缺陷，严重影响了农民社会保障权益的实现。进入21世纪，我国社会经济已经进入工业支持农业、城市支持农村的发展新阶段。于是，我国社会保障事业也迈入破除城乡二元结构，实现城乡一体化发展的新阶段，农民社会保障法律制度建设获得较大进步，以国家为主导筹资主体、以农民社会保险为核心的现代社会保障法律体系雏形初显。然而，目前的农民社会保障法律制度仍存在诸多不足，需从诸多方面予以完善，以确保农民社会保障权的充分实现，促进社会公平。文章以分析我国农民社会保障法律制度的不足为进路，采取多种研究方法，提出完善我国农民社会保障法律制度的若干建议，期望能为我国构建科学的农民社会保障法律制度提供可资借鉴的成果。

社会保险法律制度在现代社会的农民保障法律制度中居于核心地位，其中，养老保险与医疗保险最为重要。中华人民共和国成立后，我国的农民养老保险和农民医疗保险都经历了新旧两个发展时期。目前，我国已经建立和实施新型农村养老保险以及新型农村合作医疗等两种社会保险法律制度。毫无疑问，它们的建立实施对于我国农民应对老龄风险与疾病风险意义巨大。然而，上述两种社会保险制度都存在异化现象。主要表现为：权利取得制度不符合社会保险的强制性特征；国家的责任承担不足，不利于消除城乡社会保险的二元结构，违背社会正义；集体筹资责任的承担因为其未能有效实现而成为一句口号；监管制度不完善导致基金风险大，无法有效保值增值等诸多缺陷。这些不足导致了农民社会保险权不能充分有效地实现。要消除农民社会保险法律制度的异化，保障农民社会保险权的实现，就必须完善相应的法律制度。其一，将自愿参保原则改为强制参保原则，以克服农民社会保险的逆向选择问题，实现社会保险互济互助的制度目标。其二，形成长效的国家投入机制，采取多种措施促进集体经济有效实现，为农民社会保险的顺利发展提供物质基础。其三，实现农民社会保险基金增值保值渠道的多元化，保证农民社会保险水平与农村社会经济发展同步增长。其四，根据管办分离、监管分离原则构建农民社会保险的监督管理制度，消除危害基金安全的违法行为，保证基金安全。其五，强化农民在社会保险管理中的话语权，建立农民知情权、参与权以及监督权的落实机制，保证农民社会保险权益的顺利实现。

社会救助制度是农民社会保障的最低层次，其目的在于满足农民最基本需求，保证农民生存权的实现。因此，中华人民共和国成立后至今，它一直是最受国家重视的农民社会保障法律制度。我国农民社会救助法律制度的发展经历两大阶段：工业化初期与工业化中后期的农民社会救助制度。工业化前期的农民社会救助以集体责任为主，国家责任为辅，工业化中后期的农民社会救助则以国家责任为主，集体责任为辅。我国目前的农村社会救助法律制度主要存在以下问题：其一，项目不完整。主要表现为只重视满足较低层次农民需求的社会救助项目而忽视能够满足较高层次农民需求的社会救助项目。其二，筹资渠道狭窄。农民社会救助不应将国家的责任绝对化，而应强调筹资渠道的多元化。我国目前仅强调国家在农民社会救助中的筹资责任，导致农民社会救助资金不足。其三，实行多头管理，监督管理机制不完善。其四，法律渊源的效力层次低，体系化不足。要发挥农民社会救助法律制度的功能，就需完善我国农民社会救助制度。第一，增加农民社会救助的项目，使其能够满足不同地区的农民不同层次的救助需求。第二，重视社会筹资以及集体的筹资功能，采取积极措施促进集体经济的有效实现，发挥集体在农村社会救助中的应然功能。第三，统一管理机构，统一农村社会救助的资金管理，强化农民的参与管理权与话语权，提高农民社会救助资金的使用效率。第四，提升农村社会救助立法的层次，强化其效力，并实现农村社会救助法律制度的体系化。

农民社会福利是保障水平最高的社会保障项目，其目的在于满足农民的发展需求。由于我国尚处于社会主义初级阶段，农民社会福利事业落后，农民社会福利法律制度颇不健全。我国的农民社会福利法律制度的发展经历了两个发展时期：计划经济时期的农民社会福利制度与市场经济时期的农民社会福利法律制度。目前，我国农民社会福利法律制度主要存在以下问题：其一，国家与集体责任的严重缺失；其二，农民福利项目缺乏普惠性，只注重特殊人群的基本福利需要而忽视普通农民的社会福利需求。其三，农民社会福利机制的实施忽视农民需求以及集体经济组织的功能发挥等问题。要使农民社会福利权的实现与社会经济水平同步发展，必须完善我国的农民社会福利法律制度。首先，强化国家对农民的社会福利责任，明确规定国家对农民福利的支出在国家财政总支出的比例。其次，农村福利制度应由补缺型福利向普惠型福利转变，注重农民社会公共福利项目建设，将农民社会福利权的主体扩张至全体农民。再次，国家应采取财政、税收等手段促使集体经济有效实现，并注重集体经济组织在农民公共福利供给中的管理、实施功能的发挥。最后，实现农民福利管理体制的统一，强化农民在农村社会福利的决策、生产以及使用中的话语权。

目　录 CONTENTS

Introduction 导论

发达国家的经验表明，社会保障事业的顺利发展必须法制先行，我国农民社会保障事业的发展也不例外。完善的法制是农民社会保障权实现的制度保证。我国进入工业反哺农业、城市支持农村的发展新阶段后，农民社会保障事业发展迅速。然而，农民社会保障法律制度的不完善为我国农民社会保障事业的发展蒙上了阴影。因此，发展我国农民社会保障事业迫切需要研究农民社会保障法律制度的不足并提出相应的完善建议。

一、选题背景

（一）农民社会保障法律制度建设是我国社会保障法治化的薄弱环节与重中之重

我国过去实行“工业优先、城市优先”的经济发展战略，在工业化初期，因需提取农业剩余支持工业和城市的发展，由此，我国的社会经济发展是典型的城乡二元结构。社会经济发展的城乡二元结构导致我国社会保障的城乡二元结构。当时国家没有财力发展农民社会保障事业，导致我国农民社会保障法制状况落后也实属当然。然而，进入21世纪，我国的社会经济已经步入“工业反哺农业、城市支持农村”的发展新阶段。为农民建立完善的社会保障体系，实现社会保障的城乡一体化，成为我国社会保障法律制度建设中的时代最强音。2006年中央1号文件《中共中央、国务院关于推进社会主义新农村建设的若干意见》提出，逐步建立农村社会保障制度。按照城乡统筹发展的要求，逐步加大公共财政对农村社会保障制度建设的投入。

2006年10月，在党的十六届六中全会通过的《中共中央关于构建社会主义和谐社会若干重大问题的决定》中提出，完善社会保障制度，保障群众基本生活。适应人口老龄化、城镇化、就业方式多样化，逐步建立社会保险、社会救助、社会福利、慈善事业相衔接的覆盖城乡居民的社会保障体系。到2020年基本建立覆盖城乡居民的社会保障体系。党的十七大报告曾指出，统筹城乡发展，推进社会主义新农村建设。加快建立覆盖城乡居民的社会保障体系，保障人民基本生活。党的十七届三中全会通过的《中共中央关于推进农村改革发展若干重大问题的决定》提出，健全农村社会保障体系。贯彻广覆盖、保基本、多层次、可持续原则，加快健全农村社会保障体系。党的十七届五中全会要求，健全覆盖城乡居民的社会保障体系。坚持广覆盖、保基本、多层次、可持续方针，加快推进覆盖城乡居民的社会保障体系建设。实现新型农村社会养老保险制度和城乡社会救助的全覆盖。由此可知，我国社会保障法律制度的发展道路是覆盖城乡——城乡衔接——城乡一体化。然而，城乡社会保障二元结构下的农民社会保障法制建设远远落后于城市居民的社会保障法制建设。主要表现为：农民社会保障项目少；农民社会保障法律体系不完整；农民社会保障法律渊源效力层次低等。由此可知，实现城乡一体化的社会保障制度的薄弱环节在农村，农民社会保障法律体系的完善是我国社会保障法治建设的关键。只有完善农民社会保障法律制度，我国才能消除社会保障的城乡二元结构，实现社会保障的一体化发展。

（二）农民社会保障权利贫困是解决“三农”问题的重大障碍

解决“三农”问题是我党和国家工作的重中之重，然而农民社会保障权利贫困是解决“三农”问题的重大障碍。

第一，农民社会保障权利贫困阻碍了农业适度规模经营的发展。邓小平曾指出：中国社会主义农业的改革和发展，要有两个飞跃，第一个飞跃，是废止人民公社，实行家庭联产承包为主的责任制。这是一个很大的前进，要长期坚持不变。第二个飞跃，是适应科学种田和生产社会化的需要，发展适度规模经营，发展集体经济。这又是一个很大的前进，当然这是很长的过程。“两个飞跃”为我国社会主义农业的发展指明了方向和途径。即我国社会主义农业发展的目标是适度规模经营和集体经济，以此为基础实现农业的现代化。虽然我国农村的经营体制为统分结合的双层经营体制，但几乎所有村庄都采取分散经营的方式。要实现农业发展的第二个飞跃，则需通过承包经营权的流转实现土地的集中。虽然学者大力鼓吹土地承包经营权流转的意义，政府也采取相应的措施推动土地承包经营权的流转，但收效甚微。之所以出现这样结果的原因，是农民社会保障权利的缺失，导致农地成为农民的基本生存保障。这导致农民普遍缺乏土地承包经营权的流转意愿，从而使得农业生产的适度规模经营无法顺利实现。由此可知，农民社会保障权利贫困是阻碍我国农地实现规模经营的主要原因。

第二，农民社会保障权利贫困是影响农民发展的重要原因。“三农”问题的核心是农民物质资源的贫困。解决“三农”问题的最终目的在于消除农民的物质贫困状况，促进农民发展。农民贫困的内容包括：物质贫困、能力贫困、权利贫困以及动机贫困。就我国目前的农村现状而言，农民的贫困在以上几个方面都普遍存在。然而，在我国农民的上述几个贫困当中，社会保障权利的贫困既是其他贫困发生的原因，也是其他贫困的综合反映，是影响农民发展的最重要因素。具体言之，其一，社会保障权的贫困导致农民丧失发展的物质基础；其二，社会保障权的贫困限制农民自由流动，使农民无法自由发展。通过以上论述可知，农民社会保障权利贫困是解决“三农”问题的重大障碍。要解决“三农”问题，就必须构建和完善农民社会保障法律制度消除农民社会保障权利贫困问题。

二、问题提出

随着我国社会经济发展进入“工业反哺农业、城市支持农村”的新阶段，我国政府的财政能力大增，农民社会保障事业取得了长足发展，农村社会保障法律制度也不断构建与完善。虽然如此，我国农民社会保障法律制度仍存在一些问题：其一，农村社会保障法制相对不够健全。这主要表现为我国农村社会保障立法缺失，制度的稳定性和持续性相对较差。其二，我国农村社会保障能力不足，水平及效果相对较差。比如，相较于我国的社会平均经济发展水平而言，我国农民社会保障法律制度存在覆盖面小、保障项目少以及社会化程度低等弊端，这都影响了农民社会保障权的享有与实现。其三，农村社会保障基金筹集困难，资金管理相对较不规范。农民社会保障法律制度的筹资困境主要表现在：政府对农民社会保障的资金投入相对不足；集体经济组织因为集体经济的式微也难以为其成员提供相应的保障基金等；农民社会保障基金被挤占、挪用等现象比较普遍；而作为农民社会保障法律制度核心的社会保险制度又采取了自愿筹资模式。上述三个因素导致了我国农村社会保障基金筹资存在困难，不利于农民社会保障事业的顺利开展。其四，农民社会保障管理制度存在弊端。主要是管理主体多元化，相互之间职责不清等，这都影响了我国农民社会保障水平的提高，使得农民社会保障权不能有效实现。

总而言之，我国农民社会保障事业虽然取得长足发展，但在其运行的各个环节依然存在不少问题。那么，究竟应如何解决这些问题？世界各个国家社会保障事业发展的经验告诉我们，社会保障事业要想顺利发展，必须遵循法制先行原则，我国农民社会保障的发展也不应例外。因此，应对现行农民社会保障法律制度进行深入研究，以此为基础，不断完善相应的制度建设，确保我国农民社会保障事业的顺利推进。

三、研究目的

法律制度的完善对我国农民社会保障事业的持续健康发展具有至关重要的作用。要完善农民社会保障法律制度，其前提是探究我国目前农民社会保障法律制度存在的问题。因此，根据社会保障的运作机制以及所欲实现的目标，分析我国农民社会保障法律制度的不足成为本书研究的初级目的。针对我国目前农民社会保障法律制度不足，提出符合我国实际情形的完善建议，期望为我国农民社会保障法律制度的构建提供值得参考的意见，是本书研究的次级目的。集体经济组织是我国农民社会保障法律关系的重要主体之一，而以私有制为基础的社会保障法律制度并不能为集体经济组织切实承担其职责提供理论基础和行动指导。因此，我国农民社会保障领域存在典型的“中国经验”。而这一“中国经验”并不能用移植而来的国外社会保障法理论予以剪裁。因此，根据我国农民社会保障领域内的“中国经验”形成农民社会保障法律理论并使之与继受而来的国外社会保障法理论融合协调，并探索我国农民社会保障法理论的本土化，是本书研究的第三重目的。

四、选题意义

（一）选题的理论意义

1. 该选题加强法学学科对农村社会保障问题的研究力度，弥补法学学科对农村社会保障问题研究之不足

随着党中央、国务院对“三农”问题的日益重视以及将解决农村社会保障问题提上议事日程，农村社会保障问题已经成为理论界的研究热点，出现了大量的研究农村社会保障问题的科研成果。但是，研究农村社会保障问题的学者绝大部分为经济学学者或社会学学者，其成果也多属于经济学领域和社会学领域。法学学者对农村社会保障问题的研究没有给予相应的重视，以农村社会保障法律制度作为研究主题的科研成果寥寥无几。由此可见，法学

学科对农村社会保障问题的法理研究相对薄弱，应该着力强化。法学学科对农村社会保障问题研究之不足根源于以下几个原因：其一，我国长期以来存在的城乡二元经济结构与社会结构使现代农村社会保障实践缺失，这是法学研究未能关注农村社会保障问题的根本原因。城乡二元经济结构与社会结构的存在必然导致我国城乡社会保障制度的二元性。城乡社会保障的二元性体现在城市已经建立起较为完备的、保障水平较高的社会保障体系，而农村的社会保障体系仍以家庭保障、土地保障为主，现代意义的社会保障体系要么缺失，要么正在建立的探索过程中。既然现代农村社会保障实践缺失，因而就无法产生农村社会保障法律关系，也就没有必要立法对农村社会保障关系进行调整。由此可见，现代农村社会保障实践的缺失是法学对其研究不足的原因之一。其二，社会保障问题研究的跨学科性以及作为社会保障法学的新兴性，也是法学学科对农村社会保障问题研究不足的重要原因。社会保障问题研究具有跨学科性，法学、政治学、社会学与经济学都能运用自己的方法，从本学科的视角研究农村社会保障问题。从法学学科的角度看，农村社会保障问题属于社会法学的研究范畴。而社会法学作为一个新兴学科，其研究重点应该是社会保障法的基础理论。只有这样，才能为社会法作为一个独立的法学部门奠定坚实的理论基础。这样一来，受限于研究精力，社会法学学者便无暇顾及农村社会保障问题的研究。其三，农业产业的弱势地位与农民的弱势地位导致研究“三农”问题的效益低，使法学学者不够重视对农村社会保障问题的研究，这也是法学学科对农村社会保障问题研究薄弱的原因之一。正是基于以上原因，国内关于农村社会保障的研究成果几乎都属于社会学与经济学领域，法学研究成果极其少见。随着我国工业化、城市化以及城乡一体化进程的加快，农村社会保障实践必然会普遍发生与存在。要有效解决农村社会保障问题，法制化是不二之选，这就必然要求强化农村社会保障的法理研究。而该选题正好可以满足上述需要，能加强对农村社会保障的法学研究。

2. 该选题可以弥补现在社会保障法律理论对农村社会保障研究之不足，深化社会保障理论对农村社会保障的研究，使社会保障法律理论更加完整

社会法是一个新的独立之法律部门或制度，社会法学是一门新兴学科与交叉学科。而新兴法律部门或制度要走向成熟与完善，离不开对其基础理论

的成熟与深入研究。因此，目前我国社会法学学者研究的重点就在于社会保障法的基础理论，包括社会保障法的调整对象、基本原则、内容与体系等。又因为我国城乡二元经济与社会结构，使农村的社会保障实践很不完善，因此，即使研究具体社会保障法律制度，也以城市社会保障法律制度研究为主，对农村社会保障法律制度的研究或轻描淡写，或一笔带过。基于以上两个原因，我国社会保障法学者对农村社会保障问题的研究抱有忽视的态度，研究内容也存在不全面与不深入等问题。而随着我国城乡一体化进程的快速推进，农村社会保障法制建设也被党中央、国务院提上议事日程，这就要求社会保障法律研究者改变对农村社会保障法律问题研究的忽视态度，强化农村社会保障法理论的研究力度，深化研究内容。因此，本书能够弥补我国社会保障法理论研究之不足，对于社会保障法理论的完善具有重要意义。

（二）选题的实践意义

1. 该选题可以完善我国社会保障法律体系

源于我国城乡二元经济结构与社会结构，我国的社会保障体系也是二元结构，具体表现为城市的社会保障法律制度比较完善与健全，而农村的社会保障法律制度则不够完善。随着我国工业化与城市化进程的不断推进，党中央提出了统筹城乡发展的战略，而统筹城乡社会保障也当然成为统筹城乡发展的重要内容之一。统筹城乡发展将农村社会保障法律制度的建设提上了议事日程。因此，以立法论的立场研究农村社会保障法律制度，并构建内容完整、体系严谨的农村社会保障法律体系，对于推进我国社会保障事业的发展，完善我国社会保障法律制度体系具有重大意义。而本书的研究就是要尽力尝试构建我国农村社会保障法律体系。

2. 该选题可以促进我国“三农”问题的解决，推进社会主义新农村建设

第一，完善的农民社会保障法律制度可以减轻农民负担，提高农民生活水平。由于农产品的价格需求弹性与替代收入弹性较低等原因，导致农业收益低，农业成为弱势产业，农民成为弱势群体。随着社会经济的发展，医疗问题、养老问题已成为我国农民沉重的负担。而完善的农村社会保障法律制度是解决农民生存风险，减轻农民负担的有效措施。

第二，建立完善的农民社会保障法律制度可以促进农业经营的规模化与现代化，提高农业生产效益。邓小平同志指出，我国社会主义农业的发展，要有两个飞跃，其中第二个飞跃即要适应科学种田与生产社会化的需要，发

展适度规模经营，发展集体经济。而要实现第二个飞跃，就必须建立完善的农村社会保障法律制度。因为，完善的农民社会保障法律制度的建立，可以在有效保护农民合法权益的前提下促进农地流转，并在此基础上实现农业经营的规模化与现代化，提高农业生产效益。在以土地作为唯一生活保障的情形下，拥有土地使用权并进行耕作就成为农民最基本与最终的保障手段，要形成农地的规模流转并实现农业经营的适度规模化与现代化，既不现实也不可能。完善的农村社会保障法律制度的建立就可以取代土地保障的功能，促进农地流转。通过流转，将不善于从事农业生产但善于并愿意从事非农产业的人解放出来，从事非农产业，而将土地流转到善于经营农业的人手中。因此，社会保障制度能够有效促进农地流转。土地流转可实现以下两个效果：一是可将部分农民转移到非农产业，促进工业化与城市化。二是将土地流转到善于从事农业生产的人手中，促进农业生产的规模化与现代化，进而提高农业生产率。由此可见，建立完善的农民社会保障法律制度是实现邓小平同志所提“两个飞跃”中第二个飞跃的有效措施。

第三，建立完善的农村社会保障法律制度，可以更好地实现社会公正，维护农村社会的稳定。通过城乡二元经济与社会结构，农业、农民为我国社会主义的工业化与城市化提供了巨大的资本积累。随着我国进入工业化的中期阶段，现在进行“工业反哺农业，城市支援农村”正当其时，只有这样，才可解决日益扩大的城乡差距问题，保持农村社会的长治久安。而建立完善的农村社会保障法律制度，无疑是缩小城乡差距，实现城乡一体化的重要手段之一。

总而言之，该书对于实现我国农村社会保障政策的法制化和完善农村社会保障法律制度意义巨大。而完善的农村社会保障法律制度能够有力促进我国“三农”问题的解决，实现建设社会主义新农村的发展战略与全面建设小康社会的社会发展目标。

五、文献综述

目前关于农民社会保障法律制度的研究成果，根据其研究范围，可以分为整体性研究与项目性研究两种。所谓整体性研究是指研究范围包括农民社会保障法律制度的所有内容，既包括农民社会保障法律制度的一般理论又包括农民社会保障法律制度的具体理论。所谓项目性研究是指研究范围仅包括某一项目的农村社会法律制度，比如对新农保法律制度的研究、新农合法律制度的研究等都属于此种研究。根据体系化方法，可以将研究成果分为农民社会保障法律制度一般理论研究以及农民社会保障法律制度具体理论研究。

（一）农民社会保障法律制度的一般理论研究

近年来，随着国家对“三农”问题的日益重视，农村社会保障问题成为学者的研究热点，有关农村社会保障问题的研究成果大量涌现，主要研究内容包括以下方面：我国农村社会保障存在的问题；完善我国农村社会保障的建议；我国农村社会保障的体系与内容；我国农村社会保障制度的建构模式；我国农村社会保障制度的建构措施等。具体言之：

1. 我国农村社会保障存在的问题

关于我国农村社会保障所存在的问题，学者之间虽然存在差异，但都认为我国农村社会保障存在以下不足：其一，农村社会保障法律制度不健全。其二，我国农村社会保障能力不足、水平低、效果较差。其三，农村社会保障基金筹集困难，资金管理不规范。

2. 完善我国农村社会保障制度的对策与建议

针对我国农村社会保障制度存在的问题，学者提出了相应的完善建议：

第一，大力发展农村经济，保障农民收入增长。同时应该采取必要措施，调整收入分配的格局，调整劳动力要素的分配比例，力争保障农民的利益，提高农民缴费能力。

第二，多渠道筹措农村社会保障资金。政府应加大投入，同时高度重视农村保障金的管理与保值增值，建立健全相应的财务核查、审计、监督等制度。

第三，构建科学合理的农村社会保障管理体制。现有农村社会保障制度建设中以部门为界限、分散决策的做法已远远不能适应现实需要，必须在各关联业务部门之上建立一种有效的、统一负责的领导协调机制，具体负责农村社会保障制度的运行，确保有关决策得到有效执行。

第四，加快农村社会保障法制建设。通过法制建设，规范农村各项社会保障制度的发展。

3. 我国农村社会保障制度的内容

我国农村社会保障制度应该包括哪些内容，这些内容如何构成一个有机整体，也是近年来社会保障理论研究者研究的重点。学者通说认为我国农民社会保障法律制度的内容应主要包括：农民社会保险、农民社会救助以及农民社会福利等三项具体法律制度。

4. 我国农村社会保障制度的模式选择

模式选择是农村社会保障法律制度构建的前提，这决定我国农村社会保障法制的体系与内容。关于我国农村社会保障制度构建的模式选择，主要有以下三种观点：城乡分割或城乡二元的农村社会保障模式；城乡衔接的农村社会保障模式；城乡一体化的农村社会保障模式。

5. 对以上研究成果的评述

学者对于农村社会保障基础理论的研究成果具有以下特征：

第一，经济学与社会学研究成果丰富，法学学科的研究成果相对不足，这表明法学学者对农村社会保障问题的关注程度相对不足。法学研究成果的匮乏与法学学者对农村社会保障问题研究的轻视对我国农村社会保障事业的发展所造成的负面影响大，必须予以纠正。理由在于：在法治国家的治国战略目标下，法治化是农村社会保障制度发展的必然要求，而社会保障制度的法治化的实现，离不开广大法学家对农村社会保障问题的深入研究并为之提供理论支持与指导。因此，法学学者与学科对农村社会保障问题研究之不足不利于我国农村社会保障制度的发展，不利于我国“三农”问题的解决与全面建设小康社会发展目标的实现。要解决上述问题，国家应该采取一定的措施鼓励法学学者对农村社会保障问题的研究，法学学者也应转变对农村社会保障问题研究的忽视态度，充分认识对农村社会保障问题研究的重要意义。在态度转变的基础上，法学学者应对农村社会保障问题进行全方位的深入研究，力争出现一批科学务实的优秀研究成果，为我国农村社会保障问题的法制化尽心尽力。

第二，以上研究成果的时代性强，与国家对“三农”问题的重视程度相同步。我国学者对农村社会保障问题的研究成果绝大部分出现在2005年之后。原因在于2005年10月，党的十六届五中全会通过的《中共中央关于制定国民经济和社会发展第十一个五年规划的建议》明确提出了，建设社会主义新农村是我国现代化进程中的重大历史任务。2006年中央1号文件《中共中央、国务院关于推进社会主义新农村建设的若干意见》明确指出，要加快建立有利于改变城乡二元结构的体制机制，实行城乡劳动者平等就业的制度，建立健全与经济发展水平相适应的多种形式的农村社会保障制度。随着党中央、国务院建设社会主义新农村的发展战略的提出并将农村社会保障制度的建立提上议事日程，农村社会保障问题因被党和国家重视而成为学界研究的热点问题。较强的时代性可以集中学界力量解决农村社会保障中存在的问题，因此具有较强的针对性。其不足在于有可能造成学术研究具有较强的功利性，进而使农村社会保障中的问题研究缺乏持续性并背离科学研究探求真理之研究目的。对农村社会保障问题的理论研究应该摆脱受政策影响较大而造成的功利性之不足。学界应该持续研究农村社会保障问题，探寻其发展规律，为我国农村社会保障制度建设持续贡献自己应尽的力量。

第三，忽视集体经济组织的社会保障职责。根据集体所有制与社会主义共同富裕的本质要求，农村集体经济组织是我国农民社会保障法律关系主体中的重要一级。集体经济组织在农民社会保障制度的基金筹资、资金运营、监督管理、给付实施中所发挥重要的职能，能够确实保证农民社会保障权的实现。然而，我国目前研究成果都在大谈特谈国家在农民社会保障中的职责而忽略了农民集体经济组织对其成员的社保职责。这是违背社会主义公有制本质要求的，今后的研究成果应尽量克服这一不足，将集体经济组织的社保职责纳入研究者的视野范围。

（二）农民社会保障法律制度的具体理论研究

学者关于农民社会保障法律制度具体理论的研究主要包括以下内容：农民社会保险法律制度研究；农民社会救助法律制度研究；农民社会福利法律制度研究。

1. 农民社会保险法律制度研究

这主要包括两方面的内容：农民社会保险基础理论研究以及农民社会保险具体制度研究，后者主要以现行的新农合以及新农保等法律制度为研究对象。需要提及的是，我国目前农民社会保险法基础理论研究的成果远少于农民社会保险具体制度的研究成果。这表明我国农民社会保险法律制度研究的对策性目的非常强。

2. 农民社会救助法律制度研究

学者关于农民社会救助法律制度的研究内容主要包括它的实然状态与应然状态。关于农民社会救助法的实然状态，主要集中于农民社会救助法历史沿革、制度现状与取得之成就等。关于农民社会救助法的应然状态则是根据农民社会救助的运作机理，遵循一定的价值目标提出相应的制度完善建议。

3. 农民社会福利法律制度的研究

学界对我国农民社会福利法律制度的研究成果最少，其研究内容主要集中在以下三个方面：我国农民社会福利的覆盖人群；农民社会福利事业发展的总体思路；农民社会福利事业发展方式即社会化等。

4. 对以上研究成果的评述

第一，农村社会保险基础理论研究比较薄弱。其一，研究成果较少。相对于研究成果丰硕的农村养老保险与农村合作医疗制度等具体社会保险制度研究，我国农村社会保险基础理论的研究颇为不足，这不利于我国农村社会保险制度的建立与完善。其二，农村社会保险基础理论的研究与具体农村社会保险制度研究脱节，不利于我国农村社会保险法律体系的建立。农村社会保险基础理论是通过对各种具体的农村社会保险制度共通性的抽象，形成农村社会保险法总论，并在此基础上构建科学合理的农村社会保险法立法体系。总分研究脱节表现在以下两个方面：一方面，研究成果不成比例，即农村社会保险基础理论研究成果缺乏，而具体农村社会保险制度研究成果丰硕，由此导致农村社会保险的基础理论与具体制度理论内容不相匹配。另一方面，研究内容脱节。具体言之，由于对具体的农村社会保险制度共通性抽象不足，使农村社会保险基础理论的内容并不是对具体农村社会保险制度共同内容的提取，这种情形不利于农村社会保险法律的体系化。科学完善的农村社会保险基础理论研究能够帮助建立结构合理、逻辑严谨的农村社会保险法律体系，基础理论研究的薄弱使农村社会保险总论无法对诸种具体的社会保险制度进行有效的理论指导，进而会使诸种具体的农村社会保险制度无法形成有机联系的整体。

第二，新型农村养老保险制度研究成果的评述。首先，学术界成果颇丰，但专著数量远远少于论文数量。其次，法学学科对农村养老保险的研究严重滞后于社会实际需要，不利于我国农村养老保险事业的发展。虽然研究农村养老保险的成果颇丰，但以经济学、管理学与社会学研究成果居多，而法学研究成果寥寥无几。这与法制建设在推动农村社会保障事业中的重要地位形成极大反差。社会保障的法制化，是现代各国社会保障制度发展所遵循的普遍规律，也是法治国家的必然要求。法学学者对农村养老保险制度研究的忽视与研究成果的不足，无疑会严重影响我国现代农村养老保险法律制度的建立，因此，法学对农民社会养老保险研究不足的局面亟待改变。

第三，新型农村合作医疗（简称新农合）法律制度的研究评述。学者对我国农村医疗保险制度的研究，存在以下特点：其一，研究内容较为全面。学者除对我国新农合的基金管理与运营问题未做较为深入的研究外，对新农合其他方面均进行了研究。这些研究内容以农村新型合作医疗的运作机理为主线，对其运作各个环节的优点及不足都进行了分析。针对我国新型农合的不足，研究者提出了相关的完善措施。可以说，上述研究成果对我国新农合制度的建立与完善都有很大帮助。其二，研究者绝大多数为经济学者或社会学者，所用分析方法多为经济学方法和社会学方法，其研究视角是经济学和社会学，研究成果绝大部分属于经济学与社会学领域。其三，法学学者对于我国新型农村合作医疗制度的研究成果缺乏，没能为我国新农合制度的建立与完善发挥其应尽之力。虽然有关新农合的研究成果颇丰，但关于新农合法制的研究成果却少得可怜。以笔者所搜集到的有关新型农村合作医疗的文献为例，法学类著作在所有文献中的比例不超过10%。

第四，农民社会救助与农民社会福利法律制度研究评述。相较于学者对农村社会保障基础理论与农村社会保险制度的理论研究，农民社会救助与农民社会福利研究有以下两个特征：其一，学界对农民社会救助与农民社会福利制度的理论研究明显不足。主要表现为研究农民社会救助与农民社会福利的成果较少。特别是农民社会福利的研究，无论是在社会保障法的著作中还是在研究农村社会保障制度的著作中，均很少涉及农民社会福利制度，学者对该问题的研究均一笔带过。农民社会救助与农村福利研究是农村社会保障制度的重要组成部分，对其研究不足，无疑不利于我国农村社会保障制度的建立与完善。为解决该问题，学界应该加强这方面的研究，并获得更多更好的研究成果，推动我国农村社会保障事业的科学发展。其二，法学学者对农民社会救助与社会福利问题的关注程度不够，导致法学领域的研究成果太少，不利于我国农民社会救助与农民社会福利的法制化，进而会影响我国农村社会保障的法制化进程。

六、研究方法

本书所采用的研究方法主要有价值分析、规范分析、历史分析以及社会实证分析等四种方法。

（一）价值分析方法

法律的最终问题是价值问题，法学研究不可能遵循一些学者所倡导的价值中立原则。“在法律史的各个经典时期，无论在古代和近代世界里，对价值准则的论证、批判或合乎逻辑的适用，都曾是法学家们的主要活动。”无论是对法律规范进行解释、漏洞填补还是法律体系建构，都需在一定的价值指导下进行，也都是为贯彻一定的法律价值。就此而言，价值分析方法在法学研究中具有基础意义，对其他研究方法具有支配地位。本书之目的在于通过对我国农民社会保障法律制度进行解释论的操作，进而实现其立法论方面的完善。而这都需在一定的价值指引下方具合理性与科学性。因此，价值分析方法是本书研究的首要方法。

农民社会保障法调整社会保障关系的核心在于对社会保障利益进行合法科学的再分配。从宏观层面分析，国家分配社会保障利益的主要对象是市民与农民两个社会阶层，农民和市民之间存在社会保障利益冲突。我国长期以来奉行的工业优先、城市优先的经济发展方略导致社会保障利益配置具有严重的市民倾斜性。这使得农民成为社会保障领域的“二等公民”，其与市民享受的社会保障权利具有天壤之别。我国进入“工业反哺农业、城市支持农村”的发展新阶段，社会保障资源的城市倾斜性配置已经不合时宜。因此，农民社会保障法律制度的研究必须牢牢树立农民社会保障利益优先的价值立场。本书对农民社会保障法的内容评析以及所提完善建议都贯彻了农民社会保障利益优先的价值判断。价值立场的统一性使得本书的内在体系与外在体系能够有机协调，有效整合农民社会保障法总则与分则、各个具体的农民社会保障法的内容，进而实现农民社会保障法律制度的体系化。

（二）规范分析方法

法律的本质就在于它是一种依靠国家强制力保证实施的行为规范，这决定了规范分析方法是一种法学自身独有的研究方法。规范分析的对象为法律文本。根据规范分析的研究目的，可将规范分析分为立法论与解释论。

本书运用规范分析所研究的对象是广义的法律文本，不仅包括国家机关制定的关于农民社会保障的各项法律、法规以及规章，而且包括党的各项政策。尤其需要强调的是，由于我国各项农民社会保障制度正处于积极探索的初步发展阶段，农民社会保障法的渊源主要表现为政府规章和党的政策。这些发挥着调整农民社会保障关系的功能，是本书规范分析方法的主要研究对象。

无论是农民社会保障法的解释论研究还是立法论研究，都需保持一定的价值立场。农民社会保障利益优先的价值判断是指导本书进行解释论与立法论研究的基本准则。基于解释论，本书根据农民社会保障的运行机制，运用规范分析的语义分析方法与逻辑分析方法对现行的农民社会保障立法进行解析，研究其特征、优点并分析其不足。根据解释论的研究结果，文章会按照体系化的要求对现行的农民社会保障法律制度进行立法论的操作，并提出相应的制度构建意见与建议。

（三）历史分析方法

列宁曾说过："在社会科学问题上有一种最可靠的方法，它是真正养成正确分析这个问题的本领而不被淹没在一大堆细节或大量争执意见之中所必需的，对于用科学眼光分析这个问题来说是最重要的，那就是不要忘记基本的历史联系，考察每个问题都要看某种现象在历史上怎样产生、在发展中经过了哪些主要阶段，并根据它的这种发展去考察这一事物现在是怎样的。"法律制度是历史发展的产物。"它们的形成有一个历史过程，是历史的产品，是思想和文化进程的凝结。因而要想深刻而准确地把握它们，并在此基础上予以丰富和发展，就必须运用历史的考察方法。"[1]由此可知，历史分析方法是法学研究的重要方法之一。

历史分析方法在研究农民社会保障各具体制度以及总则制度中均有所运用。通过这一方法的运用，对我国农民社会保障法律制度的发展脉络进行梳理，分析各个阶段农民社会保障法律制度之得失，总结我国农民社会保障法律制度的发展规律。以此为基础，本书的研究结论便能够符合社会保障发展的历史趋势，其完善建议能够在法律的安定性与法律的妥当性之间实现较好的平衡。

（四）社会实证方法

长期以来，实证主义方法一直是社会学研究的主导方法。实证主义论者认为："社会科学研究应当向自然科学看齐，应当对社会世界中的现象及其相互关系进行类似于自然科学的探讨，要通过非常具体而客观的观察，通过经验概括得出结论。"[2]社会实证方法的根本目的，在于"探索和理解我们生活于其中的社会世界"，"形成和产生有关社会世界的系统的知识，增加人类

〔1〕 张文显：《法哲学范畴研究》（修订版），中国政法大学出版社 2001 年版，第 20 页。

〔2〕 风笑天：《社会学研究方法》（第 2 版），中国人民大学出版社 2005 年版，第 7 页。

对自身以及所生存的世界的理解”。[1]因为对农民社会保障制度的研究是针对当代中国农村社会的具体模式，而不是放诸四海而皆准的真理，所以该制度所赖以存在的“社会世界”必然是独特的。就此而言，本书以对我国农民社会保障法律制度的田野调查为基础，系统研究农民社会保障制度在农村社会运行的实然状态，探求我国农民社会保障法律制度完善的社会基础，以便构建适合农村经济社会发展阶段、能够满足农民需求的农民社会保障法律制度。

七、本书结构

本书按照递进式与并列式的逻辑顺序进行体系化建构，每章之间采取递进式逻辑，每章的节之间采取并列式逻辑。全书共分五章。

第一章是关于中华人民共和国成立以来农民社会保障法律制度变迁的研究。本章主要论述我国农民社会保险、社会救助以及社会福利的历史变迁及其发展阶段。我国学者对农民社会保障发展阶段以经济体制的不同作为划界标准，笔者认为该种划分标准过于单一，提出了以工业化程度与经济体制两标准划界理论。研究过去是为了总结经验，我国农民社会保障的发展历程表明：一国的工业化程度、经济体制以及适时的发展理念对于农民社会保障的持续健康发展具有至关重要的意义。农民社会保障法律制度的构建必须适应特定历史发展阶段的社会经济状况以及进步理念。

第二章主要研究我国农民社会保障法律制度的现状分析。自21世纪初，我国开始进入工业化中期，国家基本具备了“工业反哺农业、城市支持乡村”的物质条件，建立农民社会保障法律制度是工业反哺农业的重要手段之一，这一时期，我国农民社会保障法律法规数量不断增加。以社会保险为核心的农民社会保障法律制度初见雏形。不少的农民社会救助法律制度从无到有，农民社会福利法律制度也逐渐增加。本章以社会保障的运行机制为逻辑主线，逐一分析了我国农民社会保险法律制度、农民社会救助法律制度以及农民社会福利法律制度的全部内容，为我国农民社会保障法律制度的完善奠定了坚实基础。

第三章使用社会实证研究方法对我国农民社会保障法律制度的实施环境以及运行状况进行现实考察。通过社会实证考察可知，我国农民普遍期望国

---

〔1〕 风笑天：《社会学研究方法》（第2版），中国人民大学出版社2005年版，第7页。

家为其建立医疗保险制度与养老保险制度，而且认为上述制度合理的筹资方式为国家、集体与个人三方共同出资。可以说，我国新型农村合作医疗与新型农民社会保障法律制度顺利实施的关键就在于制度构建和农民期望的高度契合。另外，通过调研得知，绝大部分农民都认为集体经济组织在农民社会保障事业中应有所作为。由此可知，集体经济在我国农村还大有市场，土地私有化不能为我国农民所接受，中国农民社会保障法律制度的构建与完善必须重视集体社会保障职能的发挥。

第四章主要研究我国农民社会保障法律制度的现实困境。本章以第二章、第三章的研究为基础，分析指出我国农民社会保障法律制度存在以下现实困境：发展方向难以确定、筹资机制不完善、筹资模式不科学、权利实现不流畅、基金保值增值难以及监管体制不健全等诸多问题。要确保农民社会保障权益的有效实现，我国农民社会保障法律制度需根据社会保障的运行机制规律予以完善。

第五章着重解决我国农民社会保障法律制度的完善与构建问题。工业化以及后工业化时代的社会保障制度以社会保险为核心，以社会救助与社会福利为两翼。我国农民社会保障立法也应遵循这一制度的构建要求。按照这一体系化的方法，本章根据社会保障项目的运行机制，对我国农民社会保险、社会救助以及社会福利等法律制度的完善提出了合理化建议。

第六章主要论述集体经济组织对农民社会保障职责的立法现状以及制度体系化问题。我国集体所有制的经济基础以及社会主义共同富裕本质都要求集体经济组织为其成员提供一定的社会保障服务。为体现这一要求，目前农民社会保障立法包含大量的农民集体经济组织社会保障职责的规范内容。然而，这些规范内容存在体系化不足、内容不完善等缺陷，导致农民集体经济组织的社会保障功能无法有效发挥。为此，我国必须实现农民集体社会保障职责立法的体系化，本章论述农民社会保障职责法律体系化的方法，并提供了相应的立法建议。

第一章 中华人民共和国成立以来农民社会保障法律制度的历史变迁与启示

第一节 农民社会保障法律制度的变迁

一、农民养老保险法律制度的嬗变

（一）农民社会养老保险发展阶段的不同学说

关于我国农村养老保险制度的变迁，学者之间有以下几种不同的观点：三阶段说、四阶段说与五阶段说。

三阶段说：有学者认为我国的农民社会养老保险经历了以下三个阶段："老农保阶段（1981-2002 年），新农保地方试点阶段（2003-2008 年），新农保中央试点阶段（2009 年至今）。"〔1〕

四阶段说。这是学界的主流观点。郭培认为，我国农村养老保险经历了以下四个阶段："第一阶段：1986-1991 年，为试点阶段；第二阶段：1992-1998 年，为推广阶段；第三阶段：1998-2002 年，为衰退阶段；第四阶段：2003-2005 年，为制度回归阶段。"〔2〕孟娇认为，我国农村养老保险的发展阶段包括以下四个："第一阶段：1986-1991 年，为探索、试点阶段。第二阶段：1992-1998 年，为平稳发展阶段。第三阶段：1999-2002 年，为规范、整顿阶段。第四阶段：2003 年至今，为恢复发展阶段。"〔3〕张运刚认为农民社会养老保险发展历程有以下几个阶段："第一阶段，1986-1991 年是试点阶段。第二阶段，1992-1998 年，推广阶段。第三阶段，1999-2007 年，调整阶

〔1〕肖金萍："公平视阈下农村社会养老保险制度构想"，载《社会科学战线》2010 年第 8 期。

〔2〕郭培："对我国传统农村社会养老保险制度的反思与借鉴"，载《生产力研究》2010 年第 9 期。

〔3〕孟娇："我国农村社会养老保险存在的问题及完善对策"，载《广东农业科学》2010 年第 2 期。

段。第四阶段，2008 年到现在，创新阶段。”〔1〕

五阶段说认为我国农村养老保险的发展历程包括以下五个时期。有学者认为我国农村养老保险的发展有以下几个阶段:“第一阶段，探索阶段（1986-1990）。第二阶段，试点阶段（1991 - 1992）。第三阶段，稳步发展阶段（1993-1998）。第四阶段，停滞、整改阶段（1998-2003）。第五阶段，恢复阶段（2003 年至今）。”〔2〕还有学者认为应包括以下五个阶段：“第一阶段：试验阶段（1978 - 1991）；第二阶段，试点阶段（1991—1992），第三阶段，稳步发展阶段（1992-1998）。第四阶段，整顿规范阶段（1998-2002）。第五阶段，创新发展阶段（2003 年至今）。”〔3〕

（二）对上述观点的评析

上述三种观点之间既有共同之处也有不同之处。共同之处在于：其一，以新旧为标准，将我国农村养老保险分为两个不同的阶段，即旧农保〔4〕与新农保〔5〕两个阶段。其二，都是以党和国家出台的某一规范农民养老保险的政策或法律法规作为划分不同发展阶段的主要标准。不同之处在于：以何种关于农民养老保险的法律法规或政策文件的颁布作为划分农民养老保险发展历程不同阶段的依据。其核心争议有两个：一是以何种规范性文件作为我国的“旧农保”制度的起算点？以何种标准划分其发展阶段？二是以何种规范性文件的颁布作为我国新农保制度的起算点？用何种标准划分其发展阶段？

关于旧农保始于何时，学者之间有两种不同观点。一种观点认为始于改革开放之初的 20 世纪 80 年代左右。其根据在于：1978 年党的十一届三中全会通过的《农村人民公社工作条例（试行草案）》第 47 条规定，对有条件的基本核算单位，主要是经济发达的地区可以实行养老金制度。正是基于这一条例的相关规定，具备条件的地区实施了农民退休养老金制度。据统计，截至 1984 年 80 万左右的农民享受到了农民养老金。

另一种观点认为我国旧农保始于 1986 年。绝大部分学者持该种观点。其

〔1〕 张运刚：“新型农村社会养老保险制度探索”，载《四川师范大学学报（社会科学版）》2010 年第 4 期。

〔2〕 郝书辰等：《新时期农村社会保障制度研究》，经济科学出版社 2008 年版，第 177 页。

〔3〕 公维才：《中国农民养老保障论》，社会科学文献出版社 2007 年版，第 97 页。

〔4〕 旧农保，指 1986 年以前的农村养老保险，简称旧农保。

〔5〕 新农保，指 1986 年以后的农村养老保险，简称新农保。

理由在于："第一，1986 年，民政部根据《中华人民共和国国民经济和社会发展第七个五年计划（摘要）（1986-1990）》提出，抓紧研究建立农村社会保险制度，并根据各地经济发展情况，进行试点，逐步实行的要求，以江苏省的一些县市先行开始了积极的探索。第二，1986 年 10 月，民政部和国务院有关部委在江苏沙州县召开了'全国农村基层社会保障工作座谈会'，会议提出要在农村经济发达地区，因地制宜地开展以社区（乡、镇、村）为单位的农村养老保险，并要逐步开始试验。"〔1〕笔者认为，我国旧农保制度应始于 1986 年。不宜以 1978 年和 1980 年作为"旧农保"制度的起点。理由在于：其一，1978 年的《农村人民公社工作条例（试行草案）》并非专门规范农民养老保险的法律规定，其关于农民养老的规定，是以人民公社的职能为视角作出的。我国改革开放后，由于人民公社解体，导致该制度丧失了实施基础并未得到大规模实施。其二，该条例所确定的农民养老模式不符合社会保险的多方筹资的互济性特征。其三，条例所确定的养老模式和 1986 年开始试点的养老保险模式截然不同，这两者之间没有延续性。基于这些原因，以 1978 年或 1980 年作为旧农保的起算点并不科学。我国农民养老保险制度应以 1986 年作为起算点。理由如下：其一，1986 年的规范性文件提出了农民社会养老保险的概念，并要求各地进行试点，逐步实行。其二，以上述规范性文件为依据，我国各级地方政府逐步开始了建立农民养老保险制度的探索。

关于新农保始于何时，有两种观点。一种观点认为始于 2003 年，另一种观点认为始于 2008 年。前者的主要根据在于，2002 年 11 月，党的十六大报告提出，发展城乡社会救济和社会福利事业。有条件的地方，探索建立农村养老、医疗保险和最低生活保障制度。据此，我国经济发达的地区开始积极探索建立农民养老保险制度。认为新农保始于 2008 年观点的主要根据在于，其一，2007 年，十七大报告进一步提出要加快建立覆盖城乡的社会保障体系，探索建立农村养老保险制度，完善城乡居民最低生活保障制度。这表明，我国的农村养老保险已不限于地方实践，中央将建立覆盖全国农民人口的养老保险制度提上了议事日程。其二，2008 年 10 月党的十七届三中全会要求"贯彻广覆盖、保基本、多层次、可持续"原则，加快健全农民社会保障体系；按照个人缴费、集体补助、政府补贴相结合的要求，建立新型农民社会养老

〔1〕 公维才：《中国农民养老保障论》，社会科学文献出版社 2007 年版，第 97 页。

保险制度，创造条件探索城乡养老保险制度有效衔接办法。为贯彻十七大与十七届三中全会在全国范围内建立农民养老保险制度的要求，2009年的中央1号文件《中共中央、国务院关于2009年促进农业稳定发展农民持续增收的若干意见》指出，抓紧制定指导性意见，建立个人缴费、集体补助、政府补贴的新型农村社会养老保险制度。同年9月1日，国务院发布了《国务院关于开展新型农村社会养老保险试点的指导意见》(国发［2009］32号，以下简称《指导意见》，现已失效)。它对新农保的基本原则、任务目标、参保范围、基金筹集、建立个人账户、养老金待遇等问题进行了规范。该文件的颁布实施在我国农民养老保险的发展历程中具有里程碑式的意义，这表明我国正式建立起覆盖全国农村人口的农民养老保险制度。根据前述的分析，笔者认为，可将我国的农民养老保险分为三个大的阶段："旧农保"实施阶段，起止时间为1986年至2002年；"旧农保"向新农保的过渡阶段，起止时间为2003年至2008年；新农保实施阶段，起止时间为2009年至今。将我国农民养老保险分为新旧两个时期乃是学界通说，本书从之。但任何事物的发展必然有一个过渡阶段，我国农民养老保险的发展也不例外。"旧农保"向新农保发展必然有一个过渡期，这一时期为学者所忽略，实属一大缺憾。为弥补这一不足，本书将过渡期作为一个单独时期。

（三）本书关于我国农民养老保险的阶段划分

1. 旧农保的实施阶段

1992年1月民政部制定了《县级农村社会养老保险基本方案（试行）》，并决定于1992年1月3日起在全国公布实施。该方案提出，建立农村社会养老保险制度，要以保障老年人基本生活为目的，坚持资金个人交纳为主，集体补助为辅，国家予以政策扶持的筹资模式。它的颁布，标志着我国"旧农保"制度的正式施行。1995年10月，《国务院办公厅转发民政部关于进一步做好农村社会养老保险工作意见的通知》（现已失效）要求在有条件地区积极稳妥建立农村社会养老保险制度，明确了分类指导、规范管理的原则。旧农保实践的主要依据就是上述两个规范性文件，其制度内容包括：

第一，保险对象。农村人口，不仅包括农民还包括乡镇企业职工、民办教师、乡镇招聘的工作人员。这些人以村为单位组织投保。

第二，资金筹集。旧农保的资金主要来源于农民个人和集体缴纳的保险费，国家给予税前提取保险费的优惠政策。各地根据自身情况决定个人与集体的缴费比例，但个人缴费比例必须过半，集体缴费比例不能超过一半。

第三，保险费缴纳标准与方式。缴费标准共分为10档，最低一档标准为2元，最高一档标准为20元，每上一档增加2元。投保档次由农民自由选择。保险费由投保人与其所在集体（村或乡镇）共同分担。分担方式为每月缴纳，投保人负担60%，集体负担40%。

第四，基金的保值增值。旧农保基金由市县农村养老保险机构提取后统一存入指定银行，并按同期城乡居民个人存款利率计息，也可采取法律允许的方式保值增值，主要指购买国债。

第五，基金管理。基金管理采取专款专用，任何部门不得挪用或用于直接投资。

第六，保险待遇享受与权益保护。其一，享受条件。农村人口已经年满60周岁，并且在20周岁到59周岁之间连续投保。其二，享受方式：按月领取，直至亡故。其三，权益保护。若投保人70周岁以前死亡，其养老金保险期从60周岁开始计算为10年，其家属可继续领取，直至养老保险期满为止。

旧农保是我国工业化初期的产物，其目的是在农民养老与农业为工业提供资金支持之间找到一条平衡之路，既能有效保障农村老人的生活又不影响农业为工业化提供资金支持的力度。因此，旧农保具有以下积极作用：其一，改变了农村代际交换形式，有效促进新生育观念的形成并提高农民的养老储蓄意识，在一定程度上减轻政府财政负担。其二，给农民提供了一种新的养老保障手段，为建立现代农民养老保险制度奠定了基础。

但是，旧农保制度存在一些根本缺陷，导致其无法持续运行，最终于1999年被国家整顿。具体言之：

第一，旧农保缺乏社会保险应有的社会性与福利性，不是现代意义上的社会保险。旧农保的性质是自我储蓄型的养老模式，并非现代意义的社会养老保险。其一，旧农保筹资模式以个人缴费为主，缺乏财政支持。养老保险的社会性主要体现为国家的收入再分配，政府财政支持是落实养老保险社会性的具体手段。我国旧农保缺乏财政支持使得其养老保险之名难符其实。这是旧农保制度的根本缺陷。其二，旧农保的集体补助无法落实。旧农保规定集体应为参保农民提供一定的资金支持，但农村人民公社解体以及家庭承包责任制的推行，我国农村集体经济普遍式微，缺乏稳定的公共资金来源，旧农保规定的集体补助只能是一纸空文。其三，旧农保的管理经费来自于养老保险基金。我国城镇社会保险事业管理经费由财政承担，但按照基本方案规定，国家从旧农保基金中提取3%作为管理经费。这两者之间形成鲜明对比。以上三个因素决定了旧农保不具有收入分配功能，缺乏福利性与社会性。有学者认为，“中国的这种完全由农民自己缴费的保险已经不再具备社会保险的含义，它已经是商业保险了。”〔1〕

第二，制度的规范层次低，存在实施障碍，缺乏可持续性。其一，制度的效力层次太低，拘束力差。旧农保制度的法律渊源都是部门规章，其效力层次低，对于地方政府缺乏强制拘束力。这导致地方政府在旧农保实践中随意性太强，严重影响了旧农保事业的持续发展。“各地对制度的建立、撤销，保险资金的筹集、运用以及养老金的发放具有很大的不稳定性，违规操作现象严重。”〔2〕其二，制度实施存在诸多障碍，导致其无法有效实践。一方面，旧农保基金管理不规范，被挤占挪用的情形比较普遍。另一方面，经办经费不足。国家对旧农保经办经费不给予财政支持，导致从农保基金中提取的经办经费无法满足旧农保开展业务所需。这些因素导致旧农保制度难以顺利实施。

第三，基金经营方式单一，保值增值困难。旧农保的基金运营方式为存款以及购买国债以求基金保值增值。但在实际运行中，农保基金都存入银行，而利率下调、通货膨胀均会导致基金的保值，甚至贬值。有学者对我国农村养老保险基金增值保值状况研究后认为：“1993年至1997年的投资回报率是负的。即积累基金的实际价值低于他们（投保者）付出的保费。”〔3〕保险基金的保值增值是农民养老的资金基础，旧农保基金难以保值增值导致其无法有效持续运行。

第四，旧农保的保障效果差，难以满足农民的养老需求。其一，保障水平低。旧农保制度确定的缴费标准为2元至20元。农民依据该缴费标准参加养老保险，根本无法保障其老年的基本生活。举例说明，农民选择最高缴费档次，连续缴费10年，其每月领取的养老金为几十元，连续缴费15年，每月领取的养老金为百余元。这还是不考虑通货膨胀因素的计算结果。若将通

〔1〕 王国军：“中国城乡社会保障制度衔接初探”，载《战略与管理》2000年第2期。

〔2〕 张建伟：“中国农村社会养老保险制度：转型与发展”，载《中央财经大学学报》2010年第5期。

〔3〕 邓薇等：《中国转型期农村社会保障问题研究》，湖南人民出版社2006年版，第63页。

货膨胀因素计算在内，领取金额对农民养老而言可真是杯水车薪了。在现实中，绝大部分农民选择最低投保档次。不计算通货膨胀因素，农民连续缴费10年，每月可领取4.7元；连续缴费15年，每月可领取9.9元。这点养老保险金对农村老人生活保障的作用几乎可以忽略不计。其二，旧农保存在保障不公的现象，影响保障效果。一方面，旧农保制度会导致“保富不保穷”的不公平结果，难以解决目标人群的养老问题。旧农保的筹资模式为个人缴费为主，集体予以一定比例的补助，国家给予一定的税收扶持。在这种筹资模式下的参保者以富裕农民为主，贫困农民没有财力参保。这样一来，集体补助以及国家扶持只能由富裕农民享受。这对穷困农民而言，明显不公。社会养老保险的主要目的在于通过收入再分配解决贫困人口的老年生活问题。农村贫困人口应该成为养老保险的主要目标人群，因为富裕农民的养老问题与养老需求远小于穷困农民。旧农保的以个人缴费为主的筹资制度将贫困农民排除在养老保险制度的保障范围外，这与它的应然目标背道而驰。另一方面，在地方政府的旧农保制度实施中，存在集体补贴有失公平的情形。我国旧农保基金的一部分来源于集体的补助，然而集体对其成员的补助不能一视同仁，有失公平。有的地方集体经济组织只对村干部给予参保补助，有的地方对干部的补助数额多于普通群众。这种不公平的补助降低了农民的参保积极性，使得旧农保制度丧失了可持续性。旧农保是我国工业化初期的产物，该阶段农业必须支持工业发展，导致旧农保从本质上讲并非是一种社会保险。在我国进入工业反哺农业的工业化中后期后，旧农保的历史使命已经终结。于是，我国的农民养老保险进入到新的发展阶段。

2. 旧农保向新农保过渡阶段

2002年11月，党的十六大报告提出，发展城乡社会救济和社会福利事业。有条件的地方，探索建立农村养老、医疗保险和最低生活保障制度。这标志着我国旧农保开始向新农保过渡。这一时期农民养老保险的典型特征就是各地根据十六大的要求，积极探索本地不同于旧农保的具有地方特色的农民养老保险制度，可简称为新农保的地方探索阶段。比如，北京市政府将“扩大农村养老保险覆盖面”列入政府“折子工程”。2003年，苏州市政府出台《苏州市农村基本养老保险管理暂行办法》（现已失效）。2003年，浙江省、江苏省、重庆市、北京市等地方还对失地农民、城镇农民工等群体建立养老保险制度进行了试点工作；山西省、云南省等地区积极探索对农村计划生育户进行养老补贴，并将计划生育补贴计入参保农民的养老保险个人账户。截至2003年底，全国31个省、自治区、直辖市的1870个县不同程度地开展了农民养老保险工作，5428万农民参加保险，积累个人账户基金259.4亿元，198万农民开始领取养老金。为指导各地方养老保险事业的顺利进行，2003年原劳动和社会保障部发布了以下几个规范性文件：《2003年劳动和社会保障工作要点》《劳动和社会保障部关于做好当前农村养老保险工作的通知》（现已失效）与《劳动和社会保障部关于认真做好当前农村养老保险工作的通知》（现已失效）等部门规章。这些规范性文件要求各地高度重视农民的养老保障，立足当前，着眼长远，因地制宜，分类指导，积极稳妥地推动农村养老保险工作。这些规范性文件既促进了地方养老保险事业的发展又为我国新农保的开展奠定了制度基础。

3. 新农保的实施阶段

2009年9月1日，《国务院关于开展新型农村社会养老保险试点的指导意见》（国发［2009］32号）的印发，标志着我国新农保制度的正式实施。根据我国新农保的发展规划，新农保在全国进行试点，然后逐步扩大试点范围，于2020年实现全覆盖。由于我国社会经济的快速发展以及中央财政收入的迅速增加，政府有足够的财力支持新农保的发展，2012年底，我国新农保已经实现对全国农村的全覆盖，比原定计划提前了整整8年。2012年11月，我国人力资源和社会保障部发布了《城乡养老保险制度衔接暂行办法（征求意见稿）》，公开向全社会征求意见。这表明城乡养老保险开始衔接，我国新型农村养老保险正在向城乡一体化发展的新阶段快速迈进。

（四）我国农民养老保险法律制度变迁之启示

第一，农民养老保险的建立与发展要与经济社会发展水平相一致。我国农民养老保险的发展历程告诉我们，农民养老保险一定要与社会经济发展水平相适应。按照工业化发展规律，工业化分为三个阶段：工业化初期、工业化中期与工业化后期。在工业化不同阶段，工农关系不同。工业化初期阶段，要求以农养工，农业为工业化提供资金积累，支持工业发展。工业化中后期，工业应反哺农业，城市应该支持农村发展。我国自21世纪初才进入工业化中期，在此之前，国家尚不具备为农民建立养老保险的经济条件，这是旧农保制度无法普遍实施的根本原因。民政部在1999年指出我国尚不具备建立农民养老保险的条件无疑是正确的。2004年底，胡锦涛在中央经济工作会议上曾明确指出，我国总体上已经进入了“以工促农，以城带乡”的发展阶段。这表明，在2004年以后，我国才具备建立农民养老保险的经济条件。正是因为如此，新农保制度才得以迅速在全国范围内展开，并于2012年实现制度全覆盖，比原计划提前了整整8年。新农保的成功表明，农民养老保险的建立必须具备一定的经济条件，并与社会经济的发展水平相适应。在条件不成熟的时候想建立农民养老保险是行不通的。在条件成熟后，不建立农民养老保险也是要出问题的。

第二，政府在农民养老保险中承担主要责任对该制度的建立和实施具有决定性作用。我国旧农保从1991年开始试点，1999年被国家整顿，这标志着旧农保制度的正式破产。之所以会出现这种结果，一个重要原因就在于缺乏国家财政的支持导致广大农民缺乏参保的积极性。新农保能迅速顺利开展的关键就在于国家财政在筹资中的主导责任能够吸引广大农民积极参保。上述事实充分表明国家主导责任的承担对农民养老保险制度的顺利实施具有生死存亡的作用。这也是发达国家养老保险制度建立和实施的共同经验，具有一定普遍适用性。国家在农民养老保险中能否承担主导责任取决于两个因素，一是客观因素即国家财政能力问题，二是主观因素即国家的意愿问题。长期以来，国家之所以不承担其在农民养老保险中主导责任的一个重要原因就是财力缺乏。国家愿意承担主导责任是农民养老保险事业顺利发展的又一至关重要的因素。比如，斯里兰卡在人均收入只有368斯里兰卡卢比的时候，就已经建立了比较完善的农民养老保险制度。而该收入距离人均收入1000美元的工业化中期阶段还相距甚远。斯里兰卡经验表明，客观因素与农民养老保险事业的发展并无必然联系，我国农民养老保险制度要顺利实施，必须采取措施使各级政府自始至终高度重视该项工作。只有这样，农民养老保险事业才能可持续健康发展。

第三，农民养老保险的顺利开展必须使集体经济有效实现。无论是旧农保还是新农保都规定集体经济组织对作为其成员的参保人须给予一定的缴费补助。这种规定符合社会主义集体所有制的本质要求，并能体现社会主义公有制的优越性。集体为其成员提供缴费补助，其前提为集体经济有效实现。然而，我国目前的集体经济发展状况不容乐观，集体经济普遍式微，集体经济组织没有足够能力为其成员提供缴费补助。调研发现，农民对集体经济组织为其提供社会保障和提供社保缴费具有较强的需求。若这种合理需求不能实现，一是会使集体经济组织的存在失去意义，二是会削弱农民对集体经济的认同感，不利于集体经济发展壮大。虽然我国旧农保与新农保都规定集体对其成员参保负有补助义务，但其因为集体经济未能有效实现而无法落实，这既影响农民养老保险法律制度的权威性，又降低了农民养老保险的保障水平。因此，要使该制度持续健康发展，国家必须采取多种措施大力支持集体经济的发展，促使其有效实现。在我国农村集体经济尚未有效实现之前，为增强农民对集体经济的认同感并促进养老保险制度的实施，对于集体经济不发达的地区，中央政府与地方政府可以按比例分担集体应该缴纳的补助数额。

二、农村合作医疗法律制度的历史变迁

关于我国农村合作医疗制度（简称农合）的发展历程，学者一般根据我国农村合作医疗制度赖以为凭的经济体制不同，将其分为改革开放前的农村合作医疗制度与改革开放后的农村合作医疗制度。由于我国的工业化道路不同于西方发达国家，工业化发展进程对农民医疗保险的制度建设具有决定性意义。由此导致农民医疗保险制度在工业化初期与工业化中后期截然不同。据此，我国的农民医疗保险制度可分为工业化初期的合作医疗制度（旧农合）与工业化中后期的合作医疗制度（新农合）两个发展阶段。

（一）工业化初期的农村合作医疗制度

工业化初期的农民医疗保险制度是新中国成立后至2002年实施的合作医疗制度即旧农合制度，它又可分为计划经济时期的合作医疗制度以及市场经济体制下的合作医疗制度。它的主要内容包括：

第一，筹资机制是以自愿为原则基础上的三方筹资。其一，由农业社提取15%~20%的公益金作为合作医疗基金；其二，农民缴纳的保健费；其三，向农民收取的药费。

第二，医疗给付的内容。其一，凭证就医。保健站以社为单位对参保农民进行健康登记并发放保健卡。参保社员生病时，必须用保健卡到保健站请求出诊或就医看病。其二，医疗费用的收取：免费与收费相结合。参加合作医疗的农民，在医疗保健站看病时必须缴纳药费，免收门诊费、出诊费、挂号费、手术费等诸项医疗服务费用。其三，实行责任区和巡回医疗制度，其目的在于预防疾病。保健站的业务主要包括两部分：门诊医疗以及巡回医疗。保健站的医疗人员包括医生、保健员与接生员，在将辖区划分为若干区和责

任段后，保健站因地制宜地安排上述人员到划定的责任区。农忙时，保健站留一名值班医生，其余医生全天在自己责任区的田间、工地等劳动场所巡回。农闲时，医生每 3 天到 7 天在自己的责任区巡回一次。

第三，管理体制：统一领导与民主管理相结合。乡人民委员会是保健站的统一领导机构，但不负责保健站的日常运营管理。保健站的最高权力机构是“联合保健委员会”，它由卫生福利部门代表与各村行政代表组成，负责保健站的重大决策和日常运营管理事宜。保健站医生的报酬由全体工作人员根据“技术高低、业务态度、工作成绩”等诸多因素民主评议决定。

第四，坚持自力更生、勤俭服务的原则。为减轻集体经济组织的负担，保健站采取多种措施降低支出。其一，“四自”（自尊、自信、自强、自立）创业，这包括药材来源与成药提供两个方面。药材来源主要采取自己种植与自己采摘，成品药提供主要包括自己配制、自己用。其二，“三土”（土医、土方与土药）治疗。土医是指保健站的医生主要是当地集体经济组织中具有医疗专业技术的社员；土方是指治疗疾病的药方都是当地行之有效的民间药方；土药是指治疗疾病的药材都以当地出产的中草药为主。其三，医疗保健员一身多职。医疗保健站的每位医疗人员都兼有两到三种工作，以减轻保健站的医务人员报酬支出。根据我国农村集体化的发展历程，可将旧农合制度分为以下几个发展阶段：探索建立期、快速发展期、鼎盛期、衰落期以及重建期。

1. 旧农合的探索建立时期

该时期的起止时间为 1955 年至 1958 年。这一时期是我国的农业合作化时期，探索建立农村合作医疗制度是农业合作化的重要内容。在 1955 年的农业合作化高潮中，山西省高平市、湖北省麻城市、山东省招远市与河南省正阳县等地区的农业生产合作社办起了以集体经济组织为基础的医疗保健站，将合作医疗与集体经济组织创造性地结合在一起。自此开始，为农民提供医疗保健服务成为集体经济组织的一项重要职能。山西省高平市米山乡联合保健站是最早探索建立“医社结合”的农村合作医疗制度的成功典范，这种以集体经济为基础，以医疗保健站为依托建立的合作医疗制度是我国农村医疗保险制度的雏形和缩影，之后的合作医疗制度都是以其为基础进行制度构建。国家高度关注和重视山西省首创的合作医疗制度，认为米山经验是一个创举，

“为农村的预防保健工作建立了可靠的社会主义的组织基础”。[1]卫生部和其他部委组成的联合调查组对米山经验考察后，建议国家向其他农村地区推广。由于米山经验的成功以及国家的高度重视，党中央和国务院同意将米山的合作医疗制度在全国推广。到1956年，依托合作社这种集体经济组织举办的互助共济的医疗保健站已达10 000多个。1956年，全国人大一届三次会议通过的《高级农业生产合作社示范章程》明确规定，合作社对于因公负伤或者因公致病的社员要负责医疗，并且酌量给以劳动日作为补助。这一规定使农村集体经济组织为其成员提供医疗保健职责成为一种法定义务，也为农村合作医疗制度的实施提供了法律根据。

2. 旧农合的快速发展期

1958年至1965年是农村合作医疗制度的快速发展期。1958年我国开始了史无前例的人民公社化运动。人民公社是我国合作医疗制度迅速发展的体制基础与组织基础，推广和壮大合作医疗制度是人民公社化运动的重要内容之一。1958年8月，河南省遂平县嵖岈山卫星人民公社正式成立，它是我国第一个人民公社。《卫星人民公社试行简章（草案）》第18条规定，公社实行合作医疗，社员按照家庭人口多少，每年交纳一定数量的合作医疗费，就诊不另交费。山西省稷山县是人民公社时期农村卫生的一面红旗，该县翟店公社太阳村农业社于1959年开始实行社员集资、免费治病的合作医疗制度。按照规定，社员每年只需缴纳2元保健费，就可以免费在保健站治病。若缴纳费用不足以支付社员的医疗费用时，则由集体公益金补足其缺额。

卫生部于1959年11月12日至21日在稷山县召开规模庞大的全国农村卫生工作现场会议。会议结束后，卫生部党组向党中央提交了两个文件：《关于全国农村卫生工作山西稷山现场会议情况的报告》与《关于人民公社卫生工作几个问题的意见》。前者主要记录稷山卫生工作经验以及会议情况；后者则认为谁看病谁掏钱的医疗制度不符合我国社会主义的国情，高度肯定以集体经济为物质基础，以人民公社为组织基础的合作医疗制度，指出该制度既符合我国社会主义性质又能够解决农民缺医少药问题，并建议在全国推广稷山经验。根据卫生部的建议，党中央采取了两个措施推动农村合作医疗制度的发展。其一，中共中央于1960年2月2日以中发［60］70号文件转发了卫生

[1] 张自宽：“对合作医疗早期历史情况的回顾”，载《中国卫生经济》1992年第6期。

部上述文件并要求各地参照执行。其二，毛泽东在 1960 年 3 月 16 日起草的《关于卫生工作的指示》指出，各级党委要高度重视农村合作医疗问题并立即将中央 2 月 2 日批示的文件下发到各个人民公社。由于大跃进和人民公社化运动的推动以及毛主席和党中央的高度重视，我国农村合作医疗制度得到了较快的发展。截至 1962 年，举办合作医疗生产大队的比例由 1958 年全国的 10%上升至 46%。截至 1964 年，我国维持合作医疗的生产队由 1962 年的 46% 下降至不足 30%，农村合作医疗事业的发展进展缓慢。

农村合作医疗事业的缓慢发展引起国家高度重视。从 1965 年开始，发展受挫的农村合作医疗制度又有了一定的发展。为改变有限的医疗资源过度集中在城市，导致农村医疗卫生资源相对缺乏的状况，毛泽东在 1965 年连续两次表达了对卫生部工作的不满。在第三届全国人民代表大会第一次会议期间，他批评卫生部的工作不面向工农兵。紧接着又发表了著名的“六・二六”指示，对卫生部的工作提出严厉批评，要求卫生部将医疗卫生的重点放到农村。“告诉卫生部，卫生部的工作只给全国人口的 15%工作！而且这 15%中主要还是老爷。广大农民得不到医疗，一无医院，二无药。可是中国有 5 亿多人是农民，把医疗卫生的重点放到农村去嘛。”[1]为贯彻毛泽东的指示，卫生部向党中央提交《关于把卫生工作重点放到农村的报告》。由于党中央和毛泽东对农村医疗工作的高度重视，我国卫生工作中人力、物力与财力等医疗卫生资源的重点开始放到农村。这使得农村合作医疗获得了发展契机与物质基础。1965 年，大批城市义务工作者开始走与工农结合的道路奔赴祖国的农村与边疆，合作医疗制度因此遍地开花。

3. 旧农合的鼎盛过期

1968 年至改革开放前是我国农村合作医疗发展的鼎盛期。这一时期，我国合作医疗制度不仅成功入宪，成为宪法上的一项基本制度而且实现了超常规发展，并在全国农村得以普及。根据毛泽东的“一二・五”批示，从 1968 年 12 月 8 日起至 1969 年 12 月 4 日，《人民日报》用整整一年时间连续组织了以“关于农村医疗卫生制度的讨论”为主题的报道，共计 23 期。由于中央的高度重视和新闻舆论的推动，1969 年我国出现了一股大办农村合作医疗的

〔1〕 毛泽东于 1965 年 6 月 26 日同医务人员的谈话。参见《建国以来毛泽东文稿》（第 11 册），中央文献出版社 1996 年版，第 387 页。

热潮，使我国农村合作医疗制度普及程度大大提高。到19世纪70年代中期，我国农村合作医疗发展到鼎盛时期，实现了广泛普及。1968年，我国实行农村合作医疗的生产大队的比例只占全国总数的20%，1976年，这一数字已经上升至90%，合作医疗制度的覆盖人群占全国农村人口的85%。另外，这一时期，我国的农村合作医疗制度初步实现了法制化。1978年3月5日第五届全国人民代表大会第一次会议通过的《中华人民共和国宪法》（以下称《宪法》）明确规定了合作医疗制度，这就使其成为国家的一项基本制度。

4. 旧农合的衰退期

20世纪70年代至20世纪80年代末是农村合作医疗的衰退期。旧农合赖以生存的制度基础是“队为基础，三级所有”的集体经济，集体统一经营、统一分配的农村经营制度为农村合作医疗提供了物质基础。家庭联产承包责任制的推行，使农村合作医疗丧失了财力基础。1983年初，全国农村已有93%的生产队实行家庭联产承包责任制。1987年，全国农村已有98%的生产队实行了家庭联产承包责任制。至此，人民公社时期统一经营的农村经营体制彻底瓦解，农村集体经济普遍式微，这使得农村合作医疗制度丧失了物质基础。人民公社是农村合作医疗发展的政治制度基础，由于中共中央、国务院发布《中共中央、国务院关于实行政社分开建立乡政府的通知》，到1984年，乡镇政府作为基层政权组织形式彻底取代了人民公社。至此，合作医疗制度存在的政治制度基础也荡然无存。总而言之，随着我国改革开放政策的推行实施，农村合作医疗制度丧失了其存在发展的基础，我国合作医疗制度进入衰退期。鼎盛时期，实行农村合作医疗的生产大队占全国生产大队的90%。1985年，这一比例降至5%，1989年，进一步降至4.8%。至此，存在30多年并对我国农民卫生健康保障发挥过巨大作用的农村合作医疗制度近乎瓦解。

5. 旧农合的恢复重建期

20世纪90年代初至21世纪初是合作医疗的恢复重建期。农村合作医疗基本解体后，我国农村居民的医疗健康保障以自费为主。由于我国尚处于工业化初期，国家需提取农业资源支持工业化与城市化发展，对农村医疗保障的资源投入不足，农民看病难的问题开始凸显。因农民增收困难、税费负担过重以及医疗改革的市场化，农民看不起病的问题也开始出现。为防止农民因病返贫、因病致贫的趋势加重，保证农民群众身体健康，国家将重建农村合作医疗制度提上了议事日程。从 20 世纪 90 年代初开始，政府将恢复重建农村合作医疗制度作为我国农村卫生工作的一项重要任务，并采取了一系列措施试图重现农村合作医疗的繁荣兴盛局面，以解决农民看病贵、看病难的问题。

1991 年，国务院批转卫生部等部门呈报的《关于改革和加强农村医疗卫生工作的请示》，其中首次提出要“稳定推行合作医疗保健制度”，这标志着重建农村合作医疗工作被提上了议事日程。1993 年，卫生部、国务院研究室和世界卫生组织经过对全国范围内我国合作医疗制度的现状调研，向国务院提交了《加快农村合作医疗保健制度的改革与建设》的调研报告，再次强调重建合作医疗制度的迫切性与重要意义。报告指出，由于合作医疗的瓦解，一些已经受到控制或被消灭的传染病、地方病重新发生乃至流行，看病贵、看病难成为影响农民生活水平提高的重要因素。要解决上述问题，国家应加快合作医疗制度的改革与建设。1994 年 7 月，卫生部将“支持建立和完善农村合作医疗制度”作为子课题列入了其启动的“中国农村合作医疗保健制度改革研究”这一重大项目。上述两项工作，一项侧重于实证研究，旨在于摸清我国农村合作医疗制度的现状并提出重建合作医疗的必要性，一项侧重于理论研究，旨在于为我国农村合作医疗制度的重建提供理论支持。

1996 年 12 月，中共中央、国务院召开了中华人民共和国成立以来的第一次全国卫生工作会议。本次会议强调：我国医疗卫生工作的薄弱环节在农村，将农村作为国家医疗卫生工作的重点应长期坚持。由我国农民自己创造的农村合作医疗制度是独具特色且行之有效的农村基本医疗保障制度，国家一定要下决心办好它。1997 年 1 月，中央下发《中共中央、国务院关于卫生改革与发展的决定》，不仅提出要积极稳妥地发展和完善农村合作医疗制度，还明确了举办合作医疗的领导体制、筹资原则与筹资机制。为使该决定能够有效贯彻，原卫生部、原国家计委、财政部、农业部、民政部等五部委联合起草并向国务院上报的《关于发展和完善农村合作医疗的若干意见》（现已失效）提出，各地方政府应“力争到 2000 年在农村多数地区建立起各种形式的合作医疗制度”，并对我国农村合作医疗的性质、资金筹集原则、筹资方式、组织机构与监管方式等事项予以明确规定。这两个规范性文件的出台使重建合作医疗在 1997 年进入高潮。

这一时期，虽然经中央政府推动，地方政府采取了一些改革措施，但重建农村合作医疗制度并未取得预期效果。1991 年至 1999 年，我国农村合作医疗的覆盖率增长速度平均值仅为 1.8%。1998 年“第二次国家卫生服务调查”结果表明：农村合作医疗覆盖人群仅为农村人口的 6.5%，仅比合作医疗衰退期的 4.8%增长了 1.7%。由此可知，国家 1997 年提出的“2000 年在多数地区建立起各种形式的合作医疗制度”目标以失败告终。当然，这一时期重建合作医疗的努力也取得了一定成绩。其中的经验与教训对我国新型农村合作医疗制度的建立均具有重要的借鉴意义，为新农合制度的顺利实施打下了坚实基础。

（二）工业化中后期我国新型农村合作医疗制度的建立与发展

1. 新农合的探索建立期

由于农业的弱势产业地位以及粮食的需求弹性非常低，进入工业化中后期，我国农民增收出现瓶颈，农民收入停滞不前。同时，我国医疗改革的市场化取向和经济发展导致医疗费用节节攀升。上述两项因素使农民看病贵、看病难成为我国社会发展亟需解决的重要问题。进入 21 世纪后，农民因疾病返贫、因病致贫问题已经影响到我国社会的和谐稳定与发展。2001 年年底，在一次内部座谈会上，原国务院经济体制改革办公室副主任李剑阁郑重指出：“农民健康问题已成为十分尖锐的社会问题。农民对现状感到无助和无奈，于是勾起他们的怀旧情结。农民的不满情绪正在贫困地区蔓延，逐渐成为社会不稳定的因素。”[1]农民占我国人口的大多数，不彻底解决农民看病贵、看病难的问题，全面建设小康社会的目标注定无法实现。残酷的现实使党和政府下定决心建立新型农村合作医疗制度，并将其作为解决上述问题的一剂良药。国务院于 2001 年 5 月转发的原国务院经济体制改革办公室、原国家计委、财政部、农业部、原卫生部《关于农村卫生改革与发展的指导意见》明确要求实行以县市为单位的大病统筹医疗，这预示我国建立新型农村合作医疗的工作即将展开。2002 年秋，在全国农村卫生工作会议召开后，中共中央与国务院立即出台《中共中央、国务院关于进一步加强农村卫生工作的决定》，该文件明确要求各级政府必须建立大病统筹形式的新型农村合作医疗制度，并强调实行以政府责任为主的国家、个人与集体的三方筹资机制。

---

〔1〕 李剑阁：“农民就业、农村金融和医疗卫生事业”，载吴敬琏主编：《比较》（第 7 辑），中信出版社 2003 版，第 41~51 页。

2. 新农合正式建立期

2003年元月，国务院办公厅转发的原卫生部、财政部、农业部《关于建立新型农村合作医疗制度的意见》对新农合制度的具体内容作出了较为明确的规定。随着该文件的生效，我国开始新农合试点。2004年秋，国务院主持召开新农合试点工作进展通报会，针对新农合制度实施中存在的问题，会议进一步强调要落实政府筹资义务，并明确接下来的工作重点。2005年8月，温家宝召开国务院会议，专门研究解决新农合试点工作中存在的问题。2005年10月，党的十六届五中全会通过的《中共中央关于制定国民经济和社会发展第十一个五年规划的建议》明确提出，要在“十一五”期间基本建立新型农村合作医疗制度。为进一步推动我国新农合制度的顺利实施，2006年1月，原卫生部等7部委联合下发《关于加快推进新型农村合作医疗试点工作的通知》（卫农卫发［2006］13号），明确要求各级政府需高度重视新农合试点工作，并规定了新农合试点工作进一步的目标、方向以及应该采取的保证措施。

新农合制度从2003年下半年开始试点，原定于2010年实现全覆盖。由于国家的高度重视以及中央财政收入的持续稳定增长，我国新农合制度在2008年就实现了全覆盖，提前两年完成预定目标。截至2010年年底，累计33亿人次享受新农合报销补偿待遇。2012年，各级财政对新农合的补助标准为每人每年240元，人均筹资水平达到300元，全国参加新农合的农民人数为8.35亿人，参合率超过97%。新农合制度的顺利实施有效缓解了我国农民看病贵、看病难的问题，对消除因病致贫、因病返贫的状况作出了卓有成效的贡献。

（三）我国农村合作医疗制度变迁的启示

1. 尊重农村医疗保障制度建设的中国经验

农村合作医疗制度是土生土长的中国经验，是我国农民在中华人民共和国成立后百业待兴的特定历史时期，国家确立优先发展工业的情况下，人民群众自己创造的解决农民医疗保障问题的伟大创举。其一，旧农合的成效得到国际组织的高度认可。世界银行认为：“我国当时的合作医疗费用大约只占全国卫生费用的20%，却初步解决了占全国总人口80%的农村人口的医疗保障问题。这是成功的卫生革命，使中国卫生状况显著改善、居民期望寿命显著增加。”其二，人民群众对合作医疗的满意度较高。有学者通过调研表明，

“超过半数的被访者对于旧式农村合作医疗体制基本上是持满意态度的”。[1]农村合作医疗的成功表明，在我国农村医疗卫生乃至农民社会保障事业的发展中，借鉴国外所谓的先进经验并非唯一途径，国家应该充分尊重人民群众的创造性。对于人民群众的创新之举，国家应该积极鼓励、予以支持而不是打压。在中国农村医疗保障制度建构与实施中，政府应该给予集体经济组织与农民适当的自治空间，使人民群众有制度创新的自由与机会。强调农村医疗保障制度建设的中国经验对于我国社会保障理论的创新具有决定性意义。由于我国现代意义的社会科学几乎都是自国外继受而来，在中国的社会发展进程中，学者有一种将国外社会科学理论绝对化的倾向，习惯于用国外的理论剪裁中国社会实践是我国社会科学研究的普遍现象。之所以会出现这样的结果，是因为学者否认中国经验与中国实践的积极意义，将其视为落后的必须用国外理论予以改造的对象。然而，中国经验与中国实践并非一无是处，我国农村合作医疗制度的实践经验已经充分证明了这一点。因此，在我国农村合作医疗制度建设与制度实施中，学者的理论研究必须尊重其中的“中国经验”与“中国实践”，并将其作为农村合作医疗制度研究理论创新的源泉。

2. 政府在农村合作医疗制度建设中要发挥主导作用

无论是旧农合的发展还是新农合的顺利推进都表明，政府支持对合作医疗制度的实施具有决定性作用。这是由医疗服务的性质决定的。医疗保障服务是一种典型的公共产品，它的提供必然存在“市场失灵”，市场这只“看不见的手”无法有效提供农村医疗保障服务，这决定了政府这只“看得见的手”必须在农村合作医疗发展中起主导作用。

第一，国家政治上的高度重视是农村合作医疗持续发展的前提。旧农合虽由人民群众首创，但这一成功经验的普及离不开党和国家的重视与积极推广。在旧农合发展兴盛的每一阶段，国家卫生部门都会调研、总结经验，并据此向中央和国务院提出若干发展建议。随后，国家将旧农合的发展提升到国家政治任务的高度积极推广，旧农合才能够迅速发展与兴盛。新农合的发展更与国家的高度重视息息相关。新农合制度实施的前5年，国家每年都会颁布专门的规范性文件或召开专门的会议推动新农合事业的发展。旧农合与

[1] 刘鹏：“合作医疗与政治合法性——一项卫生政治学的实证研究”，载《华中师范大学学报（人文社会科学版）》2006年第2期。

新农合的发展历程表明，国家高度重视是农村合作医疗事业发展的必要条件。没有国家的高度重视，农村合作医疗事业就无法顺利进行。

第二，国家将更多的医疗资源投入到农村，为其提供资金支持是农村合作医疗发展的物质基础。在旧农合的筹资机制中，政府虽然不是主要筹资主体，但是，政府却为旧农合制度的顺利实施提供了必需的物质条件。其一，国家为了农村合作医疗的顺利实施，快速地建立起县医院、公社卫生院以及大队卫生所等三级农村卫生保障网络，它们是农村合作医疗的实施机构。其二，国家出资培养以百万计的“赤脚医生”（即农村非正式医疗人员）。数量庞大的“赤脚医生”队伍大大提高了农民医疗保障服务的可实现性，使“有病早治、无病早防”“小病不出组、大病不出村”的医疗保障目标成为现实。新农合制度的顺利实施的关键在于国家承担了主要的筹资责任。“从新型农村合作医疗制度的成功试点来看，至关重要的一条就是农民个人、集体和财政三方相结合下的以财政为主的资助。”〔1〕

第三，我国农村合作医疗事业发展的挫折也表明其持续发展需国家承担主导责任。国家在农村合作医疗制度建设中，必须发挥主导性作用，包括态度上的重视以及物质支持。否则，农村合作医疗制度无法持续发展。

3. 集体经济组织在农村合作医疗建设中大有可为

集体经济的有效实现是农村合作医疗事业顺利发展的重要条件。我国旧农合的发展表明，集体经济组织在农村合作医疗建设中并非可有可无，而是有无可替代的功能与作用。具体而言，农村集体经济组织在旧农合中主要发挥了以下作用：

第一，为旧农合发展提供资金支持。其一，农村合作医疗基金主要来源于集体积累的公益金。其二，集体经济组织支付医疗人员包括“赤脚医生”、卫生员与接生员等人员的劳动报酬。其三，医疗卫生机构的房屋、医疗器械等固定资产都由集体经济组织出资，流动资金和其他经费由集体经济组织投资。公社卫生院的运转也依靠生产大队的财务支持。

第二，集体经济组织在合作医疗中承担一定组织管理职能是其顺利发展的重要条件。旧农合的管理机构是在公社成立的合作医疗管理委员会和生产

〔1〕 林淑周：“中国农村医疗保障制度变迁原因及其启示”，载《福建行政学院学报》2008 年第 5 期。

大队组成的合作医疗管理小组。他们受公社革委会与生产大队领导，专司合作医疗的管理工作，定期向集体经济组织成员报告工作并听取他们的建议与意见。可以说，旧农合之所以能够获得成功，集体经济组织发挥了至关重要的作用。由此可知我国新农合制度要顺利实施，就必须注重集体经济组织在其中功能的有效发挥，既要重视集体经济组织的筹资功能又要重视集体经济组织的管理职能。“实践证明，村集体经济好的村，村民个人收入高，健康保健意识和文明程度高，农民参合率高；而村集体经济差的村，村民个人收入低，家庭经济困难，筹资工作难度大，参合率低。因此，壮大农村集体经济，能促进农村新型合作医疗发展。”[1]

然而，我国目前集体经济组织尚未在新农合制度建设中发挥其应有的作用。原因在于：其一，我国集体经济普遍没能有效实现，导致其筹资功能弱化；其二，新农合制度忽视了集体经济组织的管理服务职能。因此，我国新农合未来的发展必需促使集体经济有效实现以及赋予并强化集体经济组织的管理服务职能。

4. 农村合作医疗制度的有效实施需有良好的配套措施

农村合作制度要顺利实施，实现其制度目标，必须要有良好的配套措施。这些配套措施能够使新农合制度提供的医疗给付具有可及性。所谓可及性，一是指农民看病要非常方便；二是指医疗服务的价格低廉，农民能够接受。旧农合之所以能够取得成功，关键就在于医疗服务系统的低成本运作以及价格低廉的治疗费用，这使得农民能够看得起病。

为解决农村医疗服务的可及性问题，旧农合采取如下配套措施：

第一，为农民看病方便，旧农合在农村建立了县、公社、生产大队三级医疗卫生组织，它有效地解决了农村当时缺医少药的问题，在防病治病，提高农民健康水平等方面成效显著。建立比较健全的农村三级卫生网络与“赤脚医生”制度，他们与合作医疗制度被国际世界誉为解决中国农民医疗保障问题的三件法宝。

第二，培养数量庞大的“赤脚医生”。合作医疗制度的迅速普及需要与之相配套的医务工作者，为解决该问题，“赤脚医生”应运而生。这是我国农村

---

[1] 邵奇涛、任吉刚、付淑敏：“中国农村合作医疗制度的历史演绎与启示”，载《山东农业大学学报（社会科学版）》2007年第2期。

合作医疗制度顺利发展的又一项法宝。“赤脚医生”是指农村半医半农的卫生工作者，当时，在以《人民日报》为代表的时论宣扬下，“赤脚医生”的名称响彻祖国大地。在1974年5月召开的第27届世界卫生大会上，上海市郊区川沙县（1993年撤销）江镇人民公社的王桂珍作为中国“赤脚医生”的代表出席会议。10月份，邓小平向来访的民主也门卫生代表团专门介绍“赤脚医生”，并鼓励他们要不断增加知识，提高为人民服务的本领。由于国家高度重视和积极支持，截至1977年年底，我国农村卫生工作者数量已达540多万人，其中“赤脚医生”150多万人，卫生员与接生员390多万人。“赤脚医生”制度获得了国际社会的高度认可，联合国妇女儿童基金会认为它为中国落后的农村地区提供了初级护理，为不发达国家提高医疗卫生水平提供了样板。

第三，创新对医疗工作者报酬的支付方式。为了将合作医疗的医疗服务费用控制在农民可以接受的限度内，旧农合对农村医疗卫生人员的劳动报酬采取记工分支付或记工分与现金相结合的支付方式。这样一来，医疗卫生人员的收入和从事体力劳动的其他集体成员相差不多，这就降低了医疗服务成本和医疗费用。

第四，重视传统中医中草药的治疗功效。中医中草药在中国古老的大地上已经运用了几千年。实践证明祖国的中医中草药无论是治病、防病还是养生，都是有效可行的，并非伪科学。我们的祖祖辈辈都用中医中草药来治疗疾病，可以说，中医中草药对中华民族的繁衍以及中华文明的延续居功至伟。相较于西医，中医有价格低廉，对一些地方病、慢性病疗效独特的优势。旧农合的成功与注重中医中草药的运用密不可分。旧农合的这些经验对我国新农合制度的顺利实施有很大的借鉴意义。虽然新农合发展所依赖的经济体制、经济与社会发展程度等制度环境与旧农合存在巨大不同，但是，如何通过有效的配套设施建设，提高新农合医疗服务的可及性，是决定新农合能否顺利实施并实现其制度目标的决定性条件。在新的经济社会条件下，国家必须建立与新农合制度相匹配的配套措施来解决新农合医疗服务的可及性问题。

5. 农村合作医疗的发展必须纳入法治轨道

法治的基本含义包括两个内容：其一，建立完善的法律制度，这可称之为法制；其二，已经建立的法律制度具有无上权威，能够得到普遍实施。我国农村合作医疗制度要持续良性发展，关键的不是法制，而是法治，即已经建立的农村合作医疗制度必须得到包括国家权力在内的普遍遵守，而不是朝令夕改。我国旧农合制度之所以很快衰落，与国家及政府不尊重法律的权威有很大的干系。1978 年，第五届全国人民代表大会通过的《宪法》第 50 条明确规定，国家逐步发展合作医疗事业，为农民提供合作医疗服务成为国家的一项基本义务。根据 1978 年《宪法》，原卫生部于 1979 年下发了《农村合作医疗章程（试行草案）》，这是我国第一部专门规范农村合作医疗的法律规范。既然为农民提供合作医疗是国家的一项基本宪法义务，就应该遵守宪法的规定。这表明，我国新农合要持续健康发展，政府必须尊重法律制度的权威，并履行宪法、法律规定的相应义务。

三、农民社会救助法律制度的演进

中华人民共和国成立至今，我国农民社会救助制度可以分为两个大的发展时期。中华人民共和国成立后至改革开放前为第一发展阶段，改革开放至今为第二发展阶段。这两个阶段又可分为若干小的发展时期。具体而言：

（一）计划经济体制下的农民社会救助制度

计划经济体制下的农民社会救助可以分为两个时期，第一阶段为集体经济建立前的农民社会救助，第二阶段为集体经济成立后的农民社会救助。

1. 集体经济成立前的农民社会救助制度（1949 年至 1955 年）

该时期农民社会救助的典型特征是个人自救为主，国家与社会救助为辅。中华人民共和国成立初期，政府和人民接手的是以自然经济为基础的经济体系，而且它由于多年战乱已经处于崩溃的边缘，城市和农村的生产设施与生活设施均遭受到毁灭性破坏，民不聊生。基于此，该阶段农民社会救助面临资金瓶颈：其一，救助农村贫民需巨额资金。由于国民党腐朽统治与资本主义国家长期肆无忌惮掠夺，再加上多发的自然灾害，数量巨大的农村贫民都需要政府筹措巨资援助以解决基本生存需要问题。其二，恢复国民经济发展需巨额资金。要解决农村扶贫所需的资金问题，根本手段在于迅速恢复国民经济的正常运转，并使其持续健康发展。而这同样也需要国家巨大的建设资金投入。因此，在国家财政资金极其有限的情形下，构建一种既能确保农村贫民的基本生活，又能确保国民经济迅速恢复发展的农民社会救助制度，是考验刚执政的中国共产党的重大难题。为解决这一两难境况，党和国家采取了一系列措施，初步建立起符合社会主义要求的新型农民社会救助制度。

（1）该时期的农村灾害救助。中华人民共和国成立初期对受灾农民的帮助是农民社会救助的重要内容。该时期的救灾目标是“不要饿死一人，不许饿死一人”。救灾工作的领导组织机构是各级人民政府的救灾委员会和内务部门。1949 年和 1950 年，中央先后成立了内务部以及中央生产救灾委员会，以强化全国农村救灾工作的组织力与协调力，提高救灾效率，确保受灾群众的生命健康。这一时期农村救灾工作的方针是毛泽东和董必武确立的“要发动群众、生产自救、节约度荒、调剂有无、互相帮助，财政上要拿出点儿力量来，搞点以工代赈和必要的救济”，“生产自救，节约度荒，群众互助，以工代赈，辅之必要的救济”。在 1953 年召开的第二次全国民政会议上，上述方针又被改为“生产自救，节约度荒，群众互助，辅之以政府必要的救济”。总之，这一时期，在科学正确救灾方针的指导下，国家采取了与经济社会发展相适应的多种救灾措施，它们有效保障了灾民的基本生活，在帮助其重建家园、恢复生产方面发挥了重要作用。

（2）该时期的扶贫工作。截至 1949 年年底，我国农村已有贫困人口 4000 万，无粮吃的严重贫困户约占其中的 1/5。为解决如此庞大的贫困人口的基本生存问题，国家采取了一系列的帮助措施，主要内容包括：其一，科学确定权利主体即救助对象为生活困难的农民。比如 1953 年安徽省民政厅确定：“救济地区以革命老根据地、贫瘠山区、老灾区及血吸虫病区为重点，救济对象以残老孤幼、劳动力少人口多及遭受意外灾害与长期患病而造成生活困难的农民为重点。”〔1〕其二，救助时间和期限具有特定性。这一时期对农村贫困人口的救助具有显著的季节性，表现为在春耕夏收以及冬季等特殊时节给予粮食、被服等基本生活物资以及适量的金钱。而且对他们的救助期限不能超过 4 个半月。其三，救助途径包括直接救助和间接救助。直接救助就是指国家将救助物资直接发放到贫困户手中。间接救助是指国家通过各种方式减轻贫困人口的负担或增加其收入、提高其抵抗风险能力等。

（3）这一时期对农村鳏寡孤独残疾人等弱势群体的救助。中华人民共和国成立初期，党和国家非常关心农村无依无靠的鳏寡孤独残疾人等农村弱势群体的生存，并采取相应措施照顾他们的生活。其一，国家对他们进行临时

〔1〕宋士云：《中国农村社会保障制度结构与变迁（1949-2002）》，人民出版社 2006 年版，第 48 页。

救济和定量救济。1953 年生效的《农村灾荒救济粮款发放使用办法》明确规定了救助对象和救助标准。该办法的实施在一定程度上保障农村孤老残幼的基本生活。其二，国家大力推广救助孤老残幼的“唐河经验”。这是由河南省唐河县发明的。其主要内容是根据先亲后邻、先近后远的原则，由安置者和被安置者双方自愿达成协议。根据协议，安置者享有支配被安置者的房屋、土地和其他财产以及继承被安置者遗产的权利，并附有负责被安置者的生养死葬的义务。“唐河经验”实质是一种农户之间以协议为核心的民事互助行为，其不但能够保证孤老残幼的生活，又能减轻国家的财政负担，受到群众干部的广泛高度肯定。于是，1951 年中央政府内务部向全国推广“唐河经验”，许多地方政府采取该办法安置孤老残幼。“唐河经验”的推广取得了一定的成效，据保守估计，截至 1953 年，全国共有 50 多万孤老残幼的生活依赖这一方法得到了保障。

（4）这一时期农民社会救助工作的特征。该时期的农民社会救助工作具有以下特征：

第一，救助对象规模巨大。据统计，这一时期我国亟须救助的农村人口达 5000 万人左右，占当时总人口的 10%。因此，党和国家的救助任务非常艰巨。“这期间在全国开展的社会救济工作，规模之大、范围之广、人数之多史无前例，促进了新生政权的巩固和生产的恢复发展。”〔1〕

第二，农民社会救助的紧迫性。由于长期的战争以及自然灾害导致人们生活雪上加霜，数以千万计的农民因为贫困、饥饿和瘟疫挣扎在死亡边缘。为此，党和国家紧急行动，果断采取有效措施，维持了贫困农民的基本生存，使他们摆脱死亡的威胁。“由于在全国范围动员各方面力量及高效地进行了大规模的紧急救助，数百万受冻挨饿的人，摆脱了死之威胁，有衣穿、有饭吃、有了安身之处。”〔2〕

第三，救助水平低，仅在于保障贫困灾民的生命权与基本生存权。由于贫困农民都在死亡线上挣扎以及国家财力的有限性，当时农民社会救助的主要目的在于保障受救助人口的生存权和生命权。“不许饿死一人”是救助水平

---

〔1〕 殷允杰：《我国农村社会保障问题研究》，经济管理出版社 2012 年版，第 165 页。

〔2〕 郭明霞：“建国后农村社会救助制度的回顾与反思——农村社会救助体系研究系列之三”，载《社科纵横》2005 年第 3 期。

低下的生动写照。

第四，救助方式以自救和群众互助为主，国家为辅。这一阶段，我国经济基础遭受战争的严重破坏，国家的财政能力非常有限。在有限的财力下，国家一方面要千方百计地恢复生产，另一方面要救助贫困农民，政府不可能有太多的投入用于农民社会救助。因此，这一阶段的农民社会救助具有自救和群众互助为主的典型特征。

第五，农民社会救助工作尚未规范化。该阶段由于农村贫困人口的救助需要非常紧迫，许多救助措施只能以暂时解决问题为目标，而且我国社会主义性质的农民社会救助尚处于探索阶段。上述因素决定了该阶段的农民社会救助具有紧急性、突击性与临时性的特征。

2. 集体所有制建立后的农民社会救助法律制度

该时期我国以集体救助为主，国家救助为辅的农民社会救助新机制基本形成。从 1954 年开始，我国开始进行农业社会主义改造，到 1956 年，我国农村普遍建立了以互助合作为核心的集体所有制，农民走上了集体化道路。农村经济所有制的变化使该阶段的农民社会救助出现了不同于以前的新特征。

（1）该时期的农村灾害救助。1956 年年底，以农村高级合作社为标志的农村集体经济制度正式确立，至此，农村集体经济组织成为依法负有救灾义务的主要主体。1963 年，党中央和国务院在《中共中央、国务院关于生产救灾工作的决定》中适时确定了新的救灾方针，依靠群众，依靠集体，生产自救为主，辅之以国家必要的救济。由于我国农村合作社的规模不断扩大和集体经济的不断发展，农村集体的财产积累持续增加，集体经济组织已经具备对其成员提供一定社会救助的能力。新的救灾方针符合当时的实际情况和我国国情。在该方针的指导下，我国农民和集体齐心协力开展卓有成效的自救活动，既减轻了国家的救灾责任又保证了灾民的基本生活。

（2）该时期的农村贫困人口救助工作。该时期重工业优先发展的策略导致政府没有充分的财政力量解决贫困农民的基本生活，于是，政府非常强调和重视农村集体经济组织对其成员基本生活的保障功能。从 1956 年开始，集体经济组织取代国家成为对农村贫困人口救助任务的主要承担者，我国农民社会救助形成了以集体为主、国家为辅的两条腿走路的新格局。

1958 年，政府认为农民社会救助已无存在的必要，一度取消了农民社会救助。19 世纪 50 年代末，因为连年的自然灾害，国家又恢复了已经取消的农民社会救助，从极为困难的国家财政中调拨物款进行农民社会救助，维持农民基本生活，度过困难时期。

1962 年 9 月，党的八届十中全会通过的《农村人民公社工作条例（修正草案）》明确规定人民公社负有对贫弱成员的救助义务。其目的就在于吸取三年困难时期农民社会救助工作的教训，将集体经济组织的救助工作制度化。1963 年 3 月，国家发布《认真贯彻农村人民工作条例，进一步做好农村社会救济工作》用来指导规范农民社会救助工作的开展。为贯彻上述两个规范性文件，我国各级地方政府采取措施强化对农民社会救助工作的管理，落实集体经济组织对其贫困成员的救助义务，我国农民社会救助工作又迈入正常的发展轨道。

（3）该时期的农村五保供养。该时期对农村鳏寡孤独残疾人等弱势群体救助工作的一大创举就是“五保制度”。1960 年 4 月颁布的《全国农业发展纲要》（现已失效）第 30 条第 2 款规定：“农业合作社对于社内缺乏劳动力、生活没有依靠的鳏寡孤独的社员，应当统一筹划，指定生产队或者生产小组在生产上给以适当的安排，使他们能够参加力能胜任的劳动；在生活上给以适当的照顾，做到保吃、保穿、保烧（燃料）、保教（儿童和少年）、保葬，使他们的生养死葬都有指靠。”同年 6 月 30 日，第一届全国人民代表大会第三次会议通过的《高级农业生产合作社示范章程》（现已失效）再次明确规定了农村五保制度。上述两个文件使我国农村五保救助成为一项法律制度并延续至今。农村五保供养包括两种形式：分散供养与集中供养。分散供养是指对有一定劳动能力的五保户，农业生产合作社安排其进行力所能及的劳动，在补助款物、劳动日数等方面给予照顾，负责安排照顾他们的生活。对生活难以自理的五保户，安排专人照顾他们的生活。对因贫困或因受灾无法进行五保供养的合作社，国家会给予相应的补助。集中供养是指人民公社以举办敬老院的方式统一照顾五保户的生活起居，这是我国农民尝试解决五保供养问题的重要举措。19 世纪 50 年代，是我国举办敬老院事业的快速发展时期，并且初步实现了制度化和规范化。1958 年 12 月，我国召开了中央八届六中全会并通过了《关于人民公社若干问题的决议》。该文件明确规定：“要办好敬老院，为那些无子女依靠的老年人（“五保户”）提供一个较好的生活场所。”据 1958 年年底统计，全国办起敬老院 15 万所，收养老人 300 余万人。三年自然灾害期间，许多人民公社的敬老院因为自然灾害没有能力提供经费与粮食，相继散伙停办。国民经济调整时期政府采取相应的措施安排五保户的生活，这使得我国的农村五保工作在有所改进的基础上得以恢复。1978 年年底，我国仅有的 7175 所敬老院在生活水平极低的条件下仍供养 10 万余位老人。

（4）该阶段农民社会救助的特征：

第一，以集体经济组织为主导的二元主体救助体制形成。1956 年我国农业的社会主义改造完成后，集体经济已经成为我国农村主导经济形态。该时期，我国众多的规范性文件均规定集体经济组织负有救助其成员的基本义务。另外，由于需投入巨大财力以快速实现我国的工业化是当时政府的第一要务，集体成为农民社会救助名副其实的主导力量。集体对其成员的社会救助义务并不排斥国家的救助义务，国家只不过在农民社会救助中居于辅助地位。至此，我国农民社会救助的二元救助主体体制形成。

第二，五保供养制度是该阶段农民社会救助工作的一大创举。该阶段，我国农民社会救助的一个重要创新就是建立了以集体经济为基础并维系至今的农村五保制度。

第三，农民社会救助工作在曲折中前进。在此期间，由于受时局影响，我国农民社会救助工作一度进展缓慢。所幸的是，国家都能够及时纠正问题，采取措施保证国民经济的恢复和发展。随着国民经济好转以及政策调整，农民社会救助工作也恢复正常。

因此，从总体而言，本阶段我国农民社会救助工作在曲折中得到发展。

（二）改革开放以来的农民社会救助制度的演进

十一届三中全会以后，以家庭承包责任制为基础的统分结合的双层经营体制取代了“队为基础，三级所有”的集体统一经营体制。经济体制以及农村的基本经营制度的变化给我国原来的农民社会救助制度带来冲击，其必须进行相应转变以适应新形势的要求。其一，统一经营体制的解散导致集体经济组织丧失了公共财产而无法为农民提供社会救助，国家需拓宽筹资渠道以保证农村社会救助工作的顺利展开。其二，计划经济向市场经济的转变要求政府职能进行相应的转变，这为农民社会救助的管理体制以及救助方式带来了新的挑战。其三，工业化进程对农民社会救助的开展开始产生决定性影响。鉴于此，国家从实际出发，积极探索并适时进行相应的政策调整，对农民社会救助制度进行革新，取得了一定成效。改革开放以后的社会救助制度发展可以分为三小阶段，第一阶段为 1978 年至 1992 年；第二阶段为 1992 年至 2002 年；第三阶段为 2003 年至今。

1. 计划经济体制下社会救助向市场经济体制下农民社会救助的探索过渡期

1978 年到 1992 年，我国改革的重点在农村，尚未作出建立市场经济体制的重大决策，此阶段国家的使命在于以计划经济传统救助为基础，探索农村经营体制改革后如何建立新的农民社会救助制度。该时期的农民社会救助具有明显的过渡性。

（1）该阶段的农村社会救灾。1978 年召开的全国第七次民政会议强调我国农民社会救助应坚持 19 世纪 60 年代初的救灾方针。但由于农村集体经济的解体，以集体经济为主导力量的农民社会救助丧失存在基础。另外，传统农民社会救助资金运行机制以中央统收统支的财政制度为基础。1980 年开始实行的中央与地方财政“分灶吃饭”的财政体制改革导致农民社会救助的资金管理运行机制失去制度基础。基于此，1983 年第八次全国民政会议确定了新的救灾工作方针，依靠群众，依靠集体，生产自救，互助互济，辅之以国家必要的救济和扶持。相较于老方针，新的方针增加了“互助互济”和“国家扶持”等两项内容。

根据新的救灾方针，我国农民社会救助作出了如下改革：第一，在探索救灾款的分级管理方面，对部分省、区实行救灾经费包干。第二，救灾方式改革。其一，改变以往的无偿救济，采取无偿救助与有偿救助相结合的方式。其二，以灾民基本生活救助和生产自救相结合取代原来单一的生活救助。这一改革实现了救助方式的科学化与多样化。第三，救灾体制革新。原来的救灾体制仅强调政府力量，为克服政府力量有限的弊端，新的救灾体制将商业保险与救灾有机结合，从而增强了救灾的财力基础。第四，筹资渠道拓宽。既鼓励群众互济互助，又积极组织社会力量募捐。

（2）该阶段的农村贫困救助。以下几个规范性文件构成了我国该时期农村社会贫困救助制度的主要内容：1983 年全国第八次民政会议通过的会议决议；党中央和国务院于 1984 年 9 月发布的《中共中央、国务院关于帮助贫困地区尽快改变面貌的通知》和由民政部会同有关部门于 1985 年 3 月联合发出的《关于扶持农村贫困户发展生产治穷致富的请示》（现已失效）。另外，1985 年 5 月邓小平同志提出的“共同富裕”问题成为该时期农村贫困救助工作的指导思想。它们对我国农村社会贫困救助制度进行了如下改革：其一，农民社会救助的目标由输血转变为造血，强调社会救助与扶贫相结合，注重社会救助“造血”功能的发挥。上述三个规范性文件都强调：扶贫要扶本，要讲求实效。对已丧失劳动能力无法扶持生产的贫困户，要实行补助或救济；对贫困户缴纳农业税有困难的，应酌情减免。其二，推行农村社会贫困救助的定量化与定期化。改革开放前的农民社会救助主要为临时救助，缺乏规范化，具有较强的随意性，救助资金被挪用挤占的现象较为普遍。为消除临时救助的弊端并强化对贫困农民的救助力度，国家开始实行农村贫困救助的定量定期化。新的救助方式因为收效明显，成为农村贫困救助的主要方式之一。其三，探索由乡镇筹集农村贫困救助资金的方式。集体经济的瓦解以及国家需要从农业提取资金支持工业化进程的现实，导致农村贫困救助资金不足，难以保证贫困农村人口的基本生活。于是，一些地方开始探索由乡镇政府筹集贫困救助金的方式并取得了一定的效果。

（3）该阶段的农村五保救助。五保供养是我国农民创造的独具中国特色的社会救助项目。改革开放以来，虽然农村集体经济组织的经营体制发生巨变，但我国一系列规范性文件均强调五保供养制度必须坚持，并且集体经济组织应该为此承担责任。十一届四中全会通过的《中共中央关于加快农业发展若干问题的决定》《关于进一步加强和完善农业生产责任制的几个问题的通知》、1982 年 1 月中共中央批转《全国农村工作会议纪要》等规范性文件均规定，我国农村的五保供养制度必须坚持，实行包产到户、包干到户的集体必须提取一定的公共提留用来安排五保户的生活。为保证五保制度能够在新的农村经营体制下顺利实施，1982 年年底至 1984 年年初，民政部完成了新中国成立以来全国第一次五保普查。这次普查结果督促各地政府总结五保经验，在结合地方实际的基础上制定规范五保工作的地方法规，如河北省政府颁发的《河北省五保供给暂行办法》（现已失效）。地方性法规的制定实施，推动了我国五保工作的发展，使我国五保供养制度能因地制宜地保障贫困农民基本生活。

2. 1992 年至 2002 年是市场经济体制下农民社会救助的初步建立期

（1）该阶段的农村灾害救助。该时期，我国拉开了市场经济体制改革的大幕，并且初步建立了社会主义市场经济体制。随着我国经济体制的改革，农民社会救助也出现了新变化：其一，革新农村灾害救助的管理体制，以提高救灾效率与执行力。改革的成果就是确立了救灾工作分级管理、救灾资金分级负担的新管理体制。其二，确立民政部门作为专门的救灾机构。1998 年发布的中共中央办公厅、国务院办公厅关于印发《民政部职能配置、内设机构和人员编制规定》的通知中明确规定，将国家经济贸易委员会承担的组织协调抗灾救灾的职能交给民政部。该文件确立了民政部门主要救灾管理者的主体地位，能够提高农村社会灾害的救助效率。其三，构筑全国性的救灾储备网络，建立救灾物资储备制度。这一措施能确保紧急灾害发生时国家能够及时对受灾农民予以必要救助。其四，救灾工作进一步向规范化、制度化迈进。民政部门出台了一系列文件规范农村社会灾害救助工作，其主要内容包括：救灾物资的专项使用原则；明确救灾物资的使用范围；制定规范救灾捐赠工作相应制度：包括管理主体、接受捐赠物资与发放救灾物资的程序等。其五，进一步提高了农村灾害救助的社会化程度。这一时期，民政部门采取措施积极弘扬“一方有难，八方支援”的中华美德，使农村灾害救助的社会化上升到一个新的高度。

（2）该阶段的农村贫困救助。此时期我国农村贫困救助工作进入第三阶段，也是我国农村扶贫工作最困难的攻坚阶段。该阶段，我国的农村扶贫工作取得重大进展，农村贫困人口从 1993 年的 8000 万人减少至 2000 年的 3000 万人。

（3）该阶段的五保供养制度。在此期间，我国的五保供养工作取得以下进展：其一，五保供养工作实现了法制化。1994 年 1 月 23 日，国务院发布了《农村五保供养工作条例》（现已失效），这标志着我国的五保供养工作步入法制化轨道。其二，改革五保供养的筹资渠道。改革开放前，五保供养的资金来源于集体分配，主要从生产队、大队与公社的公益金中提取。农村集体经济的解体使原来的五保供养筹资渠道难以为继。因此，这一时期的五保供养筹资渠道开始多元化，代耕代养、亲属供养、村提留、乡镇统筹、集体经营收入等都是实际运用的筹资渠道。其中，村提留、乡统筹与集体经营收入是法定的五保供养筹资途径。《农民承担费用和劳务管理条例》与 1994 年《农村五保供养工作条例》（现已失效）均对此作了明确规定。

（4）农村最低生活保障制度的地方性探索。农村最低生活保障制度的探索萌芽于山西省阳泉市。《阳泉市农民社会保障试行办法》规定，县、乡、村根据各自经济发展的不同状况，确定基本保障线，对生活在基本保障线以下的贫困户，以户建档，逐年核定，实行救济，使其生活水平达到基本保障线。这包含了建立农村最低生活保障制度的初步设想。1995 年 12 月，我国出现了第一个关于规范农村最低生活保障的文件，即广西壮族自治区武鸣县发布的《武鸣县农村最低生活保障线救济暂行办法》。随后，1996 年 1 月召开的全国民政厅局长会议明确要求各地要探索建立农村最低生活保障制度，并指出这是该年度农民社会救助工作的重点。为规范各地建立农村低保的实践探索，民政部于 1996 年年底印发《关于加快农村社会保障体系建设的意见》（现已失效）和《农民社会保障体系建设指导方案》。它们均指出，农村低保是农村社保体系的重点，各地都应积极稳步地建立该制度。此后，各地建立农村低保制度的探索在全国大规模展开。截至 2001 年年底，陕西、广西、河北、山东、广东、浙江、江苏等 16 个省（自治区、直辖市）已全部建立农村低保制度。建立农村低保制度的县（市、区）已达 1930 个，占全国县（市、区）数量的 73%，其遍布除重庆市以外其他的 30 个省（自治区、直辖市）。截至 2002 年年底，全国已有 156.7 万农户约 407.8 万农民受到农村低保的保障。

3. 2003 年至今是新型农民社会救助制度的发展完善时期

进入 21 世纪，我国的工业化已经进入中后期，这表明工农业的关系应发生巨大转变。在党的十六届四中全会上，胡锦涛指出，纵观一些工业化国家的发展历程，在工业化初始阶段，农业支持工业，为工业化提供积累，是带有普遍性的倾向；但在工业化发展到相当程度后，工业反哺农业、城市支持农村，实现工业与农业、城市与农村的协调发展，也是带有普遍性的倾向。2004 年年底，胡锦涛在中央经济工作会议上明确指出，我国总体上已经进入以工促农、以城带乡的发展阶段。农业与工业关系的反转为我国农民社会救助事业的发展带来新契机。于是，我国的农民社会救助制度发生重大转变并日趋完善，其基本特征就是国家取代农村集体经济组织，在农民社会救助中占据主导地位并发挥主要作用。

（1）传统农民社会救助项目的新发展：

第一，该阶段的农村灾害救助。2006 年 11 月，第十二次全国民政会议提出了新阶段农村灾害救助的方针：要坚持政府主导、分级管理、社会互助、生产自救的救灾工作方针。该方针明确要求政府在农村社会灾害救助方面应发挥主导作用。据此，政府建立起了全国性的救灾抗灾综合协调制度。各地方政府也拨出救灾专款和自然灾害救助专款，从而承担起其应负的救灾责任。

第二，该阶段的农村贫困救助。此时期农村贫困救助最大的发展就是，探索扶贫开发与农村低保制度的衔接与整合。党的十七届三中全会要求“实现农村最低生活保障制度和扶贫开发政策有效衔接”。据此，国务院于2010年发布《国务院办公厅转发扶贫办等部门关于做好农村最低生活保障制度和扶贫开发政策有效衔接扩大试点工作意见的通知》（国办发［2010］31号）专门就两者的衔接予以制度化。

第三，该阶段的农村五保供养。农村五保供养制度从建立之初到2000年，其筹资来源主要为村级农民集体。2000年、2004年农村的两次税费改革以及2006年取消农业税费，农村五保供养的筹资渠道不复存在。因此，国家于2006年3月1日实施新《农村五保供养工作条例》（以下简称“新《条例》”）。新《条例》的最大革新就是改变农村五保的筹资渠道，将原来由农民集体负担的五保供养费用改为地方人民政府负担，对于财政困难的地方政府，中央财政予以五保供养补贴。新《条例》颁布实施意味着我国农村五保供养实现了由集体救助向国家救助的历史转变。

第四，该阶段的农村最低生活保障制度。1994年我国已经开始进行建立农村低保的地方性探索，但一直未在全国普及。2007年，中共中央1号文件明确要求建立覆盖全国范围的农村低保制度。据此，国务院于同年下发《关于在全国建立农村最低生活保障制度的通知》（国发［2007］19号）。该通知的颁行标志着农村低保制度在全国范围内正式建立，至此，农村低保由地方试点阶段进入全国全面推行阶段。

（2）新型农村救助项目制度的建立：

第一，农村医疗救助。2003年11月，民政部、原卫生部和财政部联合下发《关于实施农村医疗救助的意见》（民发［2003］158号，现已失效）文件，在全国全面推行医疗救助制度，以切实缓解农村贫困农民的医疗难问题。截至2006年年底，我国所有的涉农县（市、区）均建立该项制度。2009年6月，民政部会同有关部门联合出台《关于进一步完善城乡医疗救助制度的意见》（民发［2009］81号）。其目的在于：其一，贯彻落实《中共中央、国务院关于深化医药卫生体制改革的意见》（中发［2009］6号）和《国务院关于印发医药卫生体制改革近期重点实施方案（2009-2011年）的通知》（国发［2009］12号，现已失效）的精神。其二，进一步规范农村医疗救助行为，指导各地开展多种形式的医疗救助工作。

第二，农村义务教育救助制度。2001 年至 2003 年，国家相继发布了《国务院关于进一步加强农村教育工作的决定》《国务院办公厅转发体改办等部门关于降低中小学教材价格深化教材管理体制改革意见的通知》（现已失效）等两个规范性文件。它们规定了农村义务教育救助制度的相关内容“两免一补”，即对农村义务教育阶段家庭经济困难学生实行免费提供教科书、免除学杂费、对寄宿生给予生活补贴的制度。从 2006 年春季学期开始免除西部地区农村义务教育阶段中小学生学杂费，惠及 5000 多万名农村中小学生。2006 年修订的《义务教育法》明确规定我国义务教育不收学费、杂费。2007 年，我国所有农村地区的义务教育均免除学杂费。全国 40 万所农村中小学的近 1.5 亿名学生从中受益。

第三，农村临时救助制度。2007 年 6 月，民政部印发《关于进一步建立健全临时救助制度的通知》（民发［2007］92 号）要求各级地方政府建立和完善临时救助制度。临时救助制度是对没有享受最低生活保障和其他专项社会救助的农村人口，由于特殊原因造成基本生活出现突发性、临时性困难的低收入家庭给予救助。目前，已有内蒙古、黑龙江、江苏、江西、湖南、海南、重庆、甘肃等 16 个省、自治区、直辖市建立了临时救助制度，其他省也正在推进此项工作。

四、农民社会福利法的历史沿革

（一）农民社会福利的界定

1. 农民社会福利的概念

社会福利有广狭两义。广义的社会福利等同于社会保障，狭义的社会福利是社会保障的一个子系统。本书以官方对社会福利的界定为依据，采纳狭义的社会福利概念。1985 年在《中共中央关于制定国民经济和社会发展第七个五年计划的建议》中提出，我国的社会保障体系包括社会保险、社会救助、社会福利、优抚安置等四个有机构成的内容。1993 年 11 月中共十四届三中全会通过了《中共中央关于建立社会主义市场经济体制若干问题的决定》，再次确认我国的社会保障体系包括社会保险、社会救助以及社会福利。2004 年召开的党的十六届四中全会提出要健全社会保险、社会救助、社会福利和慈善事业相衔接的社会保障体系。2006 年 10 月党的十六届六中全会提出要逐步建立社会保险、社会救助、社会福利、慈善事业相衔接的覆盖城乡居民的社会保障体系。2007年10月党的十七大报告再次强调要以社会保险、社会救助、社会福利为基础，以基本养老、基本医疗、最低生活保障制度为重点，以慈善事业、商业保险为补充，加快完善社会保障体系。通过以上论述可知，通说认为社会福利是社会保障的有机组成部分。官方使用的狭义社会保障概念得到学界和国民的肯定。“当改革开放后出现社会保障概念时，社会福利便作为其中的一个子系统，并已经被官方、学术界与国民所接受。”〔1〕因此，本书以狭义社会福利概念作为农民社会福利制度研究的基点。所谓农民社会福利，是指政府和社会向农村老人、妇女、儿童以及残疾人等特别需要关怀人群以及普通农村居民提供必要社会援助，以提高他们的社会生活水准和自立能力的一种社会保障子系统，农民社会福利包括特殊人群福利以及公共福利两种类型。

2. 农民社会福利的特征

（1）农民社会福利的享有者是农民。根据法律面前人人平等的原则，本不应该强调农民是社会福利的主体，市民和农民应该平等地享有社会福利。然而，我国长期以来形成的社会与经济二元结构，导致我国的社会保障也呈现出二元性，即市民与农民分别受不同的社会福利体系的保障。在二元结构的社会福利体系中，农民所享受的社会福利项目少于市民，保障水平也低于市民。在二元结构的社会福利体系中，农民的主体资格实质是缺失的。要建立农民社会福利体系，就是要承认农民社会福利权的主体资格，使其平等地与市民享有社会福利待遇。城市社会福利系统与农村社会福利系统各为一套独立的体系，并行不悖且互为补充。为防止福利供给重叠以及福利盲区，就必须强调农民社会福利的主体是农民，其范围包括：农村老人、农村妇女、农村儿童、农村残疾人以及普通农村居民等。

（2）农民享有社会福利的根据是社会福利权。农民享受社会福利意味着能够从国家获得一定物质利益或精神利益，而享有利益具有正当性才能获得法律的保护。要使农民正当合法地享有社会福利，则必须确认农民对社会福利享有一定的权利即社会福利权。“社会福利权，即农民有享受国家和社会提供的诸如文化、教育、娱乐和医疗保健等方面的各种公共社会福利，以提高自身生活质量、发展自我的权利。社会福利权的具体权利内容与经济发展水

〔1〕郑功成：《社会保障学——理念、制度、实践与思辨》，商务印书馆2000年版，第20页。

平联系最为密切。随着社会的发展，社会成员的社会福利权的具体内容会随着经济的发展而不断扩大。社会成员享受哪些社会福利内容和项目要受到社会经济发展阶段的限制和约束，只能享受按照当时社会条件所能提供的条件和法律中明确规定的福利内容。"[1]社会福利权的产生是社会经济发展的必然结果。英国社会保障理论家马歇尔认为公民权利的发展有三个阶段：18 世纪的公民权利时代；19 世纪的政治权利时代以及 20 世纪的社会保障权时代。18 世纪权利体系的核心是言论自由、思想自由以及宗教自由等自由权、私人财产权以及平等权。19 世纪，以选举权、投票权以及政治参与权等为基础的政治权利得以普遍化。20 世纪是社会保障权的世纪，这一时期，国家为公民提供社会保障不再是一种恩赐，而是一种义务。社会保障权的内容主要包括获得教育、医疗保障、养老、住房以及其他服务的权利。社会福利权是社会保障权的重要构成部分。社会保障权的主体是国家公民，即只要是拥有某一国家的公民资格，即可以享受社会保障权。"每个公民都可以基于自身的资格要求过上一种丰富而又积极的生活。"农民是我国数量最多的公民，其当然应该享有社会福利权。

（3）农民社会福利既包括特殊群体的福利也包括公共福利。在任何时代、任何社会中都存在老人、儿童、残疾人等社会弱势群体。他们都有一些特殊需求。进入现代社会以来，由于农业产业的弱质性导致农民是一个弱势阶层，农村中的社会弱势群体是弱势群体中的弱势群体。弱势群体由于自身能力的不足，需要来自社会的特殊保护和特别需求，其中主要包括身体健康、教育、就业、权益保护等各方面的特殊照顾需求。国家和社会应该首先满足这类群体的生存与发展需求，并随着社会经济的发展不断提高他们的生活质量。对农村弱势群体的帮助是农民社会福利的重要内容之一。农村公共福利是农民社会福利的又一重要内容。这类社会福利是由国家和社会为满足农村普通群众提高生活质量以及发展需要所提供的，其内容主要包括：教育福利、医疗卫生福利、文化福利以及住房福利等。

（4）农民社会福利的保障水平高于农民社会保险与社会救助。农民社会福利不同于农民社会救助与农民社会保险的本质，在于其提供的保障水平最高。农民社会救助在于满足受助者的最低生活需要，农村社会保险能够满足参

---

[1] 张闯："我国农民社会保障权研究"，吉林大学 2008 年博士学位论文。

保者的基本生活需要，而农民社会福利则以提高农民的生活质量为目的，满足其较高层次的发展和享受需要。“农民社会福利的目标定位应当从‘克服贫困’走向‘消除社会排斥’，以实现更大范围与程度的社会包容。”[1]农民社会福利的这种特征决定了它的供给形式与实现方式的主要内容是，为农民提供各种社会服务。其一，这种社会化服务具有个性化特征。即服务的对象和方式是个体化的，必须针对不同服务对象的具体特点与情况，灵活多样、因地制宜地展开各种福利服务。其二，农民社会福利的提供通常是免费或象征性收费。市场价格是判断是否存在社会福利的标准。如果按照市场价格收费，就超出了社会福利领域而属于营利性领域。其三，这种服务的提供能够消除社会排斥，帮助农民发展。

（二）中华人民共和国成立以来农民社会福利制度的变迁

自中华人民共和国成立至今，我国经历了两种经济体制：1978 年以前的计划经济体制以及之后的市场经济体制。以此为标准，我国的农民社会福利划分为两个阶段：计划经济时代的农民社会福利与市场经济时代的农民社会福利。

1. 计划经济时代以集体为依托的农民社会福利（1949 年至 1977 年）

中华人民共和国成立后，为尽早地实现现代化，我国确立工业优先发展的经济发展方略。计划经济体制下的农村集体经济组织既是为工业发展提供资金积累的手段，也是为农民提供社会福利的责任主体。该时期的农民社会福利又可分为以下几个小阶段：

（1）互助合作时期的农民社会福利（1949 年至 1955 年）。1949 年中华人民共和国成立后，我国掀起了农业合作化运动，它改变了自然经济条件下的家庭保障与家族保障模式。合作化时期是我国以集体为依托的社会主义福利的探索阶段。根据集体化的程度不同合作化有三个不同发展阶段：互助组、初级社与高级社。互助组集体化程度低，其福利提供作用极为有限。初级社已经在一定程度上实现了集体化，有一定的集体积累，可以为农民提供较低水平的社区公共福利。高级社的成立，标志着我国农业集体化的完成。高级社已经将农民入社的私有财产变为集体所有的财产，组织农民集体劳动，成

[1] 陈治：“论我国农村社会福利保障体系之构建：观念、原则与框架”，载《农村经济》2012 年第 11 期。

员根据各尽所能、按劳取酬的社会主义分配原则获得生活所需。由于高级社拥有财产所有权，其公共积累的财产大为增加，为成员提供的社会福利也较多。具体言之：

第一，生产保护与安全福利。高级社采取一定的措施保护农民的劳动安全，为未成年人、孕妇和老人提供特殊的劳动优待，让他们从事较轻的劳作，并特别注意让女社员在产前产后得到适当的休息。

第二，对因工伤残死亡社员或家庭的福利。因公负伤或者因公致病的社员，高级合作社既要负责救治，又要酌量给予劳动日作为补助。因公死亡社员的家属，高级社要给予抚恤。

第三，集体文化卫生福利。为提高社员的文化水平，丰富他们的生活，高级社还利用集体积累为农民提供文化福利，比如：在农闲时节，组织社员进行文化体育等娱乐活动；在业余时间，组织农民学习文化科学知识；为农民家庭提供卫生保健服务；开展公共卫生工作等。

第四，优抚政策。对伤残军人社员，烈士与军人家属，根据国家的优待规定，合作社应给予优待。农业高级合作社的这些福利措施标志着我国以集体经济组织为责任主体的农村福利制度初步形成，这深刻地影响了我国农民社会福利制度的发展。

（2）人民公社体制下的农民社会福利。人民公社时期，以集体经济积累为物质基础，以小队、大队与公社为组织依托的社区福利体系在我国广大农村全部建立。这是我国社会福利发展史上的一个创举，它第一次使农民享有了社会福利。计划经济体制下的集体福利包括：

第一，集体内部的分配福利。人民公社时期我国农村集体存在前后两种分配方式：人民公社高潮期的“工资制+供给制”以及“队为基础，三级所有”时期的“工分制+家庭副业”。前者是人民公社高潮期间的分配方式。工资制是由群众根据劳动者的技能体力差异以及劳动的繁重程度评定每个社员的工资等级，按月发放。工资制表明我国有实现集体所有制向全民所有制转变的意图与目标。供给制是公社免费为社员提供各种福利待遇，其典型就是无偿供应饭食。供给制则表明我国正在由社会主义迈入共产主义。1961 年，中央颁布《农村人民公社工作条例（修正草案）》，取消供给制，解散公共食堂并允许社员发展家庭副业。1962 年，国家将“一大二公”的核算体制改为三级所有，队为基础的核算体制。为适应新核算体制的要求，人民公社开始实行“工分制+家庭副业”的新分配方式。“工分”为社员参加年终集体分配的依据。工分的多少以生产队社员按照农民的劳动技能以及身体状况评分为主，以生产队根据劳动复杂程度以及强度酌情加分为辅。“家庭副业”是指社员在参与集体劳动之余，还可以耕种自留地、自留山，饲养家禽家畜，做手工编织，积肥种菜等，以补贴家用。这种新的福利分配方式提高了劳动效率，保障了农民的基本生活。

第二，集体的平均主义福利。集体经济组织内部的几乎平均主义的分配制度是一种变相的社会福利。无论是“工资制+供给制”还是“工分制+家庭副业”，它们都是一种近乎平均主义的分配制度。这种平均主义的分配方式对部分劳动者而言无疑是一种社会福利，这可以保障其生存与发展。社会主义的分配体制是按劳分配。据此，本应是多劳多得，以提高劳动者的积极性，提高劳动效率。然而，当时农业生产力的落后以及农业为工业化提供资金积累使得这种分配体制无法落实，导致农村集体出现了大量的“超支户”与“进款户”。农民集体的近乎平均主义的分配实质是用“进款户”的欠款补偿“超支户”。这对“超支户”而言无疑是一种集体福利。

第三，人民公社时期的其他集体福利。这一时期，除上述两种主要的生活福利外，农民集体还为社员提供以下福利：其一，老年人福利。1958 年，中共中央发布《关于人民公社若干问题的决议》，提出要办好敬老院，为那些无依无靠的老年人提供一个较好的生活场所。其二，公费医疗补助，每人每年 2 元。这由各级卫生部门统一调剂使用。其三，结婚补助。为结婚的男女补助 3 元。该补助补给男女任何一方即可。其四，生育补助。该补助只补给女方，若一胎生一个孩子补 2 元，双生时为 4 元。其五，死亡补助。农民社员死亡时，集体补助他的家属死亡安葬费 5 元。

2. 市场经济体制下的农民社会福利制度

（1）农民社会福利缺失阶段（1978 年至 1985 年）。这一时期我国经济社会发展的特征是，党和国家的工作中心转移到经济建设上来，统分结合的双层经营体制取代了集体统一经营体制。虽然农业的经营体制发生了重大变化，但农民集体依然是农民社会福利供给者的角色并未变化。1979 年，中共中央发布的《关于加快农业发展若干问题的决定》再次明确指出，随着集体经济的发展，要逐步办好集体福利事业，使老弱、孤寡、残疾社员、残疾军人和烈军属的生活得到更好的保障。然而，农村社会经济体制的变革导致农村社会转型，这给农民社会福利带来了新挑战：其一，改革开放导致经济结构多元化，老年福利需要增加。经济体制改革后，农村青年劳动力向城市流转，农村人口老龄化速度加快。再加上农村传统赡养观念转变，导致农村养老问题的严重与恶化。其二，承包经营制使农民的社会福利需求增加。家庭承包责任制的普遍实行使得农民家庭成为农民生活保障与农民发展的主体。农业的弱势产业性、土地保障功能的弱化以及农业风险的巨大性决定了农民社会福利的迫切性。简言之，经济体制转轨导致农民社会福利需求的增加。虽然农民对社会福利的需求与日俱增，但家庭承包经营制使依托农民集体的农民社会福利失去了物质基础。这导致集体无法为农民提供社会福利，以集体经济为依托的农民社会福利自此缺失。从中华人民共和国成立时起，我国就制定了优先发展城市和工业的战略。为实现这一发展战略，国家必须从农村汲取资源、资金，以农补工。城乡二元经济结构的直接目标就是提取农业剩余，为工业化提供资金积累。根据工业化发展的规律可知，只要我国尚未进入工业化中后期，农业支持工业的发展战略就必须坚持。

总而言之，家庭承包经营制导致农村集体福利不复存在，而国家的经济发展战略使国家没有足够的经济实力发展农民社会福利事业。上述两个因素导致这一时期农村几乎处于社会福利的真空地带。

（2）农民社会福利的社会化发展阶段。集体和国家是农民社会福利的提供者，但都缺乏相应的经济能力承担其供给责任。而经济体制改革催生的农村社会转型导致农民的社会福利需求不减反增。这就出现了农民社会福利需求与供给之间的矛盾，供给无法满足农民群众的社会福利需求。为解决该问题，我国提出了福利工作社会化的发展方针。1986 年至 1991 年是我国农村社会福利工作社会化的初见期。

1986 年，民政部首次提出社会福利工作社会化的要求，必须依靠群众，树立社会福利社会办的思想，动员社会各方面的力量，发展各种形式的“民办”组织来办社会福利事业。1989 年的全国民政厅局长座谈会明确提出“社会化”的概念。时任民政部部长指出，要切实转变职能，推进民政工作的社会化，有些事要让群众自己去办。如，城市的社区服务，农村的敬老院、互助储金会、红白事理事会等，要让群众自我管理、自我服务，促进社会工作社会化。1991 年 2 月，他再次强调农民社会福利要走社会化的道路。随着经济和社会的发展，一些旧的社会问题解决了，一些新的问题又出现了。这些问题靠谁来解决，首先政府有责任，民政部门更是责无旁贷，但是仅仅靠政府是管不了也管不好的，必须发动、依靠社会和群众，走社会化道路。该时期只是提出了社会福利社会化是未来我国农民社会福利工作转变方向的开展思路，其多以“民政工作社会化”“民政事业社会化”表示社会福利社会化。

1992 年至 1994 年是我国农民社会福利社会化的成熟期。该时期的农民社会福利社会化有以下特征。其一，扩展社会化的内容，提出社会保障社会化和社会福利管理社会化。1992 年 2 月的全国民政厅局长座谈会明确提出在社会保障方面，继续推进社会化进程，推动社会的事情社会办，群众的事情群众办，社会行政管理的有些工作也有社会化问题。其二，明确了民政事业社会化是农民社会福利发展的指导思想。1994 年，全国第十次民政会议明确提出只有坚持社会化，民政事业的发展道路才能越走越宽。其三，提出社会福利社会化的具体内容。主要包括：人民群众自觉的社会服务；社会福利有奖募捐；拥军优属；敬老助残；各种救灾扶贫募捐义演、各种为社会服务的民政三产的兴办，以及城市支援农村、富裕地区支援贫困地区等各种社会捐赠和社会互助。其四，明确了社会福利社会化的方法。主要包括：建立以社区服务为重点的城市福利服务体系和以敬老院为依托的农村老年人服务网络；建立和完善国家、社会、群众相结合的优抚安置管理体制和服务体系；大力推进社会互助工作，巩固发展各种基层互助组织，加强对社会捐赠活动的组织和管理。以上特征均表明我国农民社会福利社会化进入了成熟阶段。

1994 年至 2003 年是农民社会福利社会化的发展期。这一时期，我国社会福利工作实现了运作机制的社会化，成效显著。其一，服务对象社会化，既对特殊群体又对普通群体提供农民社会福利。其二，筹资渠道社会化。即农民社会福利的资金不仅来源于财政，还来源于社会捐赠、福利彩票、有奖捐赠等社会资金。其三，管理方式社会化。即由社会组织承担一部分农民社会福利工作的管理职责。其四，服务人员社会化。原来的农民社会福利服务人员主要是民政部门的工作人员，现在则是越来越多的志愿者加入到农民社会福利服务者的队伍中来，为农民提供更专业更细致的服务。

（3）农民社会福利的国家责任主体的回归阶段。社会福利社会化在一定程度上缓解了农民社会福利供给不足的问题，但并未根本解决该问题。社会福利的主要责任主体是政府，由于我国特殊的工业化道路导致政府在工业化发展初期没有能力为农村居民提供充足的社会福利。在我国尚未进入工业化中后期时，由于农业要支持工业发展，农民社会福利社会化的实质是淡化政府的社会福利供给责任。进入 21 世纪，我国已迈入工业化中后期的门槛，坚持淡化政府在农民社会福利中的责任已经不合时宜。国家适时提出了工业反哺农业的经济社会发展方针，此时，政府的农民社会福利供给责任得以强化。

在 2004 年召开的十六届四中全会上，胡锦涛指出，纵观一些工业化国家发展的历程，在工业化初始阶段，农业支持工业、为工业提供积累是带有普遍性的趋向；但在工业化达到相当程度以后，工业反哺农业、城市支持农村，实现工业与农业、城市与农村协调发展，也是带有普遍性的趋向。同年年底的中央经济工作会议上，胡锦涛进一步指出，我国总体上已经到了以工促农、以城带乡的发展阶段。我们应当顺应这一趋势，更加自觉地调整国民收入分配格局，更加积极地支持“三农”发展。据此，在 2005 年 3 月的十届全国人大三次会议上，温家宝在《政府工作报告》中，明确提出要适应我国经济社会发展新阶段的要求，实行工业反哺农业、城市支持农村的方针，合理调整国民收入分配格局，更多地支持农业和农村的发展。根据上述论断，国家对农村地区采取“多予少取”分配原则，持续加大对农民社会福利事业的投入，这标志着国家农民社会福利主体地位的回归，我国农民社会福利事业进入新的发展阶段。

第二节　农民社会保障法律制度变迁的成因分析

一、工业化程度对农民社会保障法律制度变迁具有决定性意义

根据工业化、城市化以及与此相适应的人的文明程度，可将社会分为传统社会与现代社会。与此相对应，社会保障也分为传统型社会保障与现代型社会保障。社会保障由传统型向现代型的转向，凸显出社会保障制度必须遵循的一个基本原则，即与社会经济发展相适应的原则。学者又称为“适度原则”或“保障水平与经济发展相适应的原则”。社会保障是以收入再分配作为实现其目的的手段。收入再分配的对象即用于再分配的财富受制于特定社会的生产力与经济发展水平。社会保障水平必须与经济发展水平相适应。高于经济发展水平的社会保障不仅会降低人民创造财富的积极性，而且会成为经

济发展的沉重负担，从而阻碍经济发展。低于经济发展水平的社会保障又无法有效保障受保障人的生存与发展，不能实现其预期目的。这不仅违背社会正义，而且还会引发新的社会矛盾，从而阻碍社会经济进步。根据适度原则，发达国家都是在工业化的中后期为农民建立完善的社会保障制度，农民是最后被纳入现代社会保障制度的群体。国外“农村社会保障制度一般是在工业化的中期才开始建立。国际经验表明，当人均国内生产总值超过 800 美元，农业在 GDP 中的份额下降到 20%以下，农业从业者占总劳动力的比例下降到 40%以下时，工业化即由初级阶段向中级阶段过渡”。[1]因此，我国农民社会保障制度也必须与我国的社会经济发展水平相适应。按照发展经济学的理论，根据工业在国内生产总值（GDP）中的比例，人均 GDP 值以及城市化率，一国的工业化可分为三个阶段：工业化初期；工业化中期以及工业化后期。若从工农业的关系分析，工业化初期是以农养工阶段。工业化中期是工农自养阶段。工业化后期是以工养农阶段。

衡量一个国家工业化发展阶段主要有以下几个指标：工农业在国内生产总值中的比例；人均国内生产总值；城市化率。工业化中期经济发展阶段的主要指标如下：其一，农业在国民生产总值中所占的比例大幅度下降，不足 20%。其二，人均 GDP 超过 800 美元。其三，城市化率不低于 50%。即农业从业人口占总人口的 50%以下。关于我国何时进入工业化中期阶段，由于采取的统计数据不同，学者之间存在不同的观点。有学者认为我国从 20 世纪 90 年代后期就开始进入工业化中期阶段。但大多数学者认为，我国从 2004 年或 2005 年开始进入工业化中期阶段。根据工业化中期的上述指标衡量，我国最迟从 2009 年开始进入工业化中后期。

2009 年，我国经济发展和结构变化具有以下特征：“第一，人均 GDP 已经超过 1000 美元，进入中等收入国家行列。2009 年中国 GDP 总量 49 868 亿美元，人均 GDP 3736 美元，居世界第 85 位左右。第二，农业在 GDP 中的份额逐年下降，第二、三产业在 GDP 中的比重已经占据主导地位。目前，我国农业在 GDP 中的比重只有 10.6%，第二、三产业在 GDP 中的比重高达 89.4%，占据主导地位。第三，城市化进程不断加快推进，到 2008 年，城市

〔1〕 林子波：《东部发达地区农村社会保障》，社会科学文献出版社 2008 年版，第 106 页。

化率为 45.7%，农业部门就业人口占 39.6%”。[1]由此可见，我国已经初步具备为农民建立现代社会保障制度的经济条件。

以上论述从宏观经济发展阶段的角度分析了我国建立完善的农民社会保障制度的可行性。从微观社会保障责任主体经济实力的角度分析，我国也具备了建立现代农民社会保障制度的经济条件。

第一，国家财政实力足以支持建立现代农民社会保障制度。从经济学的角度分析，社会保障属于公共产品。公共产品的非排他性与非竞争性使得政府成为供给公共产品的主要责任主体。从社会保障权的性质分析，社会保障权既是一种人权也是公民权。无论是人权还是公民权，保证其实现的义务主体是国家。农民作为我国公民的组成部分，国家当然有义务为其提供社会保障。现代农民社会保障制度的建立，必须以国家具有雄厚的财政实力作为基础。改革开放 30 多年来，我国 GDP 年均以高于 9%的速度增长，财政收入年均增速在 16%。2009 年，中国国内生产总值达 58 786 亿美元，比日本多 4044 亿美元，成为世界第二大经济实体。随着我国经济的快速增长，我国政府的财政收入也持续高速增长。刚实行改革开放的 1978 年，国内生产总值为 3624.1 亿元，全国财政收入为 1132.26 亿。2011 年，国内生产总值 47.2 万亿元，是 1978 年的 13.023 倍，全国财政收入达 103 740 亿元，是 1978 年的 9.16 倍。清华大学胡鞍钢教授预测，21 世纪的前 20 年，中国将进入前所未有的“黄金时期”。从 2001 年到 2020 年，实现经济总量翻两番，GDP 年均增长率超过 7%。届时，按不变价格计算，中国 GDP 相当于 1978 年的 16 倍，占世界总量的 1/5 左右，人均 GDP 达到或接近世界人均水平，成为世界经济实体最大的国家；国际竞争力将从当前世界排序的 30~40 名之间进入世界前 10 名行列。随着财政实力的快速增长，政府用于社会保障的支出费用也大幅度增加。根据时任财政部部长谢旭人介绍，2011 年社会保障和就业支出 4414 亿元，占财政总收入的 4.25%。2011 年中央财政民生开支安排共 10 510 亿元，占财政总收入的 10.13%。虽然我国财政收入用于社会保障支出的绝对数额不断增长，但我国财政中用于社会保障支出的比例仍然过低，社会保障水平落后于我国经济发展水平。“中央财政用于社会保障的支出占中央财政总支出的比

---

〔1〕 金刚、柳清瑞：“中国建立覆盖城乡社会保障体系的基本条件分析——基于国际比较的经验”，载《人口与发展》2010 年第 2 期。

例，加拿大为39%，日本为37%，澳大利亚为35%，我国只有10%左右。”[1]因此，学者指出“中国社会保障支出水平偏低，且与日益增长的社会保障需求相比有很大的差距，在总体上表现出明显的不适度性”。[2]由此可知，我国财政对社会保障支出较低，远没有达到与我国经济发展相适应的合理水平。而在城乡二元社会保障体制下，有限的社会保障支出绝大部分又用于城镇居民的社会保障。综上所述，根据目前的经济发展和财政收入状况以及经济发展趋势，我国政府已基本具备了为农民提供现代社会保障的财政能力。政府对农民社会保障的支出水平尚未到位，还有很大的提升空间。

第二，农民收入足以支持建立现代农民社会保障制度。现代社会保障制度的核心是社会保险制度。而社会保险不同于社会救助与社会福利的根本特征在于，受保障人必须支付一定比例的保险费，方可享受社会保障待遇。我国要为农民建立社会保险制度，不仅政府要有财政补贴能力，作为受保障人的农民也必须具有支付社会保险费的经济实力。影响农民参保能力的关键因素有两个：农民收入水平；保险费率的高低。根据目前我国农民社会保险运行分析，我国农民已经具备参加农民社会保险的缴费能力。下面以新农保和新农合为例进行具体分析。根据农民的纯收入水平，其具有参加农民社会保险的经济能力。我国新农保实行个人缴费、集体补助与政府财政补贴相结合的筹资方式。个人缴费设100~500元五个档次，由农民自主选择缴费。100元大体上相当于全国农民人均纯收入的2%左右，适合欠发达地区和低收入农民的经济承受能力；500元大体相当于农民人均纯收入的10%左右，但在发达地区只相当于5%~6%，可供高收入农民选择。我国新型农村合作医疗的筹资方式为个人缴费、集体扶持和政府资助相结合的筹资机制。2004年至今，新农合筹资中，农民自付比例一直为20%。根据该比例以及2011年新农合的每人120元的筹资标准，农民每人自付30元。2011年，全国农民人均纯收入达到6977元，新农合农民自付的资金只占农民人均纯收入的0.429%。新农保农民自付金额按照最高标准500元支付，其占农民平均纯收入的7.16%。这两项社会保险支出加起来总计最高比例占农民纯收入的约8%。由此可见，根

[1] 李文君：“论我国财政对农村社会保障支出的责任”，载《山东财经大学学报》2005年第3期。

[2] 宋士云、李成玲：“1992-2006年中国社会保障支出水平研究”，载《中国人口科学》2008年第3期。

据目前我国农民社会保险的筹资标准和筹资水平，农民完全具有缴纳保险费，参加农民社会保险的能力。

第三，根据农民的消费倾向分析，其也具有参加农民社会保险的经济能力。“所谓消费倾向，是指农村居民平均消费支出与农民平均纯收入的比例”。[1] 2000年到2007年，农民的消费倾向最低值为2001年的73.6%，最高值为2006年的78.9%，平均消费倾向为75.6%。根据上述数据，2011年我国农村居民用于消费支出的最高额为5505元，最低额为5135元。据此，2011年农民最少有1472元用于储蓄。2011年新农合与新农保两项支出的最高额为530元，占农民可用于储蓄额的36%。最低额为130元，占农民可用于储蓄额的8.8%。由此可知，农民参加上述两种新型社会保险，除参加最高水平的社会保险尚有一定困难外，其他水平的社会保险，农村居民完全有能力参加。

二、经济体制改革是影响农民社会保障法律制度的又一重要因素

工业化程度决定了国家是否具有一定的财政力量发展农民社会保障事业，它主要对农民社会保障的水平具有决定性影响。中华人民共和国成立以后，我国经历了计划经济体制以及市场经济体制，不同的经济体制对农民社会保障的要求必然不同。就我国的国情而言，经济体制改革对于农民社会保障事业的影响主要体现为管理体制与管理制度的变迁。具体言之：

（一）对社会保障供给主体的要求不同

计划经济体制下农民社会保障的供给主体以农民集体为主，以国家供给为辅，而市场经济体制下的农民社会保障的供给主体以国家供给为主，以集体供给为辅。计划经济体制下，我国农村的经营体制是三级所有，队为基础。这一经营体制下的农村集体所有的产权制度是农民社会保障制度赖以存在的经济基础，这也决定了农民集体是农民社会保障的主要供给主体。以被国际高度认可的农村合作医疗为例，人民公社时期的合作医疗制度是一个以合作方式投资农村基层医疗保健设施从而改善供给的制度。非常明显，计划经济体制下的村级医疗卫生服务体系的建立和维持是以那一时期的农村产权制度为保证的，其资金供给主体是集体，资金来源主要是集体经济。这一体系的最大特征是服务的供方筹资对象和需方筹资对象主要是集体，集体为传统合

---

〔1〕 李颖：“我国城乡居民消费差距的成因及对策研究——基于财政基本公共服务支出视角”，载《经济问题探索》2010年第6期。

作医疗提供了基础性财政支持。乡村医生的收入可以通过工分的形式得到补偿，诊室、医疗器械可以通过集体经济来投资、维护，国家的主要任务则是对乡村的“赤脚医生”进行免费培训等。而市场经济体制下的新农合，其资金供给主体主要是国家的财政投入，集体经济组织的资金投入对新农合制度的发展已经不再发挥决定性的作用。再以我国独创的农村五保为例，计划经济体制下的农村五保供养的资金供给主体是农民集体，国家几乎不对五保供养承担任何义务。在我国实行市场经济体制后，农村五保的供给主体由集体转变为国家。

市场经济条件下的农民社会保障供给义务由国家承担的根本原因在于市场失灵。社会保障具有公共物品的性质，根据市场失灵理论，它的供给无法适用市场规则，所以国家的干预和管理是必不可少的。因为社会保障成为一种正式制度安排的最基本要求是，参加社会保障的人必须构成一定的大数，即满足大数法则的要求。农村社会保障的目标是为绝大部分农民提供最基本的生活保证。而威胁大多数农民的最基本生活风险除个人必须面对的生老病死之外，还有大的社会风险和自然灾害。比如，经济衰退期或变革期的农民收入停滞、恶性通货膨胀、瘟疫、地震、洪灾、旱灾、风灾以及雹灾等。这些灾害有时波及的范围非常广泛，有时是一个县、一个地区、一个或几个省份，甚至是整个国家。这时，连片的受灾地区只能构成一个风险单位，这使风险单位的数量有时就难以满足大数法则的要求。因此，除了国家，没有其他任何主体能够提供全国性的社会保障制度。市场经济发达国家的经验证明，对于社会保障制度的建立，市场是低效的。另外，农民社会保障中的逆向选择和道德风险造成的市场失灵也需要政府的力量来校正。社会保障中的逆向选择和道德风险比商业保险更为严重。因为社会保障作为一种社会财富的再分配机制，是从全社会收缴社会保障基金来保障低收入水平的社会群体的基本生活，所以高收入阶层和中产阶层参加的积极性较低，他们更倾向于参加保障水平较高的商业保险。

由此可知，社会保障制度作为一种再分配的分配机制，没有国家强制力量的干预是不可能实施的。没有富人参加的社会保障将无法起到收入再分配的作用。政府在这里能够做到的就是强制要求符合条件的公民必须参加社会保障。此外，参与者数量的庞大使得人们对参与者的监督变得困难，道德风险将成为威胁农民社会保障制度的一个大问题。尽管政府也可能像保险公司一样无法对个人进行完全的监督，但政府却具有两个优势：一是国家可以凭借对国家机器的综合运用从而对个人进行全方位立体式的监督，做到这一点显然比保险公司容易得多。二是可以制定一定的标准，然后按此衡量个人受益的资格，这使得道德风险得以降低。总而言之，社会保障是市场经济体制下经济发展的“安全网”和“减震器”。要建立社会保障制度不能依靠市场的力量，因为在此领域存在市场失灵。要克服社会保障领域的市场失灵，必须依靠国家的力量，由国家作为社会保障供给的义务主体。我国农民社会保障制度作为市场经济体制下社会安全网与社会减震器的有机组成部分，其供给主体必然是国家。这是由市场经济体制下社会保障的本质特征决定的。

（二）农民社会保障的法制化程度不同

计划经济体制下的农村社会保障主要依靠政策来推动，法制化程度比较低。市场经济体制下的农村社会保障更注重法律制度的作用，法制化程度较高。市场经济体制下农民社会保障的法制化程度高于计划经济体制，这是由市场经济的本质决定的。

第一，计划经济体制下农民社会保障的渊源主要是临时性的政策，而市场经济体制下农民社会保障的渊源主要是行政法规。以农村合作医疗为例。计划经济体制下，指导规范我国农村合作医疗的规范性文件主要是原卫生部党组《关于全国农村卫生工作山西稷山现场会议情况的报告》及附件《关于人民公社卫生工作几个问题的意见》。无论根据何种界定标准，都很难将其界定为法律规范，它只能是一种临时的政策性文件而已。而市场经济体制下，规范新型农村合作医疗的既有法律又有行政法规。比如，关于农村医疗保险以及养老保险，既有作为普通法的《社会保险法》又有作为行政法规的《中共中央、国务院关于进一步加强农村卫生工作的决定》与《国务院办公厅转发卫生部等部门关于建立新型农村合作医疗制度意见的通知》。

第二，计划经济体制下，国家对农民社会保障的发展具有至关重要的推动作用。农村合作医疗制度之所以能够快速兴起，其直接的动力就在于毛泽东作出了“把医疗卫生工作的重点放到农村去”的指示。市场经济体制下，农村合作医疗发展的保证是法律规范，由于法律法规具有稳定性与权威性，这可以保证农村合作医疗持续健康地发展。

第三，计划经济体制下的农村社会保障法律制度体系不健全，而市场经济体制下的农村社会保障法律制度体系更加完善。农民作为我国公民中的弱势群体，其身份具有特殊性，因此需要对他们的社会保障进行特殊性的规定。由此可知，基于法制化的要求，为更好地调整农民社会保障关系，农民社会保障立法必然是一般法与特别法的有机结合。而计划经济体制下，我国农村社会保障制度基本上缺乏一般法规范，这无疑不利于农民社会保障法律制度的体系化。市场经济体制下，我国农民社会保障制度能够做到一般法与特别法的有机结合。比如，《社会保险法》就是农民社会保险的一般法，而由国务院及其部委颁布制定的《国务院办公厅转发卫生部等部门关于建立新型农村合作医疗制度意见的通知》以及《指导意见》则是有关农民社会保障的特别法。这种特别法与一般法相结合的立法模式既符合法制统一化的要求又具有很强的针对性，无疑是更为先进的制度模式。

（三）农民社会保障的社会化程度不同

市场经济与计划经济对农民社会保障的管理体制与运营机制具有至关重要的影响。具体言之，计划经济体制下的农民社会保障无需社会化，而市场经济体制下的农民社会保障必需实现社会化。所谓社会保障的社会化，是指社会保障要实现“服务对象的社会化、资金来源社会化、社会保障管理社会化、服务设施社会化、服务队伍的社会化”。[1]

第一，计划经济时代的农民社会保障尚未实现筹资的社会化。所谓筹资社会化，其实质是指农民社会保障资金筹资渠道的多元化。在计划经济时代，农民社会保障资金筹集的渠道比较单一即依靠集体的投资。而市场经济体制下，我国农民社会保障资金的筹资必须实现社会化即筹资渠道多元化，国家、集体、社会组织以及个人等都是农民社会保障筹资的渠道。筹资渠道的多元化可以为农民社会保障的发展提供更多更持久的物质支持，是确保其持续健康发展的基础。

第二，管理社会化程度不同。计划经济体制下，农民社会保障的管理主体是政府，实施主体也是政府也即管办不分离。这种管理体制存在监督不力、效率低的弊端。而市场经济体制下农民社会保障的管理应实现社会化，主要包括：其一，应管办分离，即政府的职能主要是对农民社会保障的实施进行管理监督，而对农民社会保障的实施主要应由社会组织来实现。其二，农民社会保障的监管应重视公民和社会组织作用的发挥。即政府在对农民社会保

[1] 罗凌云、风笑天：“论第三部门与我国社会保障社会化模式的发展”，载《社会》2001年第4期。

障进行监督管理的同时应主动发动和广泛吸引农民和社会公益组织的参与，实现农民社会保障监管的民主化。

第三，服务人员的社会化。计划经济体制下，为农民提供社会保障服务的主体要么是集体组织的成员要么是国家公务员。而市场经济体制下，农民社会保障服务人员已不能够局限于上述两类。要实现服务人员的社会化：其一，服务人员的志愿者化。由于农民需求的多元化，要满足农民的保障需要，必然要有足够的专业人士提供服务。因此，必须充分令具有一技之长的社会人员担任志愿者，为农民提供多样化、专业化的保障服务。农民社会保障服务人员应是包括专职、兼职、志愿者在内的保障服务队伍。其二，农民社会保障的互助化。由于农民都生活在以集体为核心的熟人社区中，农民社会保障的实施还应大力倡导邻里之间、村民之间的互相帮助。这可以保证保障对象能够及时获得所需的保障服务。农民社会保障社会化是社会主义市场经济体制的必然要求。市场经济的良性发展需要合理界定政府与社会的边界，其最终目的在于形成“小政府、大社会”的社会运行格局。“社会福利事业的管理，政府必须也只能按照社会主义市场经济的要求，转变职能，实行政企、政事、政社（社会团体）分开，逐步建立起适应市场经济体制要求的社会福利事业的新体制。”〔1〕

三、社会发展理念的转变是导致农民社会保障制度变迁的又一重要因素

追求效率是市场机制的天职与使命，而社会保障制度的出发点与归宿则表现为对社会公平的追求，实现社会公平是社会保障制度的宿命。改革开放前的计划经济时代，我们将社会公平简单地理解为平均主义。在1988年之前，我国的基尼系数尚不足0.3。然而，平均主义的社会发展理念导致了我国劳动生产率的低下以及社会生产力发展缓慢，人民的生活水平提高乏力。为解放生产力，发展生产力，国家提出了“效率优先，兼顾公平”的社会发展理念。这一理念“实际上将经济发展放在了一切工作的首位，其它一切工作都要为经济发展让路和服务，与此同时，也不能放弃社会公平，但是，社会公平是在从属的地位、次要的地位，甚至在经济发展与社会公平发生冲突时，为了不影响经济发展，必要时以牺牲社会公平来保证经济发展”。〔2〕中国为实

〔1〕 多吉才让：“关于社会福利社会化的几个问题”，载《中国社会工作》1998年第4期。

〔2〕 刘翠霄：《天大的事——中国农民社会保障制度研究》，法律出版社2006年版，第119页。

现国家富强、民族振兴而在特定的历史发展阶段采取"效率优先，兼顾公平"的发展理念具有相当合理性。这一发展理念的必然结果就是农民社会保障制度的缺失。

在现代社会，经济发展的核心在于工业化，而中国为快速实现工业化，必须从农业剩余中提取资金支持工业发展，工业发展优先的战略必然导致农民社会保障缺失，社会整体的发展对农民而言严重不公，即使是以追求社会公平为己任的社会保障制度也在这一发展理念的指导下走样变形，缺乏基本的正义性。具体言之：

第一，我国社会保障制度的覆盖面失衡。由于工业化的场所是城市，工业化的人群是市民，为了经济的迅速发展，我国的社会保障制度覆盖面失衡。在无法满足所有国民均等化享受社会保障待遇的情形下，国家将有限的社会保障资源向城镇倾斜，即基本的社会保障制度对城市人口的覆盖人数高于农民人口，而城镇人口只有农村人口的1/3。以最低生活保障制度、养老保险和医疗保险三种主要社会保障项目的覆盖面为例。2003年，我国享受最低生活保障的农民有367万人，而享受最低生活保障制度的城市人口为2247万人，是农村人口的6.1倍。2006年，我国城镇养老保险的覆盖人口为18 766万人，而农村养老保险的覆盖人口仅为5374万人，两者之间覆盖的人数比例为3.49:1。2003年，享受农村医疗保险的农民为4351万人，享受城市医疗保险的市民为10 902万人，后者是前者的2.5倍。

第二，国家社会保障资金的支出对农民有失公平。从1999年开始，我国城市与农村的社会保障支出都逐年增加，2002年是1992年的5倍还多。虽然两者都在增加，但国家对城市的社会保障投入要远高于农村社会保障投入，这两者之间的城乡差距并未发生明显改变。1990年，我国的社会保障支出总额为1373.74亿元，其中城市社会保障支出占96.36%，农村仅占3.64%，城市社会保障支出为农村的26.47倍。1995年，我国社会保障支出总额为2841.65亿元，其中城市社会保障支出占96.31%，农村占3.69%。2003年，我国城市社会保障支出占国家社会保障支出总额的94.77%，农村占5.23%，前者是后者的18.12倍。从人均社会保障支出看，城乡差异更为悬殊。城市人均社会保障支出远高于农村地区和全国平均水平。占人口1/3的城市居民享受着将近80%的社会保障资源，农村有限的社会保障资源难以覆盖庞大的农民，导致绝大部分农民被排斥在社会保障之外，其社会保障权难以行使，其社会保障利益不能实现。1990 年，城镇人均社会保障支出为 438. 39 元，农村仅为 5. 95 元，前者是后者的 78. 42 倍。2002 年，城市人均的社会保障支出为 1222. 75 元，农村人口人均社会保障支出为 43. 33 元，虽然两者之间的比例由 78. 42∶1 下降为 28. 22∶1。但是，社会保障资源城乡分配不均依然表现得十分明显。

在工业化初期阶段，通过减少农民的社会保障利益快速实现工业化是效率优先兼顾公平的发展理念所导致的必然结果。这一制度安排具有一定的历史合理性。然而，当我国进入工业化中后期后，效率优先兼顾公平的社会发展理念已经不合时宜。在工业化的中后期，我国社会发展的理念应该是公平优先，兼顾效率。胡锦涛指出："维护和实现社会公平正义，涉及到最广大人民的根本利益，是我们党坚持立党为公、执政为民的必然要求，也是我国社会主义制度的本质要求；只有切实维护和实现社会公平和正义，人们的心情才能舒畅，各方面的社会关系才能协调，人们的积极性、主动性、创造性才能充分发挥出来。"[1]党的十八大也曾提出必须坚持维护社会公平正义。公平正义是中国特色社会主义的内在要求。由此可知，进入工业化中后期以后，党和国家所秉持的社会发展理念已经由效率优先兼顾公平转变为公平优先兼顾效率。发展理念的转变必然要求为农民建立健全的社会保障制度，实现对农民群体的公正公平。也正是在这一发展理念的指导下，我国农民社会保障制度的构建获得质的提升。

第一，保障项目由少到多，呈现不断增加的趋势。2003 年以前，我国农村社会保障项目很少，主要包括合作医疗、五保供养、自然灾害生活救助、优抚对象抚恤补助。2003 年以后，我国农村社会保障项目急剧增加，各种保障项目如雨后春笋，陆续建立。总的看来，从 2003 年至今，我国农村社会保障制度框架已基本成型。其一，农民社会保险可以视为从无到有。理由在于，改革开放后至 2003 年未实行新农合以前，计划经济年代建立的农村合作医疗已经失效，只是一种理论上的存在。而发端于 1991 年的旧农保因始终处于试点状态，从而只存在于少数地区而未能在全国大范围展开，其所发挥的功能甚是有限。因此，若从功能发挥的角度分析，改革开放至 2003 年，旧农合、

〔1〕 胡锦涛："在省部级主要领导干部提高构建社会主义和谐社会能力专题研讨班上的讲话"，载《人民日报》2005 年 6 月 27 日。

旧农保因未发挥其应有的功能，可以基本上认为我国不存在覆盖全体农民的社会保险制度。2003 年试点开始，至今已实现我国农村全覆盖的新农合，因为资金来源稳定、参合率高等原因，其对农民患病风险的保障已发挥良好的保障功能。2009 年开始试点的新农保，至今也初见成效。截至 2011 年 6 月底，全国参加新农保人数共 1.99 亿，5408 万人领取养老金。其二，农民社会救助项目从原来的扶贫救灾、五保供养扩展到不仅包括原来的扶贫救灾、五保供养，而且新增加了农村低保、农村危房改造、农村医疗救助等诸多项目。其三，农民社会福利项目极度扩张。农村福利从原来单一的优抚对象抚恤补助扩展到生育妇女补服叶酸、住院分娩补助、儿童福利、计划生育家庭奖励、老年人福利等。

第二，保障方式，由以社会救助为主的传统保障向以社会保险为主的现代保障转变。以农业为主的传统社会，其社会保障的主要方式为社会救助，且受限于低下的生产力水平，保障水平有限。“中国封建社会的社会保障就只有救灾、济贫和优抚。救灾项目可分为赈款救灾、赈谷救灾、以工代赈等内容。它是旧中国社会保障制度中的主体项目。”[1]现代社会保障制度以德国 19 世纪 80 年代制定并实施的有关社会保险法律法规为起始标志。它是工业化的产物，是现代社会保障的核心内容。“就社会保障内容来看，社会保障体系大致可由社会保险、社会救助、社会福利以及特殊津贴等项目构成。就大多数国家来讲，都是以社会保险为核心，社会救助为辅助，商业保险作为社会保障的补充。”[2]据此，现代社会保障制度与传统社会保障制度之间最大的区别在于，传统社会保障制度以社会救助为核心，现代社会保障制度则以社会保险为核心。改革开放后至 2003 年之前，我国的农民保障是以家庭保障与土地保障为基础，辅以国家的救灾扶贫以及优抚对象的抚恤补助等。这是典型的传统社会保障。2003 年至今，我国的新农合制度已经覆盖全国农村，新农保制度也在试点范围逐步扩大的过程中稳步推进，并于 2012 年在全国范围内实现制度全覆盖。社会保险法对农民社会保障问题也进行了相应的原则规定，为农民工与失地农民参加社会保险提供了一般法依据。由此可见，从 2003 年开始，以新农合、新农保为基本内容的社会保险逐渐取代农民社会救助在农

〔1〕 郑功成：《社会保障学——理念、制度、实践与思辨》，商务印书馆 2000 年版，第 125 页。

〔2〕 林义主编：《社会保险》（第 3 版），中国金融出版社 2010 年版，第 23 页。

村社会保障中的核心地位。这标志着我国农民社会保障逐步由传统向现代转型，体现了巨大的社会进步性。

第三，保障责任主体，由集体保障、家庭保障为主转向以国家保障为主。中华人民共和国成立后至改革开放前，我国农民社会保障的主要责任主体是集体。无论社会救助、社会福利还是农村合作医疗，其运行都主要依赖于集体经济。改革开放后至2003年以前，我国农村的社会保障主要是以土地收入为基础的家庭保障。在此阶段，由于农村实行家庭承包责任制，人民公社时期的“三级所有，队为基础”的集体经济被家庭经济取代。这样一来，计划经济时期以集体经济为基础的农民社会保障，因失去了经济基础而受到沉重打击。在这一阶段，我国尚未进入工业化中期，工业还需农业支援，国家还须从农业剩余中提取资金推进我国的工业化与城市化发展，没有财力为农民提供社会保障。基于上述状况，这一阶段的农民社会保障制度处于旧制度瓦解，新制度尚未建立的状态，国家和集体提供的农村社会保障出现缺失。于是，在此阶段，农民社会保障的基本形式就是以土地产出为基础的家庭保障。简言之，此一阶段的社会保障可称为家庭保障与土地保障阶段。2003年以后，我国已经进入工业化中后期，国家已经有足够的实力为农民提供相应的社会保障。我国农民社会保障进入了以国家财政承担主要责任的快速发展期。2006年开始，农村五保供养的费用不再由集体负担，而全部由政府财政负担。新农合制度实施至今，农民自付比例一直只占筹资额的20%，政府财政出资始终占大头。新农保基金也是以政府财政占大头。“城镇职工基本养老保险主要筹资方（供款方）是用人单位，他是缴了大头的，当然，个人也缴费。而农村的养老保险（新农保）主要的供款方是政府，政府给了现在的老年人基础养老金，同时对中青年的缴费也予以补助。”[1]作为农民社会救助主要内容的农村低保与农村医疗救助，其费用全部由政府财政负担。由此可知，2003年以后，农村社会保障所需费用绝大部分由政府支出，这表明政府已经取代土地保障与家庭保障，成为农民社会保障责任的主要承担者。

第四，保障水平，由低到高，迅速提升。2003年至今，我国农民社会保障的水平由低到高不断提升，主要表现在以下几个方面：其一，我国各项农

---

〔1〕“新农保与城保的筹资结构不同　主要供款方是政府”，载 http://news.qq.com/a/20090915/002339.htm，2012年4月4日访问。

民社会保障制度的覆盖面由窄到宽，迅速扩大。新农合制度从 2003 年下半年开始试点，预定于 2010 年实现全覆盖。实际上 2008 年就实现了全覆盖，仅用 5 年多时间，比预定时间提前两年。新农保原定于 2020 年之前基本实现对农村适龄居民的全覆盖。而根据人力资源和社会保障部新闻发言人尹成基在第四季度新闻发布会上表示，新农保 2012 年将实现全覆盖，比预定计划提前 8 年完成目标。[1]2007 年国务院印发《关于在全国建立农村最低生活保障制度的通知》，标志着农村低保制度的正式实施。2008 年全国所有涉农县（市、区、旗）都建立了农村低保，仅用一年时间就实现了全覆盖。其次，保障对象由选择性保障转变为普惠性保障。2003 年以前，我国尚未进入工业化中期，农业还需支持工业与城市的发展，国家财政不可能对农民社保进行大的支出，国家救济与扶贫都是选择性的以一些重点人群、特殊人群作为保障对象。2003 年以后，我国进入工业化中后期，国家有雄厚的财力支持农民社会保障制度的建设。基于此，国家提出了公共服务均等化的要求，政府财政对农民社保的投入力度不断加强，符合保障条件的农民群体都被纳入社会保障范围。农民社会保障开始由原来的选择性社会保障发展为普惠性保障。最后，保障标准迅速提高。由于我国经济的发展及国家财力增强，从 2003 年至今的若干年内，农民社会保障标准迅速提高。新农合财政补贴标准由 2003 年的每人每年 20 元，提高到 2013 年的 280 元，是 2003 年的 14 倍，年均增长 25.99%。2007 年至 2009 年，全国农村低保平均补助水平从每月 39 元提高到 64 元，年均增长 28.1%。五保供养标准由 2003 年的每人每年 417 元，提高到 2009 年的 2215 元，年均增长 37.7%。由以上几个项目保障标准的提升速度可知，其年均增幅均大大高于同期居民消费价格指数（CPI）2.63%的涨幅，也高于同期农民人均纯收入 11.92%的增幅。

综上所述，2003 年以来，由于我国工业化发展到新阶段，农民社会保障随之发生了结构性转变：由传统型向现代型转变；由制度型向社会型转变。以上两个转变，既充分显示我国农民社会保障制度与经济社会发展的同步性，又表现出发展理念的巨大进步性 。

[1] “新农保 2012 年将全覆盖”，载 http://finance.ifeng.com/money/roll/20120120/5502320.shtml，2012 年 4 月 5 日访问。

第三节　结论与启示

一、结论

中华人民共和国成立后至今，关于我国农民社会保障制度的发展阶段，学者之间有以下几种不同的观点：两阶段说、三阶段说、四阶段说以及五阶段说。

第一，两阶段说。该观点认为我国农民社会保障制度可分为两个时期："第一时期是计划经济时期的社会保障制度。主要包括农村救灾救济制度的发展；农村'五保制度'的建立和发展；农村合作医疗制度的兴起与发展；社会优抚的发展。第二时期是改革以来农村社会保障制度的变革。主要包括农村救灾救济制度的改革；农村'五保'制度的修订；农村合作医疗制度的重建；农村养老保险制度的探索；农村最低生活保障制度的创建；农村优抚安置的进展。"〔1〕

第二，三阶段说。根据划分标准的不同，持三阶段说的学者之间又存在以下几种观点：

第一种观点："第一阶段，1949-1955 年的土地保障+国家、社区救助模式；第二阶段，1956-1983 年的集体保障+国家救助模式；第三阶段，1984-2002 年的土地保障+国家扶助+现代社会保障试点模式。"〔2〕

第二种观点："第一阶段，从 1949 年至 1977 年，是农民社会保障的建立和发展集体化保障阶段。第二阶段，从 1978 年到 1988 年，是农民社会保障的恢复和实施分权化保障阶段。第三阶段，从 1989 年至今。是农民社会保障的改革和发展制度化保障阶段，该阶段社会保障的主要功能在于帮助农民抵御市场风险。"〔3〕

第三种观点：曹晨认为可分如下三个阶段："第一阶段，1949 年中华人民

---

〔1〕 郝书辰等：《新时期农村社会保障制度研究》，经济科学出版社 2008 年版，第 18~27 页。

〔2〕 宋士云：《中国农村社会保障制度结构与变迁（1949-2002）》，人民出版社 2006 年版，第 19 页。

〔3〕 曹建民、龙章月、牛剑平：《中国农村社会保障制度研究——以西北贫困地区为例》，人民出版社 2010 年版，第 43~45 页。

共和国成立至1978年党的十一届三中全会之前，此阶段是中国农村社会保障制度逐步形成阶段；第二阶段，1978年党的十一届三中全会至1994年，改革传统社会保障阶段以及农村养老保险试点阶段。第三阶段，1994年至今。1994年，第十次全国民政会议提出，到20世纪末，在农村初步建立起与经济发展水平相适应的层次不同、标准有别的社会保障制度。”[1]

第四种观点：韩正清认为可分如下三个阶段：“第一阶段，从土地改革到人民公社制度解体时期。这一时期是从以家庭保障为主到建立一种新的，社会化的但低水平的社会保障阶段。第二阶段，20世纪80年代农村社会保障严重缺失阶段。第三阶段，20世纪90年代以来农村社会保障制度的艰难探索阶段。”[2]

第三，四阶段论，又有两种不同的观点。第一种观点，安家琦、苗俊峰认为可分如下四个阶段：“第一阶段，国民经济恢复时期，萌芽阶段，家庭保障为主，辅以政府的救灾与扶贫。第二阶段，20世纪50年代中期至60年代中期，形成和发展阶段。特征为自然就业制度和集体经济保障。第三阶段，20世纪60年代中期至70年代后期，是农村集体保障特别是合作医疗获得异常发展。第四阶段，改革阶段，起始时间为上世纪80年代初期至90年代末期。该阶段农村集体社会保障失去经济基础，进入低谷。国家社会保障发展缓慢，未能取得突破性进展。”[3]

李君如、吴焰认为可分为如下四个阶段：“第一阶段，初创时期（1949-1956）。这一时期的制度模式为‘土地保障（家庭保障+国家、社区救助模式）’。第二阶段，集体保障（1956-1978）。这一时期的制度模式为‘农村集体保障+国家救助’，特点是以集体经济为基础，集体保障为主体，五保供养制度和合作医疗制度普遍推开。第三阶段，调整与创新（1978-1998）。1978年农村经济体制改革开始，家庭经营制度实际上成为农民生活保障制度的主要形式。第四阶段，制度化保障（1999年至今）。农民社会救助制度化

---

〔1〕 庹国柱等：《制度建设与政府责任——中国农村社会保障问题研究》，首都经济贸易大学出版社2009年版，第355页。

〔2〕 庹国柱等：《制度建设与政府责任——中国农村社会保障问题研究》，首都经济贸易大学出版社2009年版，第355页。

〔3〕 庹国柱等：《制度建设与政府责任——中国农村社会保障问题研究》，首都经济贸易大学出版社2009年版，第354页。

和社会化；农村五保制度法制化；农村救灾救济制度的政府救助与社会化参与，农村最低生活保障制度基本建成；农村扶贫开发成绩显著；新型合作医疗开始试点；农民社会养老保险开始恢复与完善。”〔1〕

第四，是五阶段论。曹应梅、方青认为可分为如下五个阶段：“第一阶段，1949-1957年，以队为基础的集体保障体系的初步建立阶段；第二阶段，1958-1965年，农村集体保障制度的进一步巩固与完善阶段；第三阶段，1966-1978年，农村集体保障制度的异常发展阶段；第四阶段，1978-1985年，农村社会保障制度的调整与恢复阶段；第五阶段，1986年以来，农村社会保障制度的改革与创新阶段。”〔2〕

关于我国农村社会保障制度的变迁，学者之所以存在不同的认识，就在于采取的划分标准不同。分析我国学者所采取的划分标准，可发现有以下两个特征：其一，存在一个统一的划分标准，即党的十一届三中全会的召开。无论何种观点，均认可1978年是我国农村社会保障制度发展的一个分水岭。其所持理由均是以1978年党的十一届三中全会的召开为标志，我国农村进入了改革开放的新阶段。此后的农村，以家庭联产承包责任制为主，统分结合的双层经营体制取代了“三级所有，队为基础”的人民公社体制。由于农村经营体制的改革，我国农民社会保障制度也发生了重大变化。其二，划分标准多元。除以1978年党的十一届三中全会召开为统一划分标准外，学者关于农民社会保障制度发展阶段的划分标准就存在较大差异。学者所持的这种多元化划分标准，是造成上述诸多观点的主要原因。因此，确定科学合理的划分标准，是合理分析中华人民共和国成立至今农民社会保障发展阶段的关键，也是总结农民社会保障发展规律，为我国农民社会保障制度建设提供正确理论指导的关键。关于我国农民社会保障发展阶段的划分标准的科学确定，既要考虑到国际社会保障发展的一般规律，也要考虑到我国特殊的集体所有制的经济基础。根据社会保障发展的一般规律，可将社会保障分为传统农民社会保障与现代农民社会保障，划分的标准是工业化程度。工业化中期以前的农民社会保障是传统社会保障，工业化中期以后的农民社会保障是现代农民

〔1〕李君如等：《建设中国特色农村社会保障体系》，中国水利水电出版社2008年版，第296页。

〔2〕庹国柱等：《制度建设与政府责任——中国农村社会保障问题研究》，首都经济贸易大学出版社2009年版，第354页。

社会保障。因为工业化程度决定农民社会保障的水平与方式。在工业化初期，各国均未建立现代的农民社会保障制度。只有当工业化进入中期阶段后，世界各国才根据国情，为农民建立起以社会保险为核心的现代社会保障制度。我国的集体所有制要求集体必须为其成员提供包括社会保障在内的各种社会福利，所以集体保障的有无以及程度也应成为我国农民社会保障发展阶段划分的辅助标准。上述两个标准既遵循了社会保障发展的一般规律又适当考虑了中国的特殊国情，具有科学合理性。根据上述两个标准，我国农民社会保障发展应该以2003年实施的新农合作为主要标准。因为在2003年，党的十六届三中全会提出了“五个统筹”的要求，并将统筹城乡发展作为“五个统筹”之首。根据统筹城乡的要求，我国将破除城乡社会保障的二元结构，逐步建立城乡一体化的社会保障制度。之所以用统筹城乡发展作为我国农民社会保障制度建设的指导原则，在于从这时起，我国的工业化已进入中期阶段。2004年，胡锦涛在中央经济工作会议上指出，我国总体上已经进入了以工促农、以城带乡的发展阶段。而这一发展阶段是工业化中后期的特征。而也正是从2003年起，以社会保险为核心的农民社会保障制度获得迅速发展。据此，可将我国农民社会保障发展划分为两个阶段：第一个阶段，中华人民共和国成立至2003年，工业化初期的农民社会保障阶段。该阶段是以集体保障为主的传统社会保障时期。第二个阶段，2003年至今，工业化中期以后的农民社会保障发展阶段。该阶段是以社会保险为核心的现代农民社会保障的初步形成阶段。

工业化初期的社会保障又可分为以下几个阶段：第一阶段，从中华人民共和国成立至农业合作化完成，该阶段以土地私有制为基础，是家庭保障主导的阶段；第二阶段，农业合作化完成至农村家庭联产承包责任制开始。该阶段由于集体所有制的确立，农村社会保障进入以集体保障为主，国家保障为辅的阶段。第三阶段，从家庭联产承包责任制全部推行至2003年。该阶段是以联产承包责任制为经济基础，以土地收入作为基本保障来源的家庭保障阶段。

二、启示

（一）社会保障的城乡二元结构具有一定的历史合理性

马克思、恩格斯指出，“不应该忘记，法和宗教一样，是没有自己的历史的”，这个论断深刻揭示了法律的社会本质，即法律的历史使命在于解决特定社会发展阶段的问题，实现某一时期的社会发展目标，并推进人类社会朝着合规律性与合目的性的方向发展。这也是理解城乡二元结构体制下我国社会保障法律制度历史合理性的钥匙。城乡二元有三层含义：“城乡二元的存在，即城市和乡村两个具有不同的经济活动与聚居方式的存在；二是城乡二元体制，即在城市和乡村实施不同的政策和制度，或对城市市民与乡村农民实行两种有差异的政策和制度；三是城乡发展水平的差异。比如城市生活方便，基础设施健全，城市人均收入高，但是城市往往十分拥挤。农村空气清新，人与自然关系亲密，但是农村基础设施落后，农民收入低，城乡收入差距在进一步拉大，等等。”[1]我国的农民社会保障制度正是城乡二元体制的有机构成部分。从理论上分析，对市民与农民、城市与农村实行两种不同的法律制度可能有两种结果：其一，优待城市与市民，忽视农村与农民。其二，优待农村与农民，忽视城市与市民。我国的城乡二元结构体制专指第一种，即法律优待城市与市民，忽视农村与农民。从权利实现的角度分析，即农村居民与城市居民享有权利的不平等。城乡二元体制下的社会保障制度使农民无法与市民在社会保障法律中处于平等的地位，享受同市民相同的社会保障利益。

城乡二元结构目前备受学者批评，但从我国社会发展的进程分析，它却具有相当的历史合理性。城乡二元结构是我国实现工业化与城市化，进而实现现代化的重要手段。人类社会步入近现代以来，中华民族的发展目标就是实现现代化，以实现民族复兴，民富国强。1949 年以后，这一社会发展目标就成为共产党人领导的中国的当然历史使命。要实现现代化，必须实现完全的工业化。按照工业化发展规律，工业化分为三个阶段：工业化初期、工业化中期与工业化后期。在工业化不同阶段，工农关系不同。工业化初期阶段，要求以农养工，农业为工业化提供资金积累，支持工业发展。工业化中后期，工业应反哺农业，城市应该支持农村发展。我国的工业化道路的资金积累与发达国家既有相同之处又有不同之处。共同之处在于无论是我国还是发达国家，在工业化的初期，农业都必须为工业提供资金支持。不同之处在于：其一，我国农业承担的资金积累任务要远远重于发达国家。因为，西方国家在工业化初期，还可以通过海外殖民与不平等贸易为工业化提供资金积累。这

---

〔1〕 潘维主编：《中国模式：解读人民共和国的 60 年》，中央编译出版社 2009 年版，第 183 页。

就大大减轻了农业的资金积累负担。而我国无法通过海外殖民等方式为工业化提供资金积累，这必然要求工业化初期的资金积累全部来源于农业。我国农业与农民为实现工业化所承受的负担要远高于发达国家的农业与农民，也正是因为如此，我国农民社会保障权利的受限制程度也远高于发达国家。其二，我国工业化的主体是国家以及国有经济，这与发达国家也存在不同。这是由我国的社会主义公有制的经济基础决定的。既然工业化的主要主体是国家，必然要求国家将农业发展利益最大限度地提取为自己所有。基于以上分析，在农业需支持工业发展的情况下，国家不可能为农民提供完善的社会保障，只有尽可能减少国家对农民的社会保障支出，农业才可以为工业化提供更多的资金支持。

综上所述，工业化初期，社会保障制度作为城乡二元体制的有机组成部分，肩负着为工业提供资金积累的历史使命。正是这一历史使命决定了该阶段我国社会保障制度的内容及其规范品性。进入21世纪后，我国工业化进入中期阶段，国家已经具备工业反哺农业、城市支持农村的物质基础，破除城乡二元结构，实现城乡一体化发展成为新时期的社会建设目标。基于此，以为工业化提供资金积累的农民社会保障制度已经不合时宜，必须根据工业反哺农业、城市支持农村，进而实现城乡一体化的社会发展要求予以完善。

（二）集体经济有效实现条件下农村集体经济组织承担对农民的社会保障义务是必要可行的

以供给主体为标准，我国农民社会保障制度可以分为集体为主，国家为辅的计划经济时代的社会保障制度与国家为主，农民集体为辅的市场经济体制下的农民社会保障制度。集体为主，国家为辅的农民社会保障制度表明，集体经济有一定的财产积累，其为农民提供社会保障既有必要性又有可行性。从农业合作化开始到党的十一届三中全会期间，为了适应计划经济体制的社会主义经济建设的需要，国家开始着手建立与之相适应的以集体经济为基础的农民社会保障制度。自此，农民的生、老、病、死基本依靠集体的经济力量予以保障。1956年通过的《高级农业生产合作社示范章程》第14条、第22条、第43条规定，对于完全丧失劳动能力，历来靠土地维持生活的社员，应该用公益金维持他们的生活。用来发展合作社文化、福利事业的公益金不能超过农业生产合作社扣除消耗以后所留下收入的2%。《农村人民公社工作条例》第60条规定：基本核算单位的生产队，每年可以从分配的总收入中扣留2%到3%的公益金，作为社会保障和发展集体福利事业的费用。这些规范与制度既明确了农民集体对农民社员负有保障义务，又解决了集体保障的资金来源即集体公益金。以农民集体的公益金作为经济支撑，我国农村建立了以五保供养、合作医疗以及农村优抚为核心的社会保障制度。虽然“这种保障的项目还比较少、保障面较窄、保障水平还较低，并且在很大程度上是一种集体保障。然而，不可否认的是，这一制度确实对维护农村社会稳定和促进农村社会发展起到了一定的积极作用”。[1]以农村合作医疗为例，它是解决我国广大农村缺医少药的三大法宝之一，被世界银行和世界卫生组织誉为“发展中国家解决卫生经费的唯一范例”。据世界银行报道，我国当时的合作医疗费用大约只占全国卫生经费的20%，却初步解决了占全国总人口80%的农村人口的医疗保健问题。由此可知，在集体经济有效实现并能够采取一定措施提取公益金的情形下，农民集体为其成员提供一定的社会保障不仅是必要的，也是可行的。

（三）农民社会保障制度的完善应符合现阶段社会发展的要求

在我国工业化的初级发展阶段，以农民社会保障项目少、保障水平低为特征的社会保障城乡二元结构具有一定的历史合理性。然而制度建构具有历史合理性不等于该制度现在仍具有现实合理性。目前，我国社会保障制度的城乡二元结构暴露的弊端越来越多，成为整个社会进步发展的巨大障碍。具体言之：其一，限制了农业劳动生产率的提高，阻碍了农业剩余劳动力的转移。大量剩余劳动力转移不出去而滞留农村，加剧了人口与土地的矛盾，造成农业生产效率的低下。其二，阻碍了我国城市化的进程。从某种意义上说，现代化就是城市化，就是实现农村人口向城市的转移，农民转化为市民。但这种二元的社会保障结构，在农村人口和城市人口之间筑起了一道不可逾越的屏障。实现现代化，城乡一体化是我国社会发展必然趋势。为此，我国必须废除城乡二元的社会保障制度，促进城乡社会结构的对接，并最终实现社会保障的城乡一体化。

（四）农民社会保障法律制度的构建应尊重“中国经验”

现代社会保障的发展必须遵循法制先行的准则，这是发达的市场经济国家构建其社会保障制度的先进经验，我国农民社会保障制度的构建须予以借

---

〔1〕 郝书辰等：《新时期农村社会保障制度研究》，经济科学出版社2008年版，第21页。

鉴。因此，我国农民社会保障实践的发展也应遵循法制先行的要求。然而，近现代包括社会保障法在内的社会科学理论都是从国外继受而来的，这样一来，中国农民社会保障制度的构建必然要以国外社会保障法律理论裁剪中国的社会保障实践。发达国家的社会保障法律制度与理论是一种地方性知识。以其作为构建我国农民社会保障法律制度的理论基础存在以下弊端：其一，导致中国的农民社会保障法律制度难以实施。以发达国家的社会保障法律剪裁中国的社会保障实践必然出现水土不服现象，使得中国的农民社会保障法律制度不接地气，从而丧失发展的生命力。其二，中国的社会保障理论无法实现创新以及本土化，只能成为发达国家社会保障理论的附庸。理论来自于实践经验，中国社会保障法律理论必然要来自于中国的社会保障实践，而中国农民社会保障实践无疑是中国社会保障实践中独具特色的内容。因此，中国社会保障的理论创新以及本土化不能以发达国家的社会保障理论裁剪中国农民社会保障实践，而应以中国农民社会保障实践为基础提炼抽象的、具有本土特色的社会保障理论。要实现中国农民社会保障理论的创新与本土化，农民社会保障理论的研究方法就必须转型，注重归纳法以及社会实证研究方法的运用。只有这样，才能真正理解并掌握中国农民社会保障实践的运行机制与发展规律，进而创造出符合中国国情的农民社会保障法律理论，构建具有中国特色的农民社会保障法律制度。

第二章 农民社会保障法律制度的文本解读

第一节 农民社会保险法律制度的文本解读

一、新型农村养老保险法律制度的内容解析

农民社会养老保险是指："国家通过立法规定由国家、农村集体组织和农民劳动者按一定比例缴纳养老保险费成立养老基金，在农民劳动者年老时按照个人缴费及基金增值情况领取养老金，以保障基本生活从而实现其平等的社会养老保险权的一种社会保险制度。"[1]根据2009年9月1日国务院印发的《关于开展新型农村社会养老保险试点的指导意见》（国发［2009］32号，现已失效），我国现行农民养老保险法律制度包括以下内容：

（一）我国农民养老保险法律制度的基本原则

新农保制度确立的基本原则是"保基本、广覆盖、有弹性、可持续"。保基本与广覆盖体现了我国农民养老保险的底线公平与普惠共享的制度理念，其意义在于对我国农民养老保险的保障水平予以原则性规定。保基本是指目前我国农民养老保险的待遇水平只能够保障农民的基本生活水平，维护其基本生存权。广覆盖是指我国新农保制度要尽快实现制度的全覆盖，尽量覆盖所有农村人口，做到应保尽保。保基本与广覆盖原则的根据在于，社会保障水平应该与经济社会发展水平相适应。改革开放30多年来，虽然我国的经济建设取得巨大成就，但仍处于社会主义初级阶段，经济依旧不发达。国家经济实力有限，尚没有足够的经济实力对农民养老保险给予高水平财政支持。就目前我国集体经济发展的情况而言，农村绝大部分地区的集体经济发展情况不容乐观，只有极少数的集体经济组织有财力补贴农民的养老保险。集体

［1］郭培："对我国传统农村社会养老保险制度的反思与借鉴"，载《生产力研究》2010年第9期。

经济未能有效实现的现状使得农民集体无法为农民参保提供有力的资金支持。就农民收入而言，目前我国的农民增收遭遇瓶颈，农民的实际收入增长缓慢。这导致其没有能力选择较高水平的缴费档次。因此，在目前国家财力仍不充裕、集体经济尚未有效实现以及农民增收缓慢的情况下，我国的农民养老保险只能做到尽量覆盖需保人群，满足其最迫切的基本养老需求，其保障水平也应遵循从低水平起步、从保障基本生活入手，先解决从无到有的问题，再循序解决由低到高的问题。有弹性和可持续是对我国农民社会养老保险制度设计提出的要求，即农民社会养老保险法律制度不能过于僵化，应能适应我国社会转型时期经济快速发展以及发展不均衡的要求。

第一，我国仍处于社会转型期，这要求农民养老保险法律制度的设计要具有一定的弹性。随着经济的迅速发展，我国社会正在由传统社会迈入现代社会。由于社会经济具有较强的变动性，调整社会关系的法律制度当然不能片面强调稳定性，而应更多地强调其妥当性。因此，我国的农民社会保险法律制度的设计必须具有弹性，以满足快速的经济社会发展对农民养老保险提出的新要求。

第二，我国农村经济发展具有不平衡性也要求农民养老保险的制度设计具有相应的弹性。众所周知，我国农村社会经济发展极不平衡，并且短期内还难以消除。我国农村社会经济发展的现状要求新农保的制度设计既要注重法律的普遍适用性又要注重照顾经济社会发展程度不同的地域之间的特殊要求。基于此，新农保的制度设计一方面要按照统筹城乡发展，实现城乡一体化的要求从宏观层次和原则层面强调制度的统一性，这是我国农民养老保障的发展目标；另一方面，由于我国农村发展的不平衡，农民社会养老保险制度在不断缩小地区差距，走向统一的过程中，还必须注重制度的差异性。这会给地方实施制度留有一定的空间和弹性，使各地能够根据自己的经济发展水平、社会发展程度建立具有针对性的，适合本区域经济社会发展水平的农民养老保险制度。简言之，有弹性是指我国的新农保制度建构应既强调统一性又强调差异性。据此，现阶段的制度建构目标必然是多层次、多样化的农民养老保险法律制度。可持续性是制度的必然要求，只有可持续性的制度才是具有生命力的制度。

第三，任何一项法律制度的构建都是为了解决特定历史发展阶段的问题，一项制度的持续时间应与其要解决的问题的持续时间具有一致性。我国农民养老保险制度要解决在未来几十年内，我国步入老龄化高峰期之前的老年农民的生存发展问题。由于该阶段是解决农民养老保险的最佳黄金期，我国的农民养老保险制度应为2050年左右人口老龄化高峰到来时的农民养老保障做充分准备。只有可持续性的农民养老保险制度才能实现这一目标。农民养老保险制度的弹性和可持续性具有内在关联，只有具有弹性的农民养老保险制度才能适应快速发展的经济社会生活，才具有可持续性，也才具有生命力。就此而言，有弹性是实现农民养老保险制度可持续性实施的重要保证。

（二）农民养老保险权的获得

农民要获得养老保险权，首先必须符合参保条件，并且缴纳一定的费用。只有这样，享受养老保险待遇的条件成就后，其才能行使养老保险权，实现养老保险权益。我国农民要获得养老保险权，应符合以下条件。

1. 参保条件

根据《指导意见》，只要年满16周岁（不含在校学生）、未参加城镇职工基本养老保险的农村居民，都可以在户籍地自愿参加新农保。与旧农保相比，新农保进一步放宽了对参保人的条件限制。其一，新农保对参保人的年龄要求低于旧农保。旧农保将参保人的年龄范围限制在20周岁至60周岁，而新农保将参保人的年龄下限降低为16周岁，对于年龄上限未作任何要求。其二，新农保取消了对参保人的户籍限制。旧农保要求参保人必须为非城镇户口，而新农保对参保人的户籍没有要求。由此可见，新农保的制度覆盖率以及覆盖人群明显大于旧农保，充分体现了制度的“广覆盖”原则的要求，这有利于实现“应保尽保”的制度目标。

2. 参保方式

我国新农保采取半强制性参保方式。

第一，《指导意见》明确规定，农民是否参加新农保，完全取决于其自由意志，由其自主决定。新农保强调农民拥有参保与否的自由，是对农民的主体地位的充分尊重。这无疑具有非常大的进步意义，值得肯定。

第二，新农保又带有一定的强制性。《指导意见》规定，新农保实施时没有参保的未享受城镇职工基本养老保险待遇并且年满60周岁的农民可以领取每月55元的基础养老金。但符合领取条件的农村老人要实现该权利，其符合参保条件的子女必须参加新型农村养老保险。有学者称这样的制度设计是新农保的“半强制性”参与机制。这样称谓的原因在于：其一，符合参保条件的农民自己缴纳一份养老保险金，既能使父母享受养老保险待遇又能使自己享受养老保险待遇，尽一份义务可以享受两份权利。在逐利思想的驱使下，一般的农民子女都愿意参加新农保。其二，农民子女是否愿意参保，最终由其自主决定，法律不强求其必须参保。这样一种制度设计既能够尊重农民意愿，又能够吸引农民积极参加养老保险，提高新农保的参加率，使新农保有更大的普遍性，充分体现了制度设计者的良苦用心。

（三）新农保的筹资

充足的养老保险基金是农民养老保险权实现的物质基础，科学合理的筹资机制是新农保制度顺利实施的前提。根据《指导意见》，我国新农保实行个人缴费、集体补助、政府补贴相结合的筹资制度。这与旧农保的筹资制度截然不同。旧农保实行以个人缴费为主，集体补助为辅、国家政策扶持三方相结合的筹资制度。集体补助的资金来源于乡镇企业利润和集体积累。国家的政策扶持主要是通过对乡镇企业支付集体补助予以税前列支体现。在集体经济普遍式微以及农业支持工业的情形下，旧农保的集体补助与国家政策扶持对农民而言无疑是镜中花、水中月。旧农保实质采取农民以自我储蓄积累的方式进行养老，不具有互济性，不符合社会保险筹资社会化的本质要求。新农保则实现了筹资的社会化，特别是强化了政府的出资义务，将政府的出资责任落到实处。

1. 政府出资

根据新农保的制度规定，农民的养老基金由两部分构成：基础养老金以及个人缴费。基础养老金由中央政府与地方政府的财政负担，其中，中央政府补贴“出口”，地方政府补贴“入口”。就中央确定的基础养老金标准而言，中央财政对西部地区给予全额补助，对东部地区则补助50%。这样确定补助标准充分考虑到我国东部与西部地区经济社会发展的非均衡性，具有相当的科学合理性，能够在一定程度上实现新农保的收入再分配功能。地方政府对新农保的补贴标准为每人每年不少于30元。政府对新农保的财政补贴遵循了新农保制度“保基本、广覆盖、有弹性、可持续”的构建原则。其一，政府全额负担最低标准的养老金，能够落实新农保“保基本”原则。由于政府对农民的基础养老金予以全额支付，这与其所在地区的经济发达程度以及集体经济组织有无补助都无关系。这样一来，同一地区的参保农民将来领取的基础养老金数额相同，落实了国家对农村养老保险制度的基本责任，并充分体现了新农保制度的基本性、公平性和普惠性。其二，政府财政对农民缴费实施补贴，能够贯彻新农保“广覆盖”的基本原则。集体对农民的个人缴费予以补助的关键在于集体经济的发达程度。就目前我国农村的实际情况分析，绝大部分的农村集体经济组织没有能力为其成员缴纳养老补贴，部分农民个人也存在缴费困难。上述两个因素无疑会影响部分农民参加养老保险。而政府财政对所有参保农民给予缴费补贴，对选择较高档次缴费标准的农民予以适当鼓励，这无疑会调动农民的参保积极性，鼓励有缴费能力的农民参加养老保险，有效提高新农保的参加率。政府对农村重度残疾人等缴费困难群体代缴部分或全部最低标准的养老保险费，则会将他们也纳入新农保的保障范围。由此可知，政府的财政补贴有力地促进了新农保“广覆盖”原则的贯彻。

2. 个人缴费

新农保养老基金的一部分来自于农民的个人缴费。《指导意见》规定，参加新农保的农村居民应当按规定缴纳养老保险费。缴费标准设为每年 100 元、200 元、300 元、400 元、500 元 5 个档次，地方可以根据实际情况增设缴费档次。参保人自主选择档次缴费，多缴多得。这样的缴费档次设计充分考虑到了不同农民家庭的经济状况，使农民可以根据自己家庭的经济实力以及需要自由选择缴费档次，具有较大的灵活性。缴费设计的灵活性可以保障有参保意愿的农民都能积极参加农民养老保险，充分实现社会保险的互济性与普惠性。另外，根据《指导意见》规定，各地区还可以根据本地区经济发展水平以及农民收入状况，自行设定更多与更高层次的缴费档次。这就使新农合的个人缴费档次具有更强的针对性，能够充分满足本地区农民的养老需求，尽可能地将他们纳入新农保的制度覆盖范围。由此可知，通过统一性缴费标准与灵活性缴费标准的有机结合与运用，新农保的缴费设计机制能够最大限度地吸引参保人群，实现新农保广覆盖、保基本的制度目标。农民个人缴费充分体现了权利义务相一致的原则。农民缴纳的养老金纳入其个人账户，计发标准是个人账户积累总额除以 139。因此，农民个人选择的缴费档次越高，其领取的养老金数额就越多。这无疑符合权利义务相一致的法律原则。

3. 集体补助

新农保制度还规定，“有条件的村集体应当对参保人缴费给予补助，补助标准由村民委员会召开村民会议民主确定”。集体对参保农民的补助体现了社会主义公有制与集体所有制的本质要求。“集体经济要为集体成员谋利益，服务于集体成员，追求成员利益的最大化，是集体成员共同富裕的经济。”〔1〕据此，农村集体应该以集体公共服务或者公平分配等方式实现集体成员利益，进而实现全体成员的共同富裕。为参保农民提供缴费补助是集体为其成员提供公共服务，实现共同富裕的重要手段。由此可知，集体补助充分体现了我国社会主义集体所有制的本质要求，是我国农民养老保险保障制度的独有特征。

4. 基金的运营

新农保基金必须实现保值增值，才能满足老年农民日益提高的生活需求。目前我国新农保基金保值增值的手段只有一种方式即银行存款。个人账户储存额目前每年参考中国人民银行公布的金融机构人民币一年期存款利率计息。

（四）农民养老保险权的实现

1. 农民养老保险权行使的条件

领取条件为缴费年限等于或长于15年，具有农村户籍的未享受其他养老保险待遇且年满60岁的老年农民。对于新农保制度实施时已经符合领取条件的老年农民要领取基础养老金，其子女必须参加新型农村养老保险。

2. 农民养老保险权标的数额的确定

农民应领取的养老金由两部分组成：一部分是基础养老金，另一部分是个人账户养老金。其中，个人账户养老金的资金来源于个人缴费、集体补助、其他组织对参保人的缴费补助以及地方政府缴费补贴。现在基础养老金的待遇标准为每人每月55元，国家根据经济发展和物价变动等情况，可适时调整全国新农保基础养老金的最低标准。地方政府可以根据本地的经济发展状况提高基础养老金数额，对于长期缴费参保的农民，地方政府可以适当加发基础养老金。无论是提高基础养老金还是加发养老金，其资金由地方财政支出。个人账户养老金的月领取标准为个人账户积累总额除以139。这两者相加即为农民每月应领取的养老金数额。

3. 农民养老保险权行使的时间与方式

养老金的领取形式为按月领取，符合领取条件的公民可以终身领取直至

〔1〕韩松：“论农村集体经济内涵的法律界定”，载《暨南学报（哲学社会科学版）》2011年第5期。

死亡。我国新农保逐步推行社会保障卡，方便参保农民缴费、待遇领取和信息查询。

4. 农民养老保险权的丧失

农民死亡后即失去领取养老保险金的权利，其个人账户中的个人缴费部分，可由其继承人依法继承。

（五）新农保的基金管理

1. 账户管理

新农保基金“实行社会统筹与个人账户相结合”的帐户管理模式。旧农保则采取单一的完全积累的个人账户制，其账户资金由个人缴费以及集体补助构成，并不包含国家财政补贴以及其他组织的资助。社会统筹账户由政府提供的非缴费性补贴的基础养老金构成，该部分体现农民养老保险的社会公平性与普惠性，目的在于确保老年农民的基本生存权。个人账户资金则主要由农民的个人缴费构成，地方政府补贴、集体补助以及其他组织与个人的缴费资助也纳入参保人的个人账户。

2. 基金社会统筹层次

“社会统筹是指在一定的社会范围内由社会保险经办机构依法统一筹集、统一管理、统一调剂和使用社会保险基金。”〔1〕新农保基金管理的统筹层次暂定为县级统筹。这意味着新农保基金在全县范围内统一筹集、统一管理、统一调剂与使用。社会保险的本质在于以收入再分配的方式实现社会成员的互助互济，进而实现社会公平。县级统筹的目的就在于使全县参加养老保险的人之间互助互济，实现全县参保成员之间的社会公平。

3. 基金实行专款专用

新农保基金是参保农民的“养命钱”，必须将安全放在第一位。《指导意见》规定新农保基金纳人社会保障基金财政专用账户，实行收支两条线管理，单独记账、核算，按有关规定实现保值增值。新农保的工作费用纳入同级财政预算，不从基金中提取。

4. 基金监督

财政、审计、监察等部门按职责对新农保基金实施监管，并加强社会监督，定期披露信息，并每年在行政村范围内公示，从内部控制、外部监督和

〔1〕张思锋、杨潇：“新型农村社会养老保险账户结构研究”，载《人文杂志》2012年第1期。

社会监督三个方面保证基金安全，既防止挤占挪用，也防范冒领、诈骗等风险。

二、新型农村合作医疗制度的规范性文本解读

目前，规范我国新型农村合作医疗的法律规范主要有两个，分别是国务院办公厅转发原卫生部等部门发布的《关于建立新型农村合作医疗制度的意见》与原卫生部等七部委联合下发的《关于加快推进新型农村合作医疗试点工作的通知》。根据它们的规定，我国新型农村合作医疗制度主要包括以下内容：

（一）农民医疗保险权的获得

农民要想获得医疗保险权，必须缴纳一定的费用，以家庭为单位参加新型农村合作医疗。我国新型农村合作医疗实行自愿参保原则，即农民是否参加新型农村合作医疗，应由其自主决定。自愿参保原则的目的在于充分尊重农民的主体地位，并能够防止地方政府以举办新农合为借口，向农民滥收费、乱收费，增加农民负担。

（二）新农合的筹资制度

我国新型农村合作医疗制度实行个人缴费、集体扶持和政府资助相结合的筹资机制。

1. 农民缴费

农民个人每年的缴费标准不应低于10元，经济条件好的地区可相应提高缴费标准。乡镇企业职工（不含以农民家庭为单位参加新型农村合作医疗的人员）是否参加新型农村合作医疗由县级人民政府确定。如果农民个人自愿，经村民代表大会讨论同意，可以由村民自治组织代为收缴农民的个人缴费。

2. 财政拨款

地方财政每年对参加新型农村合作医疗的农民的资助不低于人均10元，具体补助标准和分级负担比例由省级人民政府确定。经济较发达的东部地区，地方各级财政可适当增加投入。从2003年起，中央财政每年通过专项转移支付对中西部地区除市区以外的参加新型农村合作医疗的农民按人均10元安排补助资金。

3. 集体扶持

有条件的乡村集体经济组织应对本地新型农村合作医疗制度给予适当扶

持。扶持新型农村合作医疗的乡村集体经济组织类型、出资标准由县级人民政府确定，但集体出资部分不得向农民摊派。

（三）农民医疗保险权的实现

1. 实现条件

农民医疗保险权的实现必须符合两个基本条件：其一，所患之病属于可补偿病种。我国新农合的补偿模式为大病补偿。农民所患之病在法律规定的补偿病种范围内的，才能获得补偿。所患之病不在可报销的范围之内的，不能获得补偿。其二，就医条件。农民患上应补偿的大病后，还需在新农合的定点医院就医，才能获得相应补偿。如果农民不在定点医院就医，也不能获得相应补偿。

2. 实现方式

农民在新农合定点医院就医时，应先支付医疗费用。然后，凭相关单据到新农合经办机构根据规定报销一定比例的医疗费用。

3. 农民医疗保险权的变相实现

我国新农合制度规定，对参加新型农村合作医疗的农民，年内没有动用农村合作医疗基金的，要安排进行一次常规性体检。

（四）新农合基金的监管

1. 基金性质与管理原则

农村合作医疗基金是由农民自愿缴纳、集体扶持、政府资助的民办公助社会性资金，要按照以收定支、收支平衡和公开、公平、公正的原则进行管理，必须专款专用，专户储存，不得挤占挪用。

2. 管理机构

农村合作医疗基金由农村合作医疗管理委员会及其经办机构进行管理。农村合作医疗经办机构应在管理委员会认定的国有商业银行设立农村合作医疗基金专用账户，确保基金的安全和完整，并建立健全农村合作医疗基金管理的规章制度。

3. 新农合基金的监督

新农合基金的监督包括法定监督与民主监督。法定监督是指国家权力机关在自己的权限范围内依法对新农合基金的管理、运营以及使用情况的监督，主要包括由政府相关部门和参合农民代表组成的农村合作医疗委员会的监督以及政府有关部门包括人民代表大会、财政部门与审计部门的监督。民主监督主要指农民根据其参与、知情与监督的权利对新农合基金的管理、运营以及使用情况的监督。接受农民的监督是新农合管理机关的义务。各级政府应实行基金使用管理的县、乡、村公示制度，把合作医疗报销情况作为村务公开的重要内容，为农民监督权的实现创造条件。

第二节　农民社会救助法律制度的文本解读

一、农村五保供养法律制度

农村五保供养制度是规范农村鳏寡孤独残疾人员保吃、保穿、保住、保医、保葬、保教的一项社会救助制度。它是独具中国特色的一项社会救助创新项目。目前，调整五保供养关系的法律规范主要是新《条例》，主要包括以下内容：

（一）五保救助权的主体

根据新《条例》的规定，以下两类农村人口有权享受五保供养：其一，无劳动能力、无生活来源又无法定赡养、抚养、扶养义务人的老年、残疾或者未满16周岁的农村村民。其二，无劳动能力、无生活来源的老年、残疾或者未满16周岁的农村村民虽有法定赡养、抚养、扶养义务人，但其无赡养、抚养、扶养能力的，也享受农村五保供养待遇。

（二）五保救助权的内容

五保救助权的内容包括供养内容、供养水平以及权利实现形式等三项内容。

第一，供养内容。其一，保吃，即由五保供养义务人为五保户供给粮油、副食品和生活用燃料等吃饭必需品。其二，保穿，由五保供养义务人为五保户供给服装、被褥等生活用品和零用钱。其三，保住，由五保供养义务人为五保户提供符合基本居住条件的住房。其四，保医，由五保供养义务人为五保户提供疾病治疗，对生活不能自理的给予照料。其五，保葬。由五保供养义务人为五保户办理丧葬事宜。其六，保教，农村五保供养对象未满16周岁或者已满16周岁仍在接受义务教育的，五保供养义务人应当保障他们依法接受义务教育所需费用。

第二，五保供养水平。根据新《条例》规定，省级政府确定本辖区的具体五保供养标准或设区的市级或者县级人民政府确定五保供养标准，但须报所在省级人民政府备案后，才能公布执行。上述主体制定的五保供养标准不能低于当地村民的平均生活水平，并需根据当地村民平均生活水平的提高适时调整。

第三，五保供养形式。五保供养形式有两种，集中供养与分散供养。

（三）五保救助权的义务主体

五保救助权的义务主体包括出资义务人以及供养义务人。根据新《条例》的规定，农村五保供养的筹资主体包括两类：国家和集体。农村五保供养的资金主要来源于地方人民政府，但对财政困难地区，由中央财政对农村五保供养在资金上给予适当补助。根据新《条例》规定，农村集体经济组织若有集体经营等收入的，可将部分收入用于补助和改善农村五保户的生活。五保救助权的供养义务人包括：农村五保供养服务机构和村民委员会。一般而言，集中供养的义务主体为五保供养服务机构，分散供养的义务主体为村民委员会。

（四）五保救助权的实现

符合五保供养条件的农民，还必须办理一定的手续才能实际获得五保供养，这主要包括：

第一，申请。即由符合条件的村民本人向所在的村委会提出申请。若本人因为年幼或智力残疾而丧失意思能力的，村民小组或其他村民可代他提出申请。

第二，评议和公告。村民提出申请后，由村委会民主评议其是否符合五保条件。若经评议认为申请人符合五保供养条件的，村委会应在全村范围内予以公告。

第三，家计调查。在公告期限届满后，村民对申请没有重大异议，则村委会应将评议结果和相关材料报送乡（民族乡或镇）审核。在收到评议申请材料和评议意见后，乡镇政府应在 20 天内提出审核意见。在作出审核意见前，乡、民族乡、镇人民政府应当对申请人的家庭状况和经济条件进行调查核实。

第四，复核与审批。乡镇人民政府经审核，对符合五保条件的申请材料，应报县级人民政府民政部门审批。县级人民政府民政部门应当自收到审核意见和有关材料之日起 20 日内作出是否审批的决定。对申请人是否符合五保供养条件，县级人民政府民政部门认为有必要的，可以进行复核。

第五，发证。对批准给予农村五保供养待遇的，应发给《农村五保供养证书》，民政部门对不予批准的，应当书面说明理由。

（五）申请人和有关组织的配合义务

在乡镇人民政府或县级人民政府民政部门进行家计调查，审核与复核调查相关情况时，申请人、有关组织或者个人应当配合、接受调查，如实提供有关情况。

（六）五保供养权的丧失

根据新《条例》的规定，出现以下两种情形时，五保供养人丧失供养资格并由国家核销其《农村五保供养证书》：不再符合五保供养条件；五保供养人死亡。

（七）五保供养的监管

第一，管理机构。国家民政部门是五保供养工作的主管机构。乡镇人民政府管理本辖区的五保供养工作，村委会负有协助其管理的义务。

第二，五保管理的公开原则。根据新《条例》规定，国家五保管理机关应将相应的管理事宜向社会公告，接受监督。

第三，五保供养的资金管理。财政部门应当按时足额拨付农村五保供养资金，确保资金到位，并加强对资金使用情况的监督管理。审计机关应当依法加强对农村五保供养资金使用情况的审计。农村五保供养资金，应当专门用于农村五保供养对象的生活，任何组织或者个人不得贪污、挪用、截留或者私分。

二、农村最低生活保障制度

从1996年开始，我国开始进行农村最低生活保障制度的地方试点。党的十六大召开后，我国农村最低生活保障的制度建设速度明显提高。党的十六大和十六届四中全会均提出在有条件的地方探索最低生活保障制度。党的十六届六中全会提出要“逐步建立农村最低生活保障制度”。2006年年底召开的中央农村工作会议首次明确提出要“在全国范围内建立农村最低生活保障制度。各地应根据当地经济发展水平和财力状况，确定低保对象范围、标准，鼓励已建立制度的地区完善制度，支持未建立制度的地区建立制度，中央财政对财政困难地区给予适当补助”。据此，国务院于2007年颁布《国务院关于在全国建立农村最低生活保障制度的通知》，这标志着我国农村最低生活保障制度已由地方试点阶段发展到全国推广的新阶段。截至2007年年底，我国所有农业人口的县（市、区）已全面建立起最低生活保障制度。我国农村最低生活保障法律制度的主要内容包括：

（一）农民最低生活保障权的权利与义务主体

第一，权利主体。能够享受农村最低生活保障的权利主体是家庭年人均纯收入低于当地最低生活保障标准的农村居民。其致贫原因包括病残、年老体弱、丧失劳动能力以及生存条件恶劣等。这也就意味着因懒惰、赌博以及其他不务正业等原因致贫之人不应受农村最低生活保障制度的保护。

第二，义务主体。农村最低生活保障的义务主体是国家，主要是各级地方人民政府。

（二）最低生活保障权的内容

第一，保障方式。由国家发放受保障人的家庭年人均纯收入与保障标准的差额或按照其家庭的困难程度和类别，分档发放相应的金额。

第二，保障标准及其调整。农村最低生活保障标准所支付的金额应能够维持当地农村居民全年的吃饭、穿衣、用水用电等基本生活所需费用。县级以上人民政府根据上述标准确定数额后报上一级地方人民政府备案后公布执行。农村最低生活保障标准要随着当地生活必需品价格变化和人民生活水平提高适时进行调整。

（三）农村最低生活保障权的实现

第一，权利主体申请。提出申请的方式有两种，符合最低生活保障条件的家庭户主可直接向其所在地的乡镇政府提出申请或向受乡镇政府委托授权办理该业务的村委会提出申请。

第二，家计调查。在村民提出申请后，村委会应在村党组织的领导下进行家庭经济状况调查，确定其是否符合保障条件。

第三，民主评议。调查结束后，村委会应组织村民会议或村民代表会议对申请人是否符合保障条件进行民主评议，并提出初步处理意见。

第四，审核。民主评议认为符合保障条件的，村委会将申请材料以及评议结果报乡镇政府审核。乡镇政府在核查申请人家庭经济状况后，集合民主评议的意见，作出是否同意的审核意见。

第五，审批。对乡镇政府提交的申请人材料以及审核意见，县级政府的民政部门应在核查了解申请人家庭经济状况后提出审批意见。

第六，资金发放。对县级政府民政部门批准的最低保障申请，国家应按照规定发放补助金。

（四）农村最低生活保障权的变更以及丧失

农村最低生活保障权的变更是指其内容变更。主要包括因为保障标准的提高导致最低生活保障金的增加以及因为受保障人家庭经济状况的变化导致的增发或减发最低生活保障金。最低生活保障权的丧失是指因为被保障人家庭经济状况的好转，已经不再符合受保障的条件，国家对其停发最低生活保障金。

（五）最低生活保障的资金筹集

农村最低生活保障的筹资责任主体为地方各级人民政府，其应将农村最低生活保障资金列入财政预算。对于财政困难的地区，中央财政给予适当补助。

（六）最低生活保障工作的管理

第一，管理机构。各级政府的民政部门是最低生活保障工作的主管机构。

第二，民主公示。最低生活保障工作的管理必须遵循民主公示原则，接受群众监督。公示义务主体为村民委员会、乡（镇）人民政府以及县级人民政府民政部门。公示的内容主要包括最低生活保障对象的申请情况和对最低生活保障对象的民主评议意见，审核、审批意见，实际补助水平等情况。管理机构对有异议的公示要调查核实，认真处理。

第三，资金管理。农村最低生活保障资金实行专项管理，专账核算，专款专用，严禁挤占挪用。

三、农村医疗救助制度

农村医疗救助制度，是指政府和社会各界自愿捐助等多渠道筹资，通过多种方式对患大病的农村五保户和贫困农民家庭实行医疗费用资助的制度。它是我国农民社会救助制度的重要组成部分，其目的在于提高农村贫困群众的健康水平，缓解因病致贫、因病返贫等问题。2002 年国家出台《中共中央、国务院关于进一步加强农村卫生工作的决定》，首次提出要在我国农村建立医疗救助制度，并明确了对农村贫困家庭实行医疗救助，实施以大病补偿为主，并对贫困家庭参加合作医疗给予资金补助的救助形式。民政部、原卫生部、财政部三部委于 2003 年 11 月联合下发《关于实施农村医疗救助的意见》（现已失效）。2009 年，民政部、财政部、原卫生部、人力资源和社会保障部联合下发《关于进一步完善城乡医疗救助制度的意见》。它们构成了我国调整农村医疗救助关系的基本规范，主要内容包括：

（一）医疗救助的权利主体

农村医疗救助权的主体主要包括以下几种：

第一，农村五保户；第二，农村贫困户的家庭成员；第三，其他经济困难家庭成员，主要包括低收入家庭重病患者以及当地政府规定的其他特殊困难人员；第四，达到一定残疾程度的军人、革命烈属、因公牺牲的军人家属和老复员人员中的贫困户；第五，独生子女和二女结扎户中的贫困户；第六，因重大疾病长期住院治疗，医疗费用开支大，造成家庭生活特别困难的农村居民；第七，民政部门认定的需要医疗救助的贫困农村居民。具体救助对象界定标准，由地方民政部门会同财政等有关部门，根据本地经济条件和医疗救助基金筹集情况、困难群众的支付能力以及基本医疗需求等因素制定，并报同级人民政府批准。

（二）医疗救助权的义务主体

农村医疗救助的义务主体包括国家和医疗服务机构。其中，国家是农村医疗救助的供给主体，医疗服务机构为医疗救助权的权利主体提供其所需的医疗服务。根据规定，已开展新型农村合作医疗的地区，由农村合作医疗定点卫生医疗机构提供医疗救助服务。未开展新型农村合作医疗的地区，由救助对象户口所在地的乡（镇）卫生院和县级医院等提供医疗救助服务。

（三）农民医疗救助权的内容

第一，住院救助。这是医疗救助的主要内容。住院救助主要用于帮助解决因病住院救助对象个人负担的医疗费用。

第二，门诊救助。这是医疗救助的次要内容。门诊救助主要帮助解决符合条件的救助对象患有常见病、慢性病、需要长期药物维持治疗以及急诊、急救的个人负担的医疗费用。

《关于进一步完善城乡医疗救助制度的意见》明确规定我国农村医疗救助要坚持以住院救助为主，同时兼顾门诊救助。

（四）医疗救助的方式

医疗救助根据其所在地区是否开展新农合而存在不同的救助方式。

第一，开展新农合的地区，政府应代救助对象缴纳全部或部分参保费用，使其参加新农合。生病后享受合作医疗待遇。因受救助者患大病医疗费用过高，经合作医疗补助后仍影响家庭基本生活的，应再给予适当的医疗救助。

第二，尚未开展新型农村合作医疗的地区，对因患大病个人难以承担医疗费用，影响家庭基本生活的，给予适当医疗救助。

第三，国家规定的特种传染病救治费用，按有关规定给予补助。

（五）医疗救助权的取得

第一，申请。在提出申请时，村民应向村委会提交申请救助的书面材料，填写申请表，并如实提供医疗诊断书、医疗费用收据、必要的病史材料、已参加合作医疗按规定领取的合作医疗补助凭证、社会互助帮困情况证明等。

第二，民主评议。村民代表会议对申请人的申请进行民主评议，并作出是否同意向乡镇人民政府上报材料的决议。

第三，调查与审核。乡镇人民政府根据需要，可采取入户调查、邻里访问以及信函索证等方式对申请人申报材料的真实性进行调查核实。调查核实后，对村委会提交的申请人材料逐项审核，并将符合救助条件的申请材料上报县级政府的民政局审批。

第四，审批。县级人民政府民政部门对乡镇上报的有关材料进行复审核实，并及时签署审批意见。对符合医疗救助条件的家庭核准其享受医疗救助金额，对不符合医疗救助条件的，应当书面通知申请人，并说明理由。

第五，医疗救助金的发放与结算。医疗救助金可采取由乡镇政府发放、社会化发放或其他办法发放等多种形式。医疗救助资金的发放还可以采取即时结算的方式。即受救助者到开展及时结算的定点医疗机构就诊，只需支付医疗费用的自付部分，医疗救助费用由定点医疗机构同医疗救助机构及时结算。

（六）医疗救助资金的筹集

医疗救助基金的筹资虽有多种渠道，但以地方政府的财政拨款为主。根据规定，地方各级政府应将医疗救助基金纳入当年财政预算，中央以转移支付的方式对中西部贫困地区的救助者给予适当支持。

（七）医疗救助工作的管理

第一，主管机构。医疗救助的主要管理机构为各级政府的民政部门。

第二，管理的公示公开原则。救助管理机构要按照公开、公平、公正的原则，实行医疗救助公示制度，接受社会和群众监督。

第三，医疗救助基金的管理。县级财政部门要在社会保障基金财政专用账户中为农村医疗救助基金设置专账，办理医疗救助资金的筹集、拨付。县级民政部门要做好医疗救助资金的发放工作。要加强对城乡医疗救助基金的管理，在确保基金安全的前提下，做到基金收支基本平衡，略有结余。医疗救助基金的结余率不能超过基金总额的15%，当年度结余的基金，应按规定及时结转下年使用，不得挪作他用。财政、审计部门应对医疗救助资金实施财务监管和审计，确保医疗救助资金按时拨付和合理使用，杜绝挤占挪用等现象的发生。

第四，对医疗机构的管理。各级民政部门要会同有关部门，建立医疗救助定点医疗机构的准入和退出机制，实行动态管理。定点医疗机构原则上在城镇居民基本医疗保险和新型农村合作医疗确定的范围内选择。各级卫生部门要加强对医疗救助定点医疗机构的监管，规范定点医疗机构的医疗服务行为和基本药物目录、诊疗目录的使用，鼓励并引导定点医疗机构优先、合理地使用国家基本药物和适宜的诊疗技术，控制医疗费用的不合理增长。民政部门要与定点医疗机构签订协议，明确双方责任、权利与义务，并严格履行。对不按规定目录用药、诊疗以及提供医疗服务所发生的医疗费用，城乡医疗救助基金不予结算。

第三节　农民社会福利法律制度的现状分析

一、农村特殊群体社会福利法律制度现状

（一）农村儿童福利法律制度

1. 农村儿童福利的制度建设

规范儿童福利的法律法规主要包括：第一，法律。主要包括《未成年人保护法》《收养法》《预防未成年人犯罪法》与《母婴保健法》等。这些法律是专门规定有关儿童福利相关事宜的普通法。第二，行政法规。如《中共中央、国务院关于进一步加强和改进未成年人思想道德建设的若干意见》。第三，部门规章。主要是由民政部制定的规范儿童福利事业的政策性文件。如《关于加强流浪未成年人工作的意见》《中华人民共和国行业标准儿童社会福

利机构基本规范》《家庭寄养管理暂行办法》《关于加强孤儿救助工作的意见》以及《关于进一步发展孤残儿童福利事业的通知》等。

2. 农村儿童福利事业的管理机构

目前，我国尚未成立一个专门负责儿童福利工作的职能部门。农村儿童福利的法律政策从制定到具体实施，由全国人大、政府机关以及社会团体等一系列工作机构和组织负责。主要有国务院妇女儿童工作委员会、中国关心下一代工作委员会、中国少年先锋队全国工作委员会、团中央少年儿童部、全国妇联儿童工作部等。

3. 取得之成就

农村儿童福利项目包括普通儿童福利以及特殊儿童福利，我国农村儿童社会福利工作即是针对他们进行不同的福利供给。

第一，普通农村儿童社会福利。其一，普通儿童保健。普通儿童保健福利的指导方针是“以保健为中心，保健和临床相结合”，“面向基层，面向群体”。目标为降低婴儿以及 5 岁以下儿童死亡率，降低出生缺陷发生率。其二，普通儿童营养保健。目前，我国农村地区儿童营养不良问题比较严重。《中国居民营养与健康现状》指出，农村 5 岁以下儿童生长迟缓率为 17.3%，约是城市的 3.5 倍；低体重率为 9.3%，为城市的 3 倍。为改善我国农村儿童营养状况，国务院妇女儿童工作委员会办公室已经在全国六省开展改善早期儿童营养项目的试点。其三，普通儿童的医疗福利。目前，中国已经建立起了符合国情的妇幼卫生服务体系，基本实现了 2000 年人人享有卫生保健的全球战略目标，遍布于城乡的三级医疗预防保健网，向广大农村儿童提供卫生保健和计划免疫服务。其四，生活环境福利。我国儿童发展的设施越来越完善，2000 年至 2005 年，国家利用彩票公益金扶持建设 1804 个校外活动场所项目，惠及国家级贫困县 396 个。儿童成长的文化环境愈来愈安全，新闻出版总署、国家市场监督管理总局修订、颁布了一系列部门规章，对音像制品、电子出版物和互联网出版物实行规范化管理，净化广告市场环境，保护儿童的合法权益。儿童安全保护进一步加强，这涉及儿童玩具、校园环境以及拐卖儿童犯罪活动等。

第二，特殊农村儿童福利。特殊儿童是指生理、心理、情绪或适应生活上遭遇特殊困难的儿童，主要包括贫困儿童、孤残儿童、流浪儿童、留守与流动儿童等。我国特殊儿童的社会福利工作以及制度构建遵循以下原则：儿童最大利益原则、无歧视原则、特殊保护责任原则以及社会责任原则，并对特殊儿童提供以下社会福利：其一，贫困儿童。国家通过组织实施“蓝天计划”“春蕾计划”等帮助贫困儿童。其二，孤残儿童。国家和社会为孤残儿童修建儿童福利院、残疾儿童康复中心等为其提供福利，并明确规定孤残儿童的最低养育标准为每人每月 600 元。另外，国家和社会还在全国实施“孤残儿童康复明天计划”“重生行动”“孤儿保障大行动”等，为农村孤残儿童提供社会福利。其三，留守和流动儿童福利。据统计，我国目前的农村留守儿童约 5800 万，流动儿童 1982 万，他们都在教育、医疗保健等方面存在困难，需要国家提供特殊的社会福利。我国采取一系列措施为留守流动儿童提供有利于其发展的社会福利。2007 年，国家开展“共享蓝天”全国关爱农村留守流动儿童重大行动；民政部组织救助管理站深入留守儿童聚集的农村，开展留守儿童保护工作；各地教育行政部门建立留守儿童档案，健全动态监测机制，及时掌握留守儿童情况。2006 年，全国妇联提出《关于大力开展关爱农村留守儿童行动的意见》，要求各地要从本地区的实际出发，根据留守儿童的发展需求和实际问题，制定关爱农村留守儿童行动计划，并将其纳入家庭教育“十一五”规划，作为开展农村儿童工作，发展农村家庭教育的重点内容之一。

（二）农村老人社会福利法律制度的现状

1. 农村老人社会福利的制度建设

1996 年 8 月，全国人大常委会通过的《老年人权益保障法》明确规定，国家和社会采取措施，改善老年人生活、健康以及参与社会发展的条件。该法不仅明确确立了国家为老人提供社会福利的责任主体地位，而且还标志着我国老年人福利被纳入法制化、制度化的轨道。此后，我国又先后出台了《中共中央、国务院关于加强老龄工作的决定》《中国老龄事业发展“十五”计划纲要（2001-2005 年）》（现已失效）《国务院关于加快发展养老服务业的若干意见》《关于加强基层老龄工作的意见》《关于加强老年人优待工作的意见》《中国老龄事业发展“十一五”规划纲要（2006-2010 年）》和《关于全面推进居家养老服务工作的意见》等一系列重要老龄政策文件。为贯彻上述规范性文件，全国已有 30 个省、自治区、直辖市制定实施了保护老年人合法权益的地方性法规，并制定了对老年人实行优待的政府规章。国家和各级政府出台的上述政策为农村老人福利事业的发展提供了制度上的可靠保障。

2. 组织机构

为加强老人福利工作，发展老龄事业，党和政府不断设立、健全老人福利工作机构。1982 年，我国成立中国老龄问题全国委员会。1999 年 10 月，国家正式批准成立全国老龄工作委员会，统筹规划和协调指导全国的老人福利工作，研究、制定老龄事业发展战略和重大政策，协调和推动有关部门实施老龄事业发展规划，指导、督促和检查各地老人福利工作。目前，全国已经建立起省（自治区、直辖市）、地（市、州、盟）、县（市、区、旗）、乡镇（街道）各级老龄工作委员会及其办事机构，村委会有专人负责老龄工作，初步形成了中央到地方的工作网络。组织机构的建立和逐步完善，标志着我国老年人福利事业步入正常的轨道，开始走向新的起点。

3. 取得之成就

各级政府将老年人福利事业纳入国民经济和发展计划，逐步增加对老年人福利事业的投入，并鼓励社会各方面投入，使老年人的社会福利与经济、社会协调发展。近年来，通过推进社会福利社会化，逐步形成以国家、集体举办的养老院等老年社会福利机构为骨干，以社会力量举办的老年社会福利机构为新的增长点，以社区老年人福利服务为依托，以居家养老为基础的老年人社会服务提供机制。“截至 2009 年底，我国共有农村养老服务机构 31 286 个，床位 208.8 万张，收养老人 173.0 万人。光荣院 1401 个，床位 6.7 万张，收养老人 4.6 万人。荣誉军人康复院 47 个，床位 0.8 万张，收养老人 0.4 万人。复员军人疗养院 35 个，床位 0.6 万张，收养老人 0.4 万人。为丰富老年人的文化生活，鼓励他们参与社会发展，我国积极鼓励支持老年性群众组织，截至 2008 年，我国农村共有农村基层老年群众组织 272 710 个，占全国行政村总数的 56.25%。”〔1〕总之，自 2004 年至今，经过多年的努力，我国已经基本形成纵贯市、县、乡镇、村委会各个层面，标准有别、功能各有侧重的较为完善的农村老年人福利体系，初步为农村老年人创造了基本的养老与服务环境。

（三）农村残疾人福利法律制度现状

农村残疾人福利事业是我国残疾人福利事业的重要组成部分，是国家和

〔1〕 参见全国老龄工作委员会办公室发布的“综述：中国老龄事业与改革开放同行——写在改革开放 30 周年之际”。

社会面向农村残疾人群体提供各项保障措施、社会服务和现金津贴的总称。我国农村残疾人福利法律制度的内容主要包括：

1. 农村残疾人福利事业的法制建设

第一，有关残疾人福利事业的法律。目前规范残疾人福利事业的基本法是1991年5月15日实施，2008年修订的《残疾人保障法》。修改后的法律首次规定“禁止基于残疾的歧视”概念，这突出了以残疾人权利为本的立法理念，是我国残疾人法制建设的一大进步。

第二，行政法规。为贯彻残疾人保障法，国务院先后颁布了《残疾人教育条例》《残疾人就业条例》《中共中央、国务院关于促进残疾人事业发展的意见》与《国务院办公厅转发中国残联等部门和单位关于加快推进残疾人社会保障体系和服务体系建设指导意见的通知》等行政法规。在中央法律、法规以及政策性文件的指导下，我国各级地方立法机关和政府也出台各种推进残疾人福利事业的地方性法规、规章，规范地方残疾人福利事业的发展。这些法律规范的制定实施为保障残疾人合法权益，促进残疾人福利事业的发展提供了法治保证。

2. 管理体制

目前，我国残疾人福利事业的管理运行涉及多个部门，呈现出九龙治水的局面。人社部负责残疾人的就业和社会保险事务管理；民政部门负责孤残儿童的福利管理；卫生部门负责残疾人医疗和康复福利管理；教育部门负责残疾人特殊教育和职业教育。另外，中国残疾人联合会也代表政府行使各项有关残疾人福利事业管理的职责。

3. 取得之成就

第一，农村残疾人基本生活保障得到强化。2007年，我国建立农村最低生活保障，各地实行分类施保，对残疾人在保障标准和审核程序上予以照顾。至2009年12月，已有445.8万农村残疾人享受最低生活保障待遇。自2007年以来，国家扶持551.6万农村贫困残疾人脱贫，并对13.6万户贫困残疾人家庭进行信贷扶持，各级政府还积极投入资金帮助贫困残疾人进行危房改造。

第二，农村残疾人的社会保险参加率持续增长。我国新农合明确规定对残疾人参保缴费予以优惠照顾，近85%的县（市、区）明确对农村重度残疾人参加新农合代缴最低标准的保险费。至2010年，96.1%的农村残疾人参加了新农合。95.1%的参保人在1年内看过病，人均花费1631元，人均报销

996元。农村残疾人教育就业体系逐步建立。我国绝大部分地区都建有特殊教育学校。2010年，我国农村残疾儿童接受义务教育的比例为70.5%。

第三，面向农村残疾人的社会服务不断增加，其受益面不断扩大。2010年，农村残疾人接受康复服务的比例由2007年度的15.7%上升至30.8%。各项与残疾人有关的社会服务在全国各地如火如荼地开展：从2010年起，“百万青年志愿者助残活动”在全国普遍开展；每年7月6日被定为“志愿助残阳光行动”主题活动日，志愿助残活动被纳入文明村镇的指标考核体系。

总而言之，国家的残疾人社会福利工作不断进步，确保了农村残疾人生活水平的提高。

二、农村公共社会福利法律制度现状

（一）农村教育福利

农村教育福利是国家在农村发展的公益事业，指国家为成人农民及其子女提供教育上的援助和支持。从应然状态分析，农村教育福利事业的主要内容包括农村基础教育（包括农村义务教育和扫除青壮年文盲）、农村成人教育、农村职业教育等。

农村义务教育是指农村适龄儿童、少年有权利接受并且必须接受的，由国家、社会、学校和家庭给予保障的国民基础教育。根据《义务教育法》的规定，国家、家庭、学校和社会要对义务教育的实施给予保障。各级人民政府及其有关部门应当履行《义务教育法》规定的各项职责，保障适龄儿童、少年接受义务教育。目前，在国家财政的支持下，我国农村义务教育已经全部免费。这确保了所有适龄农村儿童都能够接受基础教育。

农村成人教育是指由政府和社会力量组织实施的，以提高农村成人思想政治素质、道德修养和科学文化素质为目标的教育事业。它是我国农村教育体系的重要组成部分，是构成终身教育体系、建设学习型新农村的重要内容，承担着提高农村成人科学文化素质与道德素质，促进农村经济社会发展的重要使命。大力发展农村成人教育是落实科学发展观、实施科教兴国战略和人才强国战略的重要措施，是适应我国实施现代化建设第三步发展战略新形势，解决“三农”问题的必然选择。

农村职业教育是由政府和社会力量组织实施的，以农村职业高中、职业中专以及多种形式的职业技能培训中心为主要阵地，主要以农村中小学毕业生、农村青年为对象的职业技术教育事业。它是我国农村基础教育、农村成人教育、农村职业教育“三教统筹”的组成部分，是农村社会经济协调发展的基础，是解决“三农”问题的重要途径。

（二）农村医疗卫生福利

农村医疗卫生福利，是指国家和社会力量对农村医疗卫生事业提供帮助和支持，为我国农民社会福利事业的重要内容。农村医疗卫生福利主要包括：国家帮助在农村开展广泛的爱国卫生运动，集中力量消灭严重影响广大农民身体健康的各种疾病，做好农村动植物检疫工作和环境卫生工作；国家引导社会力量对农村进行公益性质的医疗卫生服务，如红十字会对农村艾滋病患者以及患其他严重疾病的农民的医疗援助等。

发展农村医疗卫身福利事业是落实科学发展观的必然要求，是全面建设小康社会的重要内容。党和政府历来重视农民健康问题，重视发展农村的医疗卫生福利。中华人民共和国成立后，我国在农村进行了颇具规模的农村卫生革命，成绩突出。主要表现为：抑制了传染病、寄生虫病和其他地方病的流行；农村人口死亡率，尤其是婴儿死亡率大幅度下降；农民的平均预期寿命迅速提高。近年来，国家对农村医疗卫生福利的投入不断增加，农村医疗卫生工作获得新进展。

（三）农村文化福利

农村文化福利，是指国家和社会力量对农村公共文化建设和农村群众文化活动给予帮助和支持，其内容非常丰富。国家帮助在农村修建文化娱乐室、图书室等文化活动场所、站点；国家帮助举行各种各样的农村民间艺术活动、农民运动会、农村体育竞技活动；国家帮助农民满足对电影、电视、戏曲以及书籍的需求；国家引导文化工作者深入农村，满足农民群众多层次、多方面的精神文化需求等。这些都属于农村文化福利的内容。另外，国家动员社会力量支持农村文化建设也属于农村文化福利。比如，国家引导社会力量进行“文化、科技、教育三下乡”活动，引导社会力量捐助农村文化事业，国家组织大学生支援农村志愿者活动等。

第三章 农民社会保障法律制度的社会实证分析

第一节 调查方式与数据来源说明

一、社会实证方法的研究意义

法律制度的发展是解释论、立法论之间的不断循环而相互促进的过程。要完善我国农民社会保障法律制度，须通过以下两个环节：其一，运用解释论，对现行农民社会保障法律制度进行研究，找出不足及其原因。其二，以解释论的研究结果为基础，运用立法论，制定适应我国农村经济社会发展要求的农民社会保障法律制度，规范各方主体行为，使农民社会保障权得以充分实现。欲实现上述目的，不能仅使用法律实证的分析方法，还需重视社会实证研究方法的运用。“法条主义在阐释法律时没能提供现实与历史的社会背景，特别是中国社会文化的经济、精神、制度、传统背景。所以，突破单一的法条主义方法的局限，引入社会科学研究中之定量方法和定性方法，系统考察中国民法制度的实际运行状态，研析‘纸上的法’与‘行动中的法’之距离，无疑是实现解释论之目标的重要工具。”[1]由此可知，在中国农民社会保障法律制度研究中，运用社会实证方法具有以下意义：

第一，能够发现“纸上的法”之不足及其成因，以此为基础，可以完善“纸上的法”。研究农民社会保障法律制度时恰到好处地运用社会实证方法，可以发现农民社会保障法律制度与社会现实以及农民需求之间的差距，以此为基础，通过修改法律，弥补法律与社会现实以及农民需求之间的裂隙，进而完善作为“纸上的法”的农民社会保障制度。

第二，能够发现“行动中的法”，将“行动中的法”变成“纸上的法”，

[1] 陈小君：“中国民法学研究之转型：立场、方法与材料”，载《法学研究》2011年第6期。

进而完善农民社会保障法律制度，保证社会正义的实现。法治的核心与关键在于法律的实施，法律的普遍顺利实施是法律生命的意义所在。“只要社会中存在法，法的实现就一直是并将永远是社会关系的法律形式存在的特殊形式。法的实现是法的存在、作用和法执行主要社会职能的特殊方式。如果法的规定不能在人们和他们的组织的活动中，在社会关系中得到实现的话，那法什么都不是。”〔1〕由于法律的实现与实施离不开一定的社会环境，社会环境对法律的实施具有相当的影响。对农民社会保障法律制度的运行状况以及实施背景进行社会实证研究，一方面可以将农民在社会保障实践中的“行动中的法”转化为“纸上的法”，另一方面能够探究作为纸上之法的农民社会保障法律制度运行的社会基础。农村社会保障立法的社会实证研究能有效沟通社会生活实践与立法工作的良性互动，从而使制度设计符合社会发展的要求，保证其顺利实施。

第三，对农民社会保障法律制度进行社会实证研究，可以实现此领域的法学理论创新和本土化，并为中国社会保障法律制度的研究转型提供些许经验。作为社会科学理论重要内容之一的社会保障法理论是从外国继受而来的。以这种社会保障法律理论构建中国农民社会保障法律制度，必然会产生以下结果：其一，完全以外国社会保障法律理论裁剪中国农民社会保障实践，从而使得农民社会保障法律制度脱离中国国情和实践，导致其实施困难，无法实现制度目的。其二，中国社会保障法律制度无法实现制度创新与理论独立，只能作为外国社会保障法理论的附庸。目前，学界大谈中国社会科学应如何实现本土化的情况表明，我国社会保障法理论也应通过研究转型而实现本土化，从而摆脱从属于外国社会保障法律理论的尴尬地位，实现独立化和自主创新。农民社会保障法律理论创新的基础就在于具有中国特色的社会保障实践，将我国农民社会保障实践中符合社会发展规律的做法提升为法律理论，并用以指导规范中国的社会保障实践，是社会保障法律理论创新与本土化的唯一途径。而要理解并深刻把握社会保障中的“中国经验”，必须通过社会实证研究方法才能完成。由此可知，社会实证研究方法是探究社会保障领域的“中国经验”，并实现社会保障法律理论创新的基础与前提。

---

〔1〕［苏］雅维茨：《法的一般理论——社会和哲学问题》，朱景文译，辽宁人民出版社 1986 年版，第 170 页。转引自高飞：《集体土地所有权主体制度研究》，法律出版社 2012 年版，第 145 页。

二、调查方式的说明

在研究包括中国农民社会保障法在内的诸多涉农法律制度的过程中，陈小君教授带领的研究团队深入农户，开展了持续数十年的全国范围内的大规模田野调查，积累了社会实证研究的丰富经验，取得了众多有价值的数据和素材，并以此为基础形成了科学性强、令人信服的研究成果。这种研究方法与研究成果受到了学术界、实务界的肯定。

为分析当前我国农民社会保障法律制度的运行状况及其制度环境，本书的写作利用了笔者导师陈小君教授主持的教育部哲学社会科学重大课题攻关项目“农村土地问题立法研究”，以及2007年、2009年、2010年国家社科基金重大招标课题“我国农村集体经济有效实现的法律制度研究”有关农民社会保障法律制度的田野调查成果。

在每次开展大规模的田野调查前，课题组都会对问卷内容和访谈提纲进行数次的深入探讨，讨论内容涉及多个方面，主要包括：调查目的、问卷与访谈提纲的内容、问卷的逻辑结构、问卷与访谈提纲措辞用语等。经过讨论，数易其稿，并在经过试调研后，这些调查问卷与访谈提纲才能修改定稿。同时，根据田野调查需要，课题组还组织专家对调研人员就问卷相关知识和调查技巧进行认真系统的培训。笔者作为国家社科基金重大招标课题“我国农村集体经济有效实现的法律制度研究”的课题组成员参与了数次大规模的田野调查。

调研对象的代表性与典型性是决定调研结果科学性的前提。为了使调研结果更具客观性和科学性，课题组的调查采用了多段抽样和自然抽样相结合的对象选取方法。其一，根据我国农村社会经济发展不平衡的客观现实，课题组选取调研对象时，将调研对象锁定在东部、南部、中部以及西部等农业大省。其二，在确定调研对象所属省域后，根据地理位置、经济结构以及地形地貌等因素选取调研对象所在的县。其三，根据经济发达程度的不同，从每个县选取若干乡镇。其四，从每个乡镇中随机选取若干村庄，每村选择10户左右农民进行调查。

调查采取问卷与访谈相结合的方法。每个村庄原则上要求做10份问卷和1份访谈。访谈对象既可以是普通村民也可以是村干部。调查人员根据问卷内容向农民提问，根据受访者的回答在问卷上的相应位置做出标识。访谈为半结构式，课题组拟定访谈提纲供调查人员参考，调查人员可以根据当地的实际情况和在问卷调查中遇到的特殊现象，决定需要深入调查访谈的问题。

三、样本数据分布的说明

"农村土地问题立法研究"课题组 2007 年开展的全国 10 省大规模田野调查共发放问卷 1800 份，其中收回有效问卷 1799 份。各省获得的有效问卷分别是：江苏省 180 份、山东省 178 份、广东省 181 份、贵州省 181 份、四川省 176 份、山西省 180 份、黑龙江省 181 份、河南省 178 份、湖北省 181 份、湖南省 183 份。各省收取的有效样本数量处于 180±4 之间。此外，这次实地调查还收集到 200 余份访谈笔录。

"农村土地问题立法研究"课题组调查人员 30 余人分为 4 组于 2009 年 7 月至 8 月对黑龙江、山东、贵州和湖北 4 省 8 县（市、区）24 乡 48 个村 480 个农户进行了新一轮的调查（2007 年至 2008 年本课题组完成了第一轮调查）。每省的调研样本保持了数量一致，便于纵向比较。上述四省的农村特点和农业发展水平在全国有一定代表性。四个省的八县（市、区）中，有我们设立了五年的"乡村试验田"5 个，这种持续性调研，对于深化农民社会保障法律制度改革无疑具有强力推进作用。在本次调查中，课题组共收到有效问卷 480 份、访谈笔录 96 份。

2010 年 7 月至 8 月，以中南财经政法大学中国农村土地法律制度研究中心主任陈小君教授为首席专家的国家社科基金重大招标课题"我国农村集体经济有效实现的法律制度研究"的课题组成员进行了为期一个月的大范围田野调查，走访基层国家干部、村组负责人、村民代表和普通村民 600 余人次。通过实地调研，共计收回有效问卷 408 份，访谈笔录 136 份，其他相关资料近 110 份。

下文中，如果不做特别说明，在分析过程中所使用的素材均取自于上述三次田野调查的成果。

第二节　农民社会保障法律制度的运行状况分析

一、农民社会保障必要性的考察

社会保障作为国家依法强制建立的，保障国民生活和社会稳定的机制，是政府的一项社会政策和实行国民收入再分配的工具，在人们的社会生活以及国民经济的发展中发挥了巨大的功能和作用。具体言之，社会保障的功能有以下几个：保障社会稳定、保证社会公平、促进经济发展。就此而言，我国农民社会保障能够保证农村社会稳定，推动农村经济发展，保证社会公平的实现。然而，社会保障的上述作用能否获得农民的认可？农民对其认知程度如何？为解决这一疑惑，课题组专门设计了相关问题对其进行考察。

（一）农民社会保障的社会稳定功能的考察

农民社会保障能够保障农村社会稳定。社会稳定是许多国家尤其是市场经济国家社会政策的重要目标。虽然为了维持社会稳定，各个国家采取的措施不尽相同，但社会保障制度是被各国普遍采用的维持社会稳定的主要措施之一。因此，社会保障被称为社会的“安全网”与“减震器”。学者甚至将社会保障的安全作用与需求程度比喻为维持生命的面包、盐和水。我国农村集体经济的发展壮大离不开稳定的社会环境。这一理论上被普遍认可的农村社会保障所具有的维护社会稳定的功能是否被农民认知？为解决该疑惑，我们专门设计了相关问题并对此进行调研。当问及“您认为发展农村社会保障对促进农村集体经济发展具有哪些作用？（可多选）”时，98.6%的受访者认为农民社会保障“有利于农村社会稳定，为农村集体经济的发展提供良好的社会基础”。该调研数据表明，农民非常认同农民社会保障对农村社会稳定所发挥的巨大作用，并且认为只有通过农村社会保障制度保持安定团结的局面，农村集体经济才能发展壮大。

（二）农民社会保障与集体经济有效实现关系的考察

我国社会主义农业的发展方向是现代化。关于农业现代化的实现途径和发展方向，邓小平用“两个飞跃”来形容。他指出：“中国社会主义农业的改革和发展，从长远的观点看，要有两个飞跃。第一个飞跃，是废除人民公社，实行家庭联产承包为主的责任制。这是一个很大的前进，要长期坚持不变。第二个飞跃，是适应科学种田和生产社会化的需要，发展适度规模经营，发展集体经济。这是又一个很大的前进，当然这是很长的过程。”[1]据此，我国社会主义农业的发展方向必须坚持社会主义公有制，发展集体经济。发展途径就是适度规模经营，以此为基础实现农业产业化与现代化。邓小平特别强

〔1〕《邓小平文选》（第3卷），人民出版社1993年版，第355页。

调第一个飞跃即家庭联产承包责任制要长期坚持不变。这意味着我国农业发展的第二个飞跃即适度规模经营必须以第一个飞跃为基础，两个飞跃并非对立关系，而是辩证统一关系。因此，我国农业的适度规模经营需通过土地承包经营权流转来实现。因为土地承包经营权流转可以实现适度规模的土地集中，以此为基础才能实现农业的适度规模经营。

为了促进土地承包经营权流转，我国《农村土地承包法》和《物权法》明确规定承包经营权为一种他物权。党中央与国务院也明确承诺承包责任制的期限为“长久不变”。土地承包经营权效力的物权化和期限的长久化为我国土地承包经营权流转和以此为基础实现农业适度规模经营提供了法律依据和政策支持。因我国市场经济体制的建立与完善，农户已成为参与市场经营、承担市场风险的独立自主的商品经营者，他们具备必要的经济理性。土地流转必须基于承包经营权人的自愿，这是市场经济的基本要求。承包经营权作为一种物权性质的私权，其行使与变动应遵循民法意思自治原则的要求，农户是否流转、如何流转、与谁流转、流转中当事人的权利义务如何设定，都应该由承包经营权人自己决定。农业适度规模经营的条件是土地流转，而土地流转的前提是农民自愿。据此，农民的流转意愿就成为我国农业实现适度规模经营的决定性因素。农民的土地承包经营权流转意愿越强，农业的适度规模经营就越容易实现，反之农业的适度规模经营就越难实现。

农村集体经济要有效实现，就需要土地规模集中，使农民在自愿的基础上实现土地的高效率流转。然而，作为实现农业适度规模经营前提的承包经营权流转却遭遇到难以克服的瓶颈。土地承包经营权流转困难的直接原因在于农民普遍缺乏流转意愿。承包经营权流转是当事人以自愿为基础的私法合意行为。因此，农民必须普遍具有流出意愿与流入意愿，才能实现承包经营权的有效流转。然而，作为承包经营权流转前提的流转意愿，无论是流出意愿还是流入意愿，都非常低。据学者统计，“不愿意流出土地承包经营权的农户占受访农户的 61.9%；不愿意流入土地承包经营权的农户占受访农户的 80.2%”。[1]上述数据充分说明我国农民的土地承包经营权流转意愿非常低，而且不愿意流入土地承包经营权的农民比例要大大高于愿意流出土地承包经

〔1〕 乐章：“农民土地流转意愿及解释——基于十省份千户农民调查数据的实证分析”，载《农业经济问题》2010 年第 2 期。

营权的农民。如此之低的承包经营权流转意愿无疑成为实现我国农业适度规模经营的巨大障碍。导致农民土地流转意愿不高的原因有以下几个：

第一，农民缺乏流出意愿是由我国人地关系高度紧张的基本国情造成的。由于世界第一人口大国以及土地资源禀赋的限制，我国属于世界上人均耕地资源最少的国家之一。就国际横向比较而言，我国的人均耕地面积只相当于世界平均水平的33%、美国的11.2%和巴西的24.5%。即使与同样属于人口大国的印度相比，也仅相当于印度的42.2%。人均耕地资源极度不足导致我国人地关系高度紧张，即使在市场经济体制下，土地对农民而言首先是作为其最基本的生存资料，而并非是西方经济学理论所称的生产资料。因此，实行家庭承包责任制就只能是根据家庭人口平均分配土地。这种以集体所有制为基础，农民平均获得土地承包经营权的家庭经营制度，被温铁军教授称之为“小农村社制”。他特别强调，由于中国人地关系高度紧张的基本国情，小农经济具有一定的合理性。土地是农民的基本生存资料而非生产资料，而生存是人的第一需求，这就导致了农民在将作为其“命根子”“保命田”的土地承包经营权流转时必然采取极为审慎的态度。简言之，土地的生存保障功能是农民缺乏土地承包经营权流出意愿的首要原因。

第二，农业效益低下是农民缺乏流入意愿的第二个重要原因。人类社会实现工业化发展后，农业虽仍然是国民经济的基础产业，但相对于工业而言，农业已经变成了需要工业支持和国家补贴的弱势产业。农业在国民经济总量中的比例越来越低。发达国家农业产值均不及其国内生产总值的10%。农业作为弱势产业的根本原因在于农业的效率与效益低下。低下的效益导致务农收入太低甚至赔本。有学者经过研究得出结论：纯农户在我国的农民阶层中处于最低层次。农业经营效益低下直接导致农民严重缺乏土地承包经营权的流入意愿。我国近年来出现大量的农田抛荒现象足以说明农民流入意愿的严重不足。

第三，打工收入太低，不足以满足农民的生存、发展需求是农民缺乏流转意愿的第三个重要原因。目前，我国农民的收入主要由务农收入和务工收入构成。贺雪峰教授指出：“离开务工收入，而仅仅依靠农业收入，农民家庭就会陷入贫困。同样，若没有农业收入，而仅仅有务工收入，农民就不得不用务工收入购买各种生活必需品，就不得不压缩各种社会性支出，就不再有能力购买表现自己社会地位的奢侈品，就有可能落入农村社会生活的底层。”[1]由此可见，单纯务工收入不足以满足农民生存与发展的需求。这就导致我国现阶段的农民以兼业型农民为主。兼业型农民为主导形态的农业必然无法有效推进土地承包经营权的流转，实现农业的规模经营。

因此，要促使我国土地承包经营权的高效流转，进而实现规模经营，就必须提高农民的流转意愿。而要提高农民的流转意愿，就必须消灭导致农民流转意愿严重缺乏的原因。完善的农民社会保障制度无疑是提高农民土地承包经营权流转意愿，推动承包经营权流转，实现农业适度规模经营的重要手段。其一，农民社会保障制度可以提高土地承包经营权的流出意愿。因为农民社会保障制度为农民提供最基本的生存保障，以社会保障取代土地的基本生存保障功能。这样就可以大大降低农民对土地的依赖程度，提高农民土地承包经营权流转的意愿。其二，农民社会保障制度可以间接提高农民收入，增强农民土地承包经营权的流入意愿。在没有社会保障制度的情形下，农民的收入除用于日常生活支出外，还必须用来应对生老病死等风险为其带来的严重损失。因此，依靠微薄农业收入为生的农民在沉重的风险负担下，必然不愿意流入土地。完善的社会保障制度能有效减轻农民的风险负担，并保证其基本生存。而且，土地的适度规模经营可以有效提高农业劳动生产率，有效增加农业经营的收入。因此，在社会保障与规模经营收入的双重激励下，必然会大大增强善于经营农业的种田能手的土地流入意愿，使土地向他们集中，从而实现农业的适度规模经营。其三，农民社会保障制度可有力增强兼业型农民土地承包经营权的流出意愿。由于单纯务工收入不足以满足农民的生存发展需求，农民必须依靠务农与务工收入才能满足其生存发展需求。若为兼业型农民提供完善的社会保障，用以取代其作为农民的务农收入，这样一来，兼业型农民的承包经营权流转意愿必然会大大增强，从而有力地推进土地高效流转，进而促进农业适度规模经营的实现。总而言之，完善的农民社会保障制度可以有效地提高农民的土地流转意愿，推动土地高效流转，促进农业剩余劳动力转移，从而有力推进我国农业的适度规模经营，有利于早日实现邓小平所讲农业发展的第二个飞跃。

---

〔1〕贺雪峰：《乡村社会关键词：进入21世纪的中国乡村素描》，山东人民出版社2010年版，第1页。

然而，以上仅仅是关于农民社会保障与土地规模经营之间关系的理论分析，这这一分析结果能否得到农民的认可，还有待于进一步验证。为了考察农村居民对农民社会保障与土地流转、规模经营关系的认知情况，课题组专门向受访者提出了农民社会保障是否有利于农地规模经营这一问题。73.1%的受访农民认为农民社会保障“有利于农村土地承包经营权流转或规模经营”。由此可知，绝大部分农村居民都认可农民社会保障能够促进土地承包经营权的流转，推进农地规模经营的实现。我国要实现集体土地的规模经营，必须为农民提供可靠的社会保障以代替土地的保障功能。只有这样，邓小平提出农业发展的第二个飞跃才能顺利实现。

（三）农民社会保障与农村闲置劳动力转移之关系的考察

随着我国经济社会的发展和城镇化进程的推进，部分农村劳动力离开土地进入城市务工成为农民工。农民工是城镇化进程中出现的一个特殊群体，其社会保障问题已经成为社会公众关注的焦点，中央明确提出，要认真解决进城务工人员的社会保障问题。从理论上分析，农民工缺乏社会保障会减弱农业闲置劳动力转移的意愿，从而不利于我国人口的城镇化。然而，农民工缺乏社会保障这一事实是否会实际上影响农业闲置劳动力的转移并妨碍农业产业化与规模化经营的实现？农民对此问题的认知到底如何？为寻找上述问题的答案，课题组就该问题进行了专门考察。在调研中，66.4%的受访者认为农民社会保障“有利于闲置的农村劳动力非农转移”。该数据表明，绝大部分农民希望在享受较高水平的社会保障情形下才愿意进城务工。而农民工社会保障不完善无疑会影响农民进城的积极性，进而阻碍农业产业化与规模化经营发展的进程。要促进农业剩余劳动力的非农转移，尽早实现农地的规模化经营，国家必须建立完善的农民工社会保障制度。

二、现行农民社会保险项目设置与农民需求契合程度的考察

瞿同祖先生指出：“研究法律自离不开条文的分析。这是研究的根据。但仅仅研究条文是不够的，我们也应注意法律的实效问题。条文的规定是一回事，法律的实施又是一回事。某一法律不一定能执行，成为具文。社会现实与法律条文之间，往往存在一定的差距。如果只注重文本，而不注意实施情况，只能说是条文的，形式的，表面的研究，而不是活动的，功能的研究。我们应该知道法律在社会上实施的情况，是否有效，推进的程度如何，对人

民的生活有什么影响等。”[1]“由此可见，在法律制度构造的过程中，一切目标模式或方案的科学性、合理性、有效性及其现实可行性，均取决于它们是否以对现实关系的正确而全面的认识为基础、为前提，经常发生的制度无效、制度走样、制度多变等现象，都是与未获得对现实关系的正确认识有关的。”[2]由此可知，农民社会保险法律制度的建立、有效实施并发挥其制度目的的前提就是“获得对现实关系的正确认识”。在社会保险制度的构建中，影响其顺利实施的现实关系就是社会保险种类的设置必须满足农民的保障需求。

当代社会，社会保险制度是社会保障制度的核心内容，它是政府、用人单位、劳动者共同筹资、抵御未来风险的有效制度工具。社会保险的种类一般包括：医疗保险、养老保险、工伤保险、生育保险以及失业保险等。由于工伤保险、失业保险这两个险种的适用范围原则上限于产业工人，我国农村目前农业经营方式是农户家庭经营，并不存在农业产业工人。因此，工伤保险以及失业保险这两个险种对农民没有适用的余地。对农民而言，能够适用的就只有医疗保险与养老保险。社会保险与社会救助、社会福利的本质不同之处就在于社会保险待遇的享受不是免费的，而社会救助、社会福利待遇是免费享受的。就此而言，农民社会保险业应遵循权利义务的统一，农民只有履行社会保险的缴费义务才能在遭遇各类风险时，按规定领取社会保险金，保证其生活水平不低于原来的生活水平，维持其基本生活。由于农民社会保险制度的构建前提就是农民要缴纳一定的社会保险费，离开农民的缴费，农民社会保险就无法建立或失去了互济性与补偿性的本质。要保证农民积极持续的缴费，农民社会保险的险种选择必须是能够满足农民迫切需要的社会保险类型。可以说，社会保险种类能否满足农民需求是该制度有效实施的社会条件之一。2003 年，我国开始重建具有社会保险性质的新型农村合作医疗制度。2009 年，国家开始建立农民养老保险制度。为探寻这两个制度的社会基础，课题组特别调查了农民对它们的需求程度。课题组向受访农户提出“您认为需要建立以下制度吗？农村医疗保险；农村养老保险”的问题。就农村

---

〔1〕 瞿同祖：“《中国法律与中国社会》导论”，载瞿同祖：《瞿同祖法学论著集》，中国政法大学出版社 1998 年版。

〔2〕 樊纲等：《公有制宏观经济理论大纲》，上海三联书店、上海人民出版社 1999 年版，第 8~9 页。

医疗保险而言，96.67%的受访农户认为应该建立农村医疗保险，1.34%的受访农户认为不需要医疗保险，1.99%的受访农户认为无所谓。就农民养老保险而言，95.38%的受访农户认为应该建立农村养老保险，2.10%的受访农户认为不需要建立农村养老保险制度，2.52%的受访农户对农民养老保险持可有可无的无所谓态度。由以上调研数据可知，其一，农民普遍对养老保险与医疗保险有强烈需求，我国建立农民养老保险与医疗保险具有坚实的社会基础，我国推行农民养老保险与医疗保险的时机已经成熟。其二，社会经济发展程度不同地区的农民对养老保险与医疗保险的需求基本相同。为此，我国应尽快实现农民养老保险制度与农民医疗保险制度的全覆盖。我国新型农村合作医疗以及新型农村养老保险的快速推进也说明只有满足农民需求的社会保障制度才是真正有意义的。我国农民社会保障制度的建立始终应该坚持以农民需求为导向的制度构建理念。

三、现行社会保险筹资模式与农民认可的筹资模式契合度的考察

马克思认为，人们奋斗所争取的一切，都同他们的物质利益有关。在社会主义公有制下，国家、集体和个人之间利益关系的处理是社会主义农村经济发展中的基本问题。“社会主义物质利益关系，集中表现为国家利益、集体利益、个人利益的有机结合，体现着三者之间在根本利益一致基础上的经济关系。正确处理国家、集体和个人三者之间的物质利益关系，是推动社会生产向前发展的巨大动力。”[1]“社会主义物质利益关系，是国家（包括中央和地方）、集体（包括全民所有制和集体所有制企业）和劳动者个人三者之间的物质利益关系。认真研究他们的内在联系，正确处理他们之间的关系，对于实现社会主义生产目的，调动人民群众的社会主义积极性，加速社会主义现代化建设的进程，有着极为重要的意义。”[2]“在社会主义制度下，消灭了私有制和剥削，也就消灭了物质利益相互对立的基础，消灭了劳动异化。由于社会主义公有制（包括全民所有制和集体所有制）是通过各个生产单位具体经营管理的，劳动者作为社会的成员在各自的工作中实现着经济活动，国家既作为全民所有制的代表，又作为全社会公有制经济的指导者和维护者发挥其经济职能，于是就必然形成国家、集体和个人之间的物质利益关系。处理

〔1〕杨封沐：“正确处理国家集体个人三者关系”，载《赣江经济》1982年第4期。
〔2〕张文麒：“论兼顾国家、集体、个人三者利益”，载《兰州学刊》1981年第1期。

好这三方面的关系，是社会主义经济关系巩固和发展的重要保证。毛泽东同志在《论十大关系》中指出：‘国家和工厂、合作社的关系，工厂、合作社和生产者个人的关系，这两种关系都要处理好。为此，就不能只顾一头，必须兼顾国家、集体和个人三个方面。’”[1]由于社会主义公有制的基本物质利益关系是处理好国家、集体与个人之间的基本关系，农民社会保险制度的建立，也必然要处理好这三者之间的利益关系。社会保险制度中处理三者之间关系的方法具体体现为筹资制度。只有明确三者之间的筹资责任并协调好其间的关系，农民社会保障制度才能够有效实施并发挥其应有的制度功能。

社会保险基金的筹集是农民社会保障制度建设的关键和基础。对于农民社会保险体系建设而言，资金的筹措不仅关系到该体系能否全面建立，而且还决定着该体系能否保持持续健康发展与有效实施。以“旧农保”为例，其采取“坚持资金个人缴纳为主，集体补助为辅，国家给予政策扶持”的筹资模式，这一筹资模式实质上属于个人缴费的积累制式储蓄养老模式。而按目前农村的经济和社会发展水平，以个人缴费为主的筹资模式，难以充分调动农民参保与缴费的积极性，因而导致“旧农保”的发展难以为继。由此可知，适当的筹资模式是决定农民社会保险能否持续发展的关键因素。因为时空上的特殊性，我国农民社会保险的筹资方式具有鲜明的特色，甚至是独创性。其一，它从实际出发，低水平起步，筹资标准与经济发展及各方面能力相适应；其二，个人（家庭）、集体、政府合理分担责任，权利与义务相对应；其三，政府主导与农民自愿相结合，引导农民普遍参保。循此原则，在筹资模式的选择上，新农合与新农保都实行个人、集体与政府多方面筹资。我国《国务院关于开展新型农村社会养老保险试点的指导意见》规定：“探索建立个人缴费、集体补助、政府补贴相结合的新农保制度……”“新农保基金由个人缴费、集体补助、政府补贴构成。”关于新农合的筹资模式，《国务院办公厅转发卫生部等部门关于建立新型农村合作医疗制度意见的通知》规定，新型农村合作医疗制度是由政府组织、引导、支持，农民自愿参加，个人、集体和政府多方筹资，以大病统筹为主的农民医疗互助共济制度。有条件的乡村集体经济组织应对本地新型农村合作医疗制度给予适当扶持。

为了解农民对农村社会保险筹资的认识状况并确定哪种筹资模式是农民

---

[1] 卫兴华：“兼顾国家、集体和个人的物质利益”，载《经济研究》1983年第12期。

普遍接受的筹资模式，调查组向受访者提出了“你认为建立以下制度应该如何筹集资金？农村医疗保险；农民养老保险。”当问及农村医疗保险如何筹资时？58.94%的受访农户认为由国家、集体和个人共同出钱建立；24.83%的受访农户认为应由国家出钱建立；9.89%的受访农户认为应该由农户出钱建立；6.34%的受访农户认为应该由集体出钱建立。当问到农村养老保险应如何筹资时？56.62%的受访农户认为应该由国家、集体和个人共同出钱建立；26.58%的受访农户认为应该由国家出钱建立；8.89%的受访农户认为应该由农户出钱建立；7.91%的受访农户认为应该由集体出钱建立农民养老保险制度。调研数据显示，大部分农民都认为应由国家、集体与个人三方共同出资建立农民社会保险制度。有相当一部分农民认为应由国家出钱建立社会保险制度，而主张由个人或集体出钱建立农民社会保险制度的农民很少。由此可知，虽然集体经济普遍发展式微，但农民还是有相当的集体情结，我国农民社会保险采取国家、集体与个人三方结合的筹资制度颇得民心。农民社会保险现在面临的制度困难是如何保证集体经济有效实现并切实负担起相应的筹资职责。

四、农民对集体社会保障职责认知状况的考察

早在1980年农村改革刚刚开始的时候，邓小平就高瞻远瞩地指出：“我们总的方向是发展集体经济。可以肯定，只要生产发展了，农村社会分工和商品经济发展了，低水平的集体化就会发展到高水平的集体化，集体经济不巩固的也会巩固起来，关键是发展生产力，要在这方面为集体化的进一步发展创造条件。”进入20世纪90年代，当我国农村改革不断深入并取得显著成效之后，邓小平再次强调指出：“中国社会主义农业的改革和发展，从长远的观点看，要有两个飞跃。第一个飞跃，是废除人民公社，实行家庭联产承包为主的责任制。这是一个很大的前进，要长期坚持不变。第二个飞跃，是适应科学种田和生产社会化的需要，发展适度规模经营，发展集体经济。这是又一个很大的前进，当然这是很长的过程。”邓小平的这一精辟论述指明了我国农业发展的方向。由此可知，集体经济是我国社会主义的本质要求，坚持社会主义，就必须发展壮大集体经济。然而，社会主义为何要发展集体经济，集体经济的正当性何在？这必然要涉及集体经济的功能问题。有学者认为，我国的农村集体经济具有以下三个功能：政治功能、经济功能以及社会功能。

无论是从农村集体经济组织的政治功能还是社会功能的角度分析，农民集体经济组织都应该为农民承担相应的社会保障职责。农村集体经济的政治职能是指农民集体可以有效维护中国社会政治的稳定。农业、农村和农民问题是中国社会经济的根本问题，广大农村的状况关系到整个现代化建设事业的经济环境和社会环境的优劣。也就是说，农村的稳定与发展，是整个中国社会稳定与发展的基础。邓小平同志曾反复强调，中国80%的人口在农村，中国稳定不稳定，首先要看这80%稳定不稳定。"由于在当前城乡二元体制的条件下，中国政府对于农村的社会保障的负担是极其有限的，农村集体经济则是农村社会保障事实上的主要承担者。通过集体经济的利益分配，带领农民共同致富，可以有效抑制农村日益加剧的贫富分化趋势，有利于农村社会的稳定。"〔1〕由此可知，农村集体经济组织的政治功能发挥必然要求为作为其成员的农民提供社会保障。所谓农民集体经济的社会职能，是指农村集体经济是提供农村公共产品的基础力量。而农民社会保障属于农村公共产品的重要内容之一。因此，农村集体经济的社会功能也决定了农民集体必须对其成员承担相应的社会保障职能。"在农村调查中深刻感受到：不同农村公益事业建设的好坏，往往与其集体经济的发展程度正相关，必须建立和壮大村级集体经济，把壮大集体经济作为新农村建设的一条有效途径。只有农村集体经济发展了，乡村富裕了，农村修公路、建学校、打水井、电网改造等各项公益事业才会有人来'埋单'。"〔2〕社会保障是社会公益事业的重要内容之一，为农民提供社会保障是农村集体经济的社会功能的应有之意。农村集体经济越发达，越能为农民提供有效的社会保障服务。

然而，集体经济组织对其成员负有社会保障的功能能否获得农民的认可，这有待于进一步研究证实。为了考察农民对集体经济组织提供社会保障的需求，以陈小君教授为首席专家的国家社科基金重大招标课题"我国农村集体经济有效实现的法律制度研究"的课题组对该问题进行了专门的调研。

第一，课题组考察了农民对集体经济组织提供社会保障的期望程度。调研结果显示，农民对集体经济组织发挥其社会保障职能需求强烈。当问及"您认为强大的集体经济组织能够在农村社会保障中发挥哪些作用？（可多

〔1〕丰风、廖小东："农村集体经济的功能研究"，载《求索》2010年第3期。

〔2〕丰风、廖小东："农村集体经济的功能研究"，载《求索》2010年第3期。

选）”，90.7%的受访者认为集体可以为成员提供社会保障缴费补贴；80%的受访者认为集体能够发挥组织动员功能；91.6%的受访者认为集体可以为成员提供社区养老服务等社会保障服务。

第二，课题组调研了集体经济组织为其成员提供社会保障的实际状况。当问及“您所在的农村集体（集体经济组织）在社会保障中发挥了哪些作用？（可多选）”，53.1%的受访者回答集体已经为成员提供社会保障缴费补贴；59.6%的受访者认为集体实际发挥了组织动员功能；57.1%的受访者认为集体实际发挥了为成员提供社区养老服务等社会保障服务的职能。当问及“您所在村集体对于本集体内因自然灾害、意外事故或重大疾病等发生困难而无力自救的贫困成员是否提供了一定救助？（单选）”，85.2%的受访者认为集体经济组织履行了对集体成员的社会救助职能；1.9%的受访者认为集体经济组织未能履行对成员的社会救助职能；12%的受访者认为集体没有能力履行对成员的社会救助职责。

通过上述调研数据可知，农民对集体经济组织社会保障职能的发挥需求强烈，但其社会保障职能的发挥与成员需求之间还具有相当大的差距。我国农民社会保障实践忽视和弱化集体对其成员社会保障职能的做法严重违背农民意愿，不能有效满足农民的社会保障需求。另外，忽视和弱化集体对其成员的社会保障职能不利于集体经济的发展壮大。集体经济组织社会保障职能的有效发挥能够提升集体成员对集体的认同感，从而有利于集体经济的发展壮大。而忽略集体经济组织对其成员的社会保障功能，则必然削弱集体成员对集体的认同感，不利于集体经济的发展壮大。

总而言之，农民社会保障制度的建设应重视集体经济组织社会保障职能的发挥，忽视集体经济组织社会保障职能，既违背社会主义与集体所有制的本质，又不能充分满足农民的社会保障需求，不利于集体经济的发展壮大。为克服上述不足，我国农村社会保障制度建设必须重视集体对其成员社会保障职能的有效发挥，并将其职责纳入法制化的轨道。

五、农民社会保障权与农民集体成员权关系的考察

社会性属性决定了人必须过团体生活。团体生活的本质就在于主体必须结成各种各样以利益为核心的社会关系。通过种种社会关系的产生、变更与消灭，完成利益分配和利益交换，实现主体的生活需求和自我实现。一般而

言，人们在社会关系中都存在利益冲突。为平衡人们的利益关系，维护社会有序发展，人类须运用以理性为基础的行为规范对社会关系进行调整。虽然道德、习俗、宗教与法律等都是人类重要的行为规范，但在当代社会，法律已成为调整社会关系的最重要行为规范。法律的调整机理就是由不同法律部门调整法律事实产生的不同性质的社会关系。相较之于其他社会规范，法律调整社会关系具有独特的机制：其一，根据法律事实的性质认定社会关系的性质；其二，通过规定法律事实构成要件规范人类行为，使纳入法律调整范围的社会关系变动符合社会进步的要求；其三，通过对社会关系的主体规定权利与义务，调整当事人的利益关系；其四，以法律责任为威慑手段，使义务人履行义务，实现权利主体的利益诉求。因此，农民社会保障法律制度在调整集体与成员之间的社会保障利益关系时，也必然将其纳入权利义务的法律调整模式中来。

为考察农民是否认识到其有权利要求农民集体经济组织为其提供一定社会保障的权利，课题组设计了三个相关的问题。当问及“您认为作为集体成员应享有哪些成员权利或利益?”，89.6%的受访者认为其享有“从集体获得社会保障、补贴”的权利。由此可知，农民普遍认为为成员提供一定的社会保障是农村集体经济组织的应尽义务。与集体经济组织的义务相对应，农民有权利从集体经济组织获得一定的社会保障。当问及“您实际享有了哪些权利或利益?”，73.3%的受访者认为自己实际上享有了“从集体获得社会保障、补贴”的权利。当问及“您对现在享有的权利或利益是否满意?（可多选）”，79.0%的受访者对自己享有的该项权利表示满意；18.8%的受访者对其享有的该项权利表示基本满意。由此可知，绝大部分的农村集体经济组织履行了对其成员应承担的社会保障职责，并获得了大部分农民的认可。

六、农村集体经济组织履行社会保障职责经济来源的考察

课题组的调研数据表明，绝大部分农民都期望集体经济组织为农民提供一定的社会保障，并在国家构建的社会保障中承担包括出资义务在内的特定职能。然而，集体经济组织对其成员社会保障职能的实际承担以集体经济有相当的财产积累为前提。目前，我国集体经济普遍式微，这导致集体经济组织无力为农民提供社会保障。那么，到底应如何壮大集体经济，使其切实承担起对农民的社会保障职责？农民对此问题的真实看法到底如何？为解决这

些问题，课题组专门设计了相关问卷并询问受访者的意见。鉴于农村集体经济的发展遇到瓶颈，中南财经政法大学农村土地法律制度研究中心的研究人员对这些问题进行了二次调研。

2009年，“农村土地问题立法研究”课题组对这一问题进行了首次调研。当问及“壮大农村集体经济组织的途径您认为应该主要有哪些?（可多选）”，68.5%的受访者认为应“财政转移支付”；61.7%的受访者认为应依靠和来源于“村办企业利润”；35.6%的受访者认为应提取“一定比例的耕地承包费”；26.5%的受访者认为应依靠“一定比例的宅基地使用权转让费”；27.1%的受访者认为应收取“农村集体建设用地使用权转让费”；37.3%的受访者认为应依靠“一事一议的出资”作为集体为农民缴纳社会保障费的经费来源。

2010年，陈小君教授主持的国家社科基金重大招标项目“我国农村集体经济有效实现的法律制度研究”课题组又对上述问题进行了调研。当问及“您认为壮大农村集体经济组织的财产主要应该有哪些来源?（可多选）”，66.4%的受访者认为应“财政转移支付”；82.6%的受访者认为应依靠和来源于“村办企业利润”；51.2%的受访者认为应提取“一定比例的耕地承包费”；35.4%的受访者认为应依靠“一定比例的宅基地使用权转让费”；57.9%的受访者认为应收取“农村集体建设用地使用权转让费”；36.3%的受访者认为应依靠“一事一议的出资”作为集体为农民缴纳社会保障费的经费来源，还有27.8%的受访者认为应收取“一定数额的自留地（山）使用权转让费”作为集体为其成员承担缴纳社会保障出资义务的经费来源。

由以上两组数据可知，农民普遍认可的发展集体经济并使其有能力承担社会保障义务的途径为国家财政支持以及村办企业利润。而其他以收费方式发展壮大集体经济并积累集体财产的措施不能获得大部分农民的支持。对比以上两年的数据，特别需要注意以下现象：一是国家积极倡导并纳入规范轨道的农村公共产品供给资金来源的“一事一议”制度并不能获得大部分农民的认同，而这正是“一事一议”制度无法推行的根本原因。“‘一事一议’制度在实际操作过程中普遍存在事难议、议难决、决难行的实践困局，多数情况下甚至流于形式，无法全面有效开展。‘一事一议’并没有完全达到让农民自主提供公共产品的制度目标，反而致使许多本应开展的村内公益事业出现停滞的局面，出现了‘制度失灵’的典型病症。”[1] 由此可知，我国任何一项涉农法律制度要顺利推行实施，必须充分尊重农民的主体地位以及意愿。否则，该制度必将成为一纸具文。二是收取一定的耕地承包费壮大集体经济具有一定的可行性。2009 年，只有 35.6%的受访者认为应提取一定比例的耕地承包费发展壮大集体经济，而 2010 年，有 51.2%的受访者认可收取一定比例的耕地承包费发展壮大集体经济。这一数字的变化表明，随着经济发展以及农民收入的提高，集体成员还是希望采取一定的方式发展壮大集体经济组织，即使这种方式使他们丧失一定的收入，他们也能够承受。

集体经济组织为履行其社会保障的出资义务，必须向农民收取一定的费用时，哪种费用收取方式最符合农民的意愿？对此问题，课题组也进行了调研。当问及：“您认为您所在村集体（集体经济组织）为发展集体经济而收取上述一定的耕地承包费、宅基地使用费等费用，采取下列哪种决策方式最公平合理？（单选）”，83.6%的受访者认为应由“村民（代表）大会或集体成员（代表）大会决定”；7.2%受访者认为应由“村委会或集体经济组织执行机构决定”；3.0%的受访农户认为应由“乡镇政府决定”，还有 2.5%的受访者认为应由“集体的领导（村支书、村主任或小组组长等）决定”。农村集体经济组织的基本运行机制是村民自治，村民委员会是农民实行自治的基本机构。我国 1982 年《宪法》第 111 条规定村民委员会是“基层群众性自治组织”。村民自治必然要求集体经济组织实行民主管理。上述调研数据表明，农民的自治意识逐步增强，权利观念已经觉醒。正因为如此，当涉及农民切实利益的收费事项时，绝大部分农民都认为应该通过民主决策即村民大会或村民代表大会决定。这也表明，原来由集体经济组织负责人或乡镇政府单方面决定的收费方式基本上完全违背农民意愿，在农村已经没有生存环境。未来我国农村集体经济组织的管理方式应该是减少行政干预，支持村民自治。

第三节　结论与启示

本章首先对“农村土地问题立法研究”与“我国农村集体经济有效实现的法律制度研究”课题组在 2007 年、2009 年以及 2010 年三次田野调查所涉

---

[1] 刘祖华：“农村‘一事一议’的实践困局与制度重构”，载《甘肃理论学刊》2007 年第 5 期。

及的农民社会保障的实际运行状况进行了描述。通过调研得知，建立农民社会保障制度能够维护农村稳定，促进农地规模经营，提升农民生活安全感；农民对社会养老保险制度以及社会医疗保险制度具有强烈的需求，调研数据显示，大部分农民能够接受的社会保险筹资方式为国家、集体与个人三方出资的筹资制度；农民普遍认为农村集体经济组织应该对其成员承担一定的社会保障义务。通过考察田野调查的成果，可以得出如下结论与启示：

一、国家应该为农民提供相应的社会保障

调研结果显示，农民对社会保障具有强烈的需求，国家应该为农民提供相应的社会保障，而不能将其排除在外。

第一，农民有权利获得社会保障。其一，这是落实宪法相关规定的基本要求。我国《宪法》第45条规定，中华人民共和国公民在年老、疾病或者丧失劳动能力的情况下，有从国家和社会获得物质帮助的权利。很显然，这里所说的公民应包括农民在内。因此，农民也应该和城市居民一样，在其年老、疾病或丧失劳动能力时获得国家提供的社会保障。这是落实宪法的基本要求。其二，这是保证农民基本人权的要求。《世界人权宣言》第25条规定，人人有权享受为维持他本人和家属的健康和福利所需的生活水准，包括食物、衣着、住房、医疗和必要的社会服务；在遭到失业、疾病、残废、守寡、衰老或在其他不能控制的情况下丧失谋生能力时，有权享受保障。联合国《经济、社会及文化权利国际公约》第9条规定，本公约缔约各国承认人人有权享受社会保障，包括社会保险。第11条规定，本公约缔约各国承认人人有权为他自己和家庭获得相当的生活水准，包括足够的食物、衣着和住房，并能不断改进生活条件。根据上述规定可知，社会保障权是一项基本人权，一国应尽其资源能力，逐步实现这些权利。国家应保证公民社会保障权的实现，使其公民能获得适当的衣食住行、适当保健、疾病控制等基本生活保障，能够使人有尊严地生活，而不是通过诸如乞讨或丧失自由才能满足生活需求。我国已经批准加入了这些公约，国家与政府就必须为包括农民在内的全体公民提供社会保障，以履行作为公约成员国的义务。其三，为农民提供社会保障是落实公平正义的有效手段。无论是在革命年代还是中华人民共和国成立后的经济建设年代，中国农民都为国家发展与民族进步作出了巨大的牺牲与贡献。没有广大农民参加与支持革命战争，中华人民共和国的成立是不可能的。因

此，在中华人民共和国成立后，农民应该与其他社会成员一样，有权分享社会发展、文明和进步的成果。然而，中华人民共和国成立后，由于我国采取了特殊的工业化与城市化道路，农业必须支持工业的发展，农民为国家工业化提供了数额巨大的积累。农业支持工业发展必然导致国家资源在城市和农村之间分配的不平等，使得国家对农民社会保障几乎没有承担应有的责任。这对于农民显然是不公平的。在我国已经进入工业反哺农业的新发展阶段，国家应改变长期以来实行的重城轻乡、重工轻农的政策，加大对农民的社会保障投入，建立完善的农民社会保障法律制度，只有这样，才符合公平正义原则的要求。

第二，为农民建立社会保障是社会主义优越性的集中表现。邓小平指出："只要我国经济中公有制占主体地位，就可以避免两极分化。当然，一部分地区、一部分人可以先富起来，带动和帮助其他地区、其他的人逐步达到共同富裕。"[1]我国农村土地集体所有，这就决定了农民个人不能解决社会保障问题，农民社会保障问题也不能市场化、商业化。既然国家扩张了占有土地的权利，国家就是农民的雇主，就应承担、扩大对农民的社会保障责任，社会主义公有制的优越性应体现在社会保障上，社会保障应该成为避免两极分化的重要手段，并作出积极贡献。

第三，为农民建立社会保障是落实国家责任的有效措施。社会保障不是传统意义上的济贫，不是政府的施舍与恩赐，而是国家为其国民应尽的义务。我国《宪法》第14条规定，国家建立健全同经济发展水平相适应的社会保障制度。第45条规定，国家发展为公民享受这些权利所需要的社会保险、社会救济和医疗卫生事业。由此可知，为农民提供社会保障是国家履行其义务的重要内容，这也是国家政权合法性、正当性的基础。

二、农民社会保障与集体经济的有效实现存在密切关系

（一）为农民提供一定范围的社会保障是集体经济存续以及有效实现的目的

从集体所有制与集体经济组织的存在目的分析，集体经济组织为农民承担一定的社会保障职责是集体经济有效实现的必然要求。

---

〔1〕《邓小平文选》（第3卷），人民出版社1993年版，第149页。

农村集体经济有效实现的内涵如下："首先，即为通过农村集体经济的财产运营达到集体财富的增长。其次，集体应该公平有效地运用财富，提高财产利用率。"何谓集体经济公平有效地运用财富，提高财产利用率？应该从集体所有制与集体经济组织的存在价值与目标分析并解决该问题。"集体所有制实现的最终目的在于实现集体成员对集体生产资料不可分割的共同占有，在此基础上实现集体成员的利益。"集体经济组织是集体所有制的载体，其目的是为了实现集体成员的利益，实现集体成员的共同富裕。根据集体所有制与集体经济组织的目的，集体财产公平有效使用的具体内容有：

第一，集体经济组织不能从集体成员之处获利。集体经济组织是为集体成员利益而存在，它应该将所获利益公平地用于成员福利。因此，集体经济组织之目的决定了其应为成员提供一定的社会保障并不能从中获利。另外，集体经济组织有效实现还要求合理使用集体财产，能为广大成员的共同利益服务。为集体成员提供充分而有效的社会保障是集体经济组织公平有效利用财富的必然要求。

第二，集体经济组织实行民主管理制度，能够保证其为成员利益服务，在提供公共产品时无法获利。集体经济组织民主管理制度要求农村社会保障供给必须经过民主决策，接受集体成员的监督。若集体经济组织提供社会保障时获利，集体成员便可以通过民主表决的方式否决其获利行为或更换集体经济组织负责人。这样的制度安排也保证集体经济组织提供社会保障时无法获利。

第三，在当代社会，社会保障的供给主体已经由原来的政府单一供给发展为由政府、私人、第三部门和社区共同供给。市场经济条件下，私人作为商品经营者供给社会保障产品必然要以营利为目的。我国农民现在的生存状况是"温饱有余，小康不足"。因此，私人供给提供社会保障追求自身利益最大化的目标会加重农民负担，超出我国农民目前的承受能力。农民负担的加重就意味着其收入的降低与生活水平的下降，也意味着城乡差距的进一步扩大。这与我国统筹城乡发展，建设社会主义新农村的农村发展战略目标背道而驰。

综上，集体经济组织为农民供给社会保障服务是集体所有制与社会主义本质的必然要求，可以克服国家与私人供给之不足，不仅能够弥补农村社会保障供给数量之不足，更好地满足农民需求，而且能够在合理供给社会保障产品时，不增加农民负担。

（二）农民社会保障能够推动集体经济的有效实现

目前，我国农地承包经营权的土地保障功能成为阻碍农村土地承包经营权自由流转的主要因素。所谓农民承包经营权的土地保障功能包含两层含义："其一是农地是农民的生存保障；其二是农地集体所有是对农民的最基本社会保障。"〔1〕由此可知，以集体土地所有制为基础的农地制度为农民提供了最基本的生存保障，农民失去了土地，其基本生存必然无法保证，更遑论发展。基于这一考虑，在没有其他制度设计代替农地社会保障功能的前提下，农地的流转就是一句口号而已。而缺乏农地的自由流转，就无法实现农地的集约化与集体化，邓小平所谈的"两个飞跃"的目标根本无法达成。因此，要促进农地流转，实现农地的规模经营与集体化，就必须为农民提供一种制度设计取代农地的社会保障功能，保证农民在失地的情况下也能维持基本生存。而社会保障就是能够取代农地社会保障功能的一种有效的制度设计。"社会保障是国家立法强制规定的，由国家和社会出面举办，对公民在年老、疾病、伤残、失业、生育、死亡、遭遇灾害、面临生活困难时给予物质帮助，旨在保障公民个人和家庭基本生活需要并提高生活水平，实现社会公平和进步的制度。"〔2〕由此可知，一旦国家为农民提供完善的社会保障以取代农地的社会保障功能，则必然会提高农民的土地流转意愿，推进农地承包经营权的流通，进而实现集体土地的规模化与集体化经营，推进集体经济有效实现。

三、农民社会保障立法必须尊重农民意愿才能有效实施

由于我国农民社会保障筹资机制实际上涉及国家、集体与个人三者之间的利益。如何设计农民社会保险的筹资机制便存在多种选择：一是国家与个人承担；二是国家与集体承担；三是国家、集体与个人三方共同承担；四是集体与个人承担。在以上筹资机制中，我国农民社会保险立法到底应选择哪种筹资机制，殊值考虑。由于农民是农民社会保障的权利主体以及受益人，我国农民社会保险的筹资机制应遵从农民的意愿，只有这样，农民社会保险制度才能顺利实施。符合农民意愿的筹资机制能够积极调动农民的参保积极性。社会保险是由国家通过立法的形式，为依靠劳动收入生活的社会成员及

〔1〕韩松："农地社会保障功能与农村社会保障制度的配套建设"，载《法学》2010年第6期。

〔2〕林嘉：《社会保障法的理念、实践与创新》，中国人民大学出版社2002年版，第8页。

其家庭成员保持基本生活条件、维护社会安定而建立的社会安全制度。有偿性是社会保险不同于社会救助以及社会福利的本质特征之一。“社会保险强调权利与义务的统一，履行了社会保险缴费义务的社会成员在遭遇各类风险时，可以按规定领取社会保险金，保障的生活水平低于其原来的生活水平，维持其基本生活需要。”〔1〕由此可知，农民缴纳一定的保险费是其享受社会保险待遇的前提，这也是农民社会保险事业得以顺利发展的基础。否则，我国的农民社会保险制度无从建立并顺利实施。由于我国农民社会保险都采取自愿参保的原则，农民参保缴费的积极性对农民社会保险制度能否实施具有决定性意义。而符合农民意愿的筹资机制无疑能够调动农民参保缴费的积极性，使农民社会保险事业能顺利发展。

符合农民意愿的筹资机制能够克服“自上而下”决策机制的不足，从而能够更好地满足农民的保险需求。国家有效供给农村公共产品的关键在于，清楚了解农民对社会保障项目的真实需求。因为农民是农村公共产品的直接使用者与受益者，只有了解其真实需求，才能使公共产品供给有的放矢，实现有效供给。农民社会保险作为公共产品的一种，其制度设计也应以满足农民需求为导向。长期以来，我国政府供给农村公共产品实行“自上而下”的决策体制，该体制是：“政府主要从经济和社会发展规划出发，提供公共产品的供给内容、供给数量和供给价格，并以此为依据进行供给”。〔2〕由此可见，在“自上而下”的供给决策体制下，政府根据经济和社会发展规划决定供给社会保险，具有一定的全局性与战略性。农民对社会保险的真实需求并不是政府提供公共产品的主要考量因素。为此，我国农民社会保险的制度设计应采取“自下而上”的决策机制。所谓“自下而上”的决策制度是指：“农村公共产品的受益者通过一定的方式和程序来决定公共产品提供的规模、结构、方式等，体现的是农村公共产品直接受益者的意愿。”因此，“自下而上”的决策制度是农民需求主导下的决策制度，能够使农民更好地表达对公共产品的真实需要与偏好。

我国新农保和新农合之所以能够顺利实施，其根本原因就在于贯彻了以农民需求为导向的制度构建原则，筹资机制符合农民的预期。由此可知，包

〔1〕邓薇等：《中国转型期农村社会保障问题研究》，湖南人民出版社2006年版，第35页。

〔2〕郭瑞萍：《我国农村公共产品供给制度研究》，中国社会科学出版社2008年版，第163页。

括农民社会保障法在内的涉农立法只有充分尊重农民的主体地位，才能有效实施并实现预期目标。

四、集体经济组织社会保障职责的承担必须使集体经济有效实现

调研结果显示，农民认为集体应该为其提供一定的社会保障，并对这种保障持有强烈的愿望。然而，如何把集体为农民成员提供其所需求的社会保障落到实处？集体要为其成员提供社会保障，前提是集体经济具有一定的公共财产积累。然而，我国目前的集体经济发展却无法满足农民的愿望。发挥集体经济组织对其成员的社会保障职能，关键是壮大集体经济，使集体经济有效实现，为集体社会保障职能的有效发挥奠定坚实的物质基础。欲达到上述目标，需采取以下措施：

第一，国家通过一系列的政策与法规，采取适当的金融、财政手段，支持集体统一经营制度，实现农业发展的集体化与集约化。前已述及，我国集体经济有效实现必须经历“两个飞跃”。党的十六大以来，党中央一再强调要探索集体经济有效实现的途径，这表明我国集体经济第二次飞跃的基本条件已经成熟。因此，现阶段国家应运用一系列的政策、财政、金融等支持手段，积极提倡引导农民集体统一经营，实现集体经济发展的第二次飞跃。

第二，改革现有的集体建设用地使用权制度以及集体土地征收制度。现有的集体建设用地使用权制度与集体土地征收制度是我国工业化初期的产物。工业化初期，上述两种制度之目的在于为农业支持工业提供法律保障。为达此目标，法律采取以下措施：其一，以对集体土地所有权流转权能的限制为基础，构建集体建设用地使用权制度。其二，集体土地征收法律制度采取低补偿标准、低补偿数额的制度设计。通过上述制度设计，确保国家最大限度地获得土地增值收益，以最大限度满足农业为工业提供资金积累的工业化发展需求。然而，随着我国社会已经进入到工业反哺农业、城市支持农村的发展新阶段，以为工业化提供资金积累的集体建设用地使用权制度以及集体土地征收制度已经不合时宜，其必须按照“工业反哺农业、城市支持农村”的要求进行重大变革。

第三，在以家庭联产承包责任制为基础的统分结合的双层经营体制下，可以考虑建立地租制度。地租是在土地所有权和土地使用权分离的情况下，土地使用权人为取得土地使用权而向土地所有权人支付的对价。就目前的社

会经济发展情况看，我国建立地租制度具有可行性。其一，建立地租制度具有坚实的理论基础。根据马克思的地租理论，只要有土地所有权就有地租，收益权能是所有权的重要内容之一。集体作为土地所有权主体，理应享有收益权能。因此，承包经营户根据其承包地的数量向集体缴纳一定数额的地租符合集体所有权的本质。其二，有相当多的农户支持收取地租。2005 年，教育部哲学社会科学重大课题攻关项目“农村土地问题立法研究”课题组对地租制度进行专门考察，调研结果显示，50%的受访者认为集体应该收取一定数额的地租，以其作为集体经济组织发展，为成员提供社会保障等公共物品的物质基础。因此，收取地租既有理论基础又有实践根据，在承包经营制下，集体收取一定的地租是必要的也是可行的。

第四章 农民社会保障法律制度的现实困境

第一节 农民社会保险制度的现实困境

一、新农保法律制度存在的问题

（一）新农保的法律渊源层次低

发达国家的社会保障发展经验表明，社会保障事业要健康发展，必须法制先行。完善的法律制度是社会保障持续健康发展的有力保证。我国农民社会养老保险的发展，也应当遵循法制先行的原则，建立完善的农民养老保险法律制度。为保证农民养老保险法律制度顺利实施，其渊源应效力层次高、有多种形式，但我国目前农民养老保险法律制度渊源存在一定的问题。具体言之，一是法律渊源单一。我国农民养老保险法律制度的渊源主要为国务院部委的部门规章，缺乏相应的法律与行政法规。二是法律规范的效力层次低，不利于农村养老保险法律制度的实施。在法制社会，农民养老保险制度必须以一定的法律规范表现出来，而法律规范的效力存在高和低的层次区别。宪法的法律效力最高，其次是法律，再次是行政法规，最后才是地方法规与部门规章。我国的新农保法律渊源主要是部门规章。它在法律体系中，效力最低。由于农民社会养老保险是一项花钱的事业，地方政府在实施该制度过程中本身就缺乏积极性。部门规章缺乏对地方政府的强制拘束力会导致地方政府在执行不力的问题上雪上加霜，不利于农民社会养老保险权的充分实现。

（二）农民养老保险权的取得机制不符合社会保险的本质要求

1. 新农保的农民自愿参保原则不符合社会保险的强制性特征

“社会保障是由国家通过立法强制实施，就社会保险而言，凡依照法律规定必须投保的劳动者和用人单位都必须参加保险，当事人没有任意选择的权利，也不能任意退出保险，保险的险种和保险费的缴纳也必须按法律规定执行，不能由当事人自由协商。”[1]由此可知，参保强制性是社会保险的首要特征。我国的农民养老保险属于社会保险范畴，但在资金筹集方面采取农民自愿参保原则。这虽然充分尊重农民意愿，却违背了社会保险的强制性要求。

2. 自愿参保原则会导致逆向选择

我国农民养老保险权的获得采取自愿原则之目的在于尊重农民的主体地位，防止地方政府以养老保险费征缴为由增加农民负担，这一出发点值得肯定。然而，自愿原则也造成以下问题：其一，增加了新农保的制度风险。由于短视行为，在新农保制度的实施中，青年农民参保热情不高，参保率非常低，老年农民乐于投保。对养老保险制度而言，老年人的参保风险明显高于青年人的参保风险。老年人乐于投保从整体上提高了农民养老保险的整体风险。其二，个人缴费易出现逆向选择。我国新农保制度设立了五个高低不同的缴费档次，农民选择的缴费档次越高，养老保险制度面临的风险就越小。反之，则风险越高。“从全国来看，由于2010年个人缴费总额为225亿元，参保人数10 277万，可得出人均缴费水平为218. 94元。”[2]由此可知，我国农民普遍选择较低的缴费档次无疑加大了新农保的制度风险。

3. 诱惑强制性存在一定的弊端

《指导意见》规定，新农保实施时符合领取基础养老金的农民可以领取国家补贴的基础养老金，但附有一个条件，就是其符合参保条件的子女必须参加新农保。这样规定的目的在于弥补新农合自愿参保原则的不足，吸引农民积极参保，提高参保率，以最大限度地实现新农保的互济性。然而，在实践中，相当比例的农民子女并不参加养老保险，农村老人为了领取基础养老金，不得不自己缴纳保险费。于是，新农保的强制性产生了两个不良后果：其一，出现了“老子养儿子”的现象。即父母替子女缴纳养老金，为他们养老。其二，恶化了相当部分家庭父母子女之间的关系。这是制度的设计者在立法时未预料的结果。

（三）新农保筹资制度存在的问题

1. 个人缴费机制缺乏针对性与弹性

第一，缴费标准缺乏针对性。我国东西部地区经济发展水平具有不平衡

---

〔1〕 林嘉：《社会保障法的理念、实践与创新》，中国人民大学出版社2002年版，第13页。

〔2〕 詹长春、石宏伟：“新型农村社会养老保险的制度设计优化研究”，载《安徽农业科学》2011年第36期。

性，为全国设计统一的缴费档次，缺乏地区针对性，无法满足不同地区的农民养老需求。按最低档次和最高档次的个人缴费标准100元/年和500元/年计算，养老保险缴费占农民的人均纯收入比例在东西部之间存在较大差距。“以2009年农民人均纯收入为标准，东部地区这一比重分别为1.4%和6.99%，而西部地区这一比重分别是2.62%和13.1%。”[1]我国城镇企业职工基本养老保险的个人缴费比例是人均纯收入的8%。在东部地区，国家设定的最低与最高缴费比例都低于前者。而在西部地区，农民选择最高缴费标准，则这一比例又大大高于前者。由此可知，在东部地区，这样的缴费比例无法满足农民的养老需求。在西部地区，农民的最高缴费标准明显又超出农民的缴费能力，农民只能选择较低的缴费比例。这也无法满足农民的养老需求。由此可知，国家不区分东西部地区的经济发展水平，统一设定缴费标准缺乏针对性，不能实现国家使人们老有所养的保障目标。

第二，五个缴费档次的设定标准因缺乏弹性而不科学。由于人们的收入水平具有弹性，一般会随着社会经济的发展而提高。为了使养老保险金额能够随经济社会进步而增加，以保证参保人的养老需求，农民养老保险金的缴纳数额也应该具有弹性。然而新农保制度规定农民的个人缴费是一个绝对数额，缺乏弹性。这无法满足经济发展后农民的养老需求。因此，新农保关于个人按照绝对数额缴费的规定既不科学也不符合社会保障城乡一体化的要求。

2. 新农保政府补贴机制不合理

第一，中西部地区地方财政筹资存在困难。从全国总体经济发展的平均水平分析，根据现行标准，地方财政负担并不重，完全有能力按照《指导意见》的规定补贴参保农民并对缴费困难的农民支付缴费补贴。但我国经济社会发展不平衡，西部地区的地方财政要根据指导意见对参保农民支付补贴并对困难农民支付缴费补贴，存在相当困难。“如何解决中西部贫困地区地方财政筹资难的问题将成为制约新农保制度推行的一大瓶颈。”[2]

第二，新农保制度未合理划分各级地方政府对参保农民财政补贴的分担比例，这导致西部地区的贫困县无法按时按量对参保农民支付财政补贴。由

---

[1] 金淑彬、陈静：“新型农村社会养老保险制度可持续发展探析”，载《商业研究》2012年第9期。

[2] 邓大松、薛惠元：“新型农村社会养老保险制度推行中的难点分析——兼析个人、集体和政府的筹资能力”，载《经济体制改革》2010年第1期。

于我国东西部农村社会经济发展不平衡。东部地区的县财政宽裕，完全有能力对参保农民给予财政补贴。而西部地区的县多数是贫困县，这些县都是“吃饭财政”，没有足够的财力对参保农民进行补助。据此，东部地区政府的补助应主要由县级财政负担，而西部地区的政府补助应由市或省级政府负担。我国新农保制度未明确划分各级政府财政补贴的分担比例以及新农保实行县级统筹，这导致实践中都是由县级政府负担较大比例的筹资义务。这样一来，由于西部地区的县级政府没有能力承担该责任，导致农民养老权益无法充分实现。

第三，补贴标准缺乏具体可操作的动态调整机制。《指导意见》规定，中央确定的基础养老金标准为每人每月 55 元，国家会根据经济发展和物价变动等情况，适时调整全国新农保基础养老金的最低标准。根据该调整方法，国家对于农民养老金的补贴支付总是一个绝对数字，缺乏弹性标准。这样的补贴确定标准无疑不能充分满足农民的基本养老需求。因此，新农保制度迫切需要建立一个与经济发展水平和物价变动相适应的养老金补贴动态调整机制。

第四，新农保的国家财政补贴标准太低并且补贴标准设计不科学。其一，国家财政的补贴标准太低，有失公正。这既不利于消除养老保险的城乡二元结构又不能满足农民的养老保险需求。我国政府对城镇居民、农民和低收入企业职工等这些不同人群参加养老保险都有一定的财政补助。但相对于其他群体，农民所获得之补助标准最低，所得的补助额最少，这有违正义原则。罗尔斯的第二个正义原则是对最小受惠者的偏爱，即社会分配应该向最少受惠者倾斜，从而实现最少受惠者的最大利益是正义的必然要求。在我国的城乡二元结构下，农民无疑是最大的最少受惠者群体。基于此，在我国的养老保险制度中，国家应该给农民最高的标准和最多的补助。然而，现实的制度构建却违背了这一正义原则，对农民显失公平。其二，补贴机制设计不科学，无法实现调动农民参保的积极性。目前，各地方对农民的参保补贴方式有两种，即定额补贴和浮动补贴。前者是指无论农民选择何种缴费档次，政府每年统一补贴缴费农户 30 元。后者是指政府根据农民选择的缴费档次予以补贴，选择的缴费档次越高，获得的补贴越多。按照定额补贴机制农民选择越高的缴费档次，则其所获得收益比例就越小，这无疑不利于鼓励有能力的农户选择较高档次的缴费比例，会削弱养老保险的互济性。浮动补贴虽能克服定额补贴的弊端，但会导致马太效应。农户选择较高的缴费档次，能获得较多政府补贴。富裕农民选择较高的缴费标准从而获得较多的政府补贴，而贫穷农民则因没有能力选择较高档次的缴费而获得较少的政府补贴。这样一来，会产生马太效应，违背了养老保险收入再分配的目的。

3. 新农保基金增值保值存在困难

新农保基金是农民未来的“养命钱”，有效运营基金使其保值增值，并确保安全管理，是决定农民是否信任新农保制度的关键因素。只有参保农民对新农保制度充分信任、充满信心，新农保制度才具有可持续性，进而成为确保农民共享发展成果的重要手段。基金运行一旦投资失误或管理不慎很有可能导致农民中途退保，新农保制度就会夭折。因此采取适当的基金运行方式，确保其增值的意义重大。然而，新农保的基金运营方式容易导致基金贬值。其一，基金增值保值的渠道狭窄。要使新农保基金增值保值，必须拓宽投资渠道。然而，我国现行的制度规定新农保基金只能用于购买国债或银行存款，实践中，基金运营部门往往将基金存入银行。由此可知，新农保基金的投资渠道狭窄。“这使得基金的保值增值很难实现，不具备规避利率风险和通货膨胀风险的能力。”〔1〕其二，银行储蓄会导致基金贬值。在基金保值增值的设计上，《指导意见》规定，个人账户储存额按1年期存款利率计息。由于个人账户积累的基金储存时间往往多达几十年，在此期间受到物价波动和通货膨胀的影响，会产生贬值的风险。“2006-2010年有3年基金实际收益率为负值，如果将波动的1年期银行存款利率取平均值，则5年来个人账户基金的实际累计收益率为-1.01%。”〔2〕由此可知，将养老保险基金储蓄在银行，不仅不能使基金保值增值，而且会使其贬值。这使得农民的养老保险权益实现存在巨大风险。

（四）新农保监督管理不符合社会保障科学管理的要求

1. 基金管理的不足

（1）基金管理统筹层次低。新农保规定有条件的地方可以直接实行省级统筹。但从新农保的试点情况来看，都是以县级为统筹单位。这就意味着新农保只能在县级统一筹集资金、统一调配和运营资金。县级统筹养老保险金

〔1〕 李伟：“推进新型农村社会养老保险制度建设的对策”，载《江苏农业科学》2012年第1期。

〔2〕 詹长春、石宏伟：“新型农村社会养老保险的制度设计优化研究”，载《安徽农业科学》2011年第36期。

具有以下缺陷：

第一，不利于农民养老保险权的实现。一般而言，较高层次的养老保险基金统筹比较低层次的统筹具有更多的优势。统筹层次越高，农民的养老越有保障。理由在于：其一，统筹层次与抗风险能力成正比。养老基金的统筹层次越高，分散风险的能力越大。其二，统筹层次与养老保险的互济性成正比。农民养老保险基金的统筹层次愈高，其互济性就越强，就能在更大的范围内实现收入分配效应，体现社会公平。其三，统筹层次与基金的保值增值成正比。养老基金的统筹层次高，就能够实现资金的集中管理和运营。基金的高层次集中投资能够尽可能使资金保值增值。就此而言，新农保基金的县级统筹使得保险基金的抗风险能力低、互济性差，不能有效使农民养老基金增值保值。

第二，县级统筹不利于缩小不同地域之间保障水平差距。我国县与县之间的发展水平不均衡，养老金的县级统筹必然导致同一地区不同县域之间的农民养老保险水平差距过大，这与养老保险要实现社会公正的目标背道而驰。

第三，县级统筹不利于促进社会养老保险的城乡一体化。我国未来社会保障发展的趋势是破除城乡二元结构的社会保障制度，实现社会保障的城乡一体化。社会保障的二元结构主要指农民与大城市居民之间的社会保障水平差距太大，要消除这种差距，只有实现高层次的养老基金统筹。养老基金的县级统筹无法消除养老保险的城乡一体化，这不符合社会保障一体化的发展趋势。

（2）基金管理不规范。第一，基金未能做到专款专用。其一，存在挪用新农保基金的情形。如据江苏省盐城市审计局报道，2010 年审计调查发现，该市某县以提取管理费、调剂金以及未纳入财政专户管理等方式挪用新农保基金 350 万元。其二，收取的基金存在挪用风险。这主要源于基金管理机构未将收取的基金及时上缴到财政专户，存在滞留现象。国家审计署 2010 年对新农保开展审计调查后发现，相当一部分基层经办机构收取参保农民的参保费后，没有及时上缴到财政专户，存在资金滞留在乡镇的现象。基金的滞留会导致这部分资金的安全性受到影响，会产生挤占、挪用等风险。第二，新农保养老金的发放存在死亡不报、冒领基金等道德风险。在一些地方的新农保实践中，存在领取养老金权利人死亡后，家属隐瞒该事实，冒领养老金的现象。以盐城市为例，自 2010 年 5 月至 2011 年 4 月，盐城市新农保经办机构先后核对出2669人死亡后，其家属并未申报，并继续领取养老金，其金额高达124万元。冒领养老保险基金的行为性质恶劣，不仅败坏了社会道德，而且还增加了基金的风险，必须采取相应的措施严格禁止。

（3）新农保基金面临透支风险。我国新农保制度的养老金待遇设计容易引起个人账户基金“透支”。根据《指导意见》，养老金待遇由个人账户养老金和基础养老金组成。基础养老金待遇标准为每人每月55元，个人账户养老金的月计发标准为个人账户全部储存额除以139。待遇领取的期限为自60周岁开始，直至被保险人死亡。“依此规定，每个领取养老金待遇的参保人，在领取11年零7个月后，其个人账户全部储存额为零。此后再领取的个人账户养老金即为基金的‘透支’。2010年，我国的人均寿命是73.5岁。这意味着基金‘透支’的时间为1年零11个月。随着人们实际生存寿命的延长，该风险将会愈加严重。”〔1〕

2. 新农保制度缺乏有效的监督机制

在新农保制度的实施中，各地方几乎都存在一些农民弄虚作假的现象，针对这些违法现象，缺少行之有效的监管机制或者是监管不作为。第一，由于监管部门的不作为，新农保实施中存在农民提前领取养老金损害国家利益与其他参保人权益的现象。根据《新型农村社会养老保险经办规程（试行）》（现已失效），新农保待遇实行社会化发放。所谓社会化发放，是指新农保经办机构委托金融机构代发放新农保待遇的行为，目的是为了杜绝养老金不能及时足额发放的现象。若养老金采取由农民养老保险经办人员和村协办员直接以现金形式代领代发，则会产生养老金不能如数及时支付给参保人的风险。但事实上许多新农保试点地区的养老金都由村协办员发放。这种可能损害农民养老保险权益的做法显示出新农保的管理存在不足，需进一步改进。

（五）农民养老保险权的实现效果差

农民养老保险权的实现，是指农村老人行使养老金支付请求权，养老保险经办机构支付养老保险待遇的行为。由此可知，经办机构的内部运作以及人员素质决定了农民养老保险权益能否实现以及实现程度。目前，我国农民

〔1〕詹长春、石宏伟：“新型农村社会养老保险的制度设计优化研究”，载《安徽农业科学》2011年第36期。

养老保险权的实现存在以下问题：

1. 农民养老保险权的实现不顺畅

农民要能够切实顺利享受养老保险待遇，新农保必须建立完善便利的新农保经办机构，并有一大批精通业务的高素质专业服务人员。然而，我国现行的新农保经办机构并不符合以上要求。具体言之：

第一，新农保经办服务机构数量不足，覆盖面狭窄，影响农民养老保险权益的实现。新农保的经办服务机构是农民从新农保制度受益的直接渠道，他们能否覆盖到所有农村地区，对农民养老保险权能否实现具有决定意义。然而，目前的县（市、区）、乡（镇）和村的农民养老保险经办机构还不够健全。据统计，在我国2209个县级市中，只有1267个建立了农民养老保险经办机构，占57.4%，全国还有42.6%的县尚未建立新农保经办机构。在29 378个乡镇中，只有4137个建立了农保经办机构，仅占14.1%，还有85.9%的乡镇没有建立新农保经办机构。由上述数据可知，新农保的经办力量严重不足，这严重弱化了新农保制度的实施力度，农民无法从新农保制度中获得应得权益。

第二，新农保经办机构工作人员数量不足，影响农民养老保险权的顺利实现。随着我国新农保制度的全覆盖，参保人数大幅度增长，这必然要求增加新农保经办人员的人数。然而，目前的新农保经办人员的数量明显不足。比如，以陕西省为例，2009年该省的新农保参保人数已经由2008年的160万增长到了300万，县级工作人员仅有4、5人，服务人次比达到了1∶12 000。由此可知，庞大的养老服务需求和经办人员数量不足使得农民养老保险权的实现遭遇阻碍。再加上高度不发达的信息系统，使得该问题雪上加霜，更进一步增加了农民养老保险权实现的难度。

第三，新农保经办人员的素质不高，影响农民养老保险权益的顺利实现。我国新农保事业的发展必须实现法制化、信息化以及社会化，这是法制国家、信息时代以及社会保障社会化的必然要求。只有这样，农民养老保险权才能够顺利实现。实现农民养老保险的“三化”要求经办人员须具有较高的文化水平、专业知识与技能。只有这样，他们才能充分胜任新农保的管理职务。然而，目前大部分新农保经办人员特别是领导干部中有不少工作人员还未达到大专以上文化程度，文化水平普遍偏低。他们之中受过社会保险专业培训的人员比例较低，拥有高级专业技术职称的人更加少。经办人员的素质不高，势必影响我国农民养老保险权益的顺利实现。

2. 农民养老保险权的实现不充分

农民养老保险权的充分实现，是指其获得养老保险金能够满足其养老需求，若养老保险金不能满足农民的养老需求，则表明养老保障水平低，农民养老保险权的实现不充分。根据我国新农保的待遇支付制度，我国农民的养老保险权无法充分实现。

第一，新农保待遇支付标准太低，无法满足参保农民的基本养老需求。根据《指导意见》的规定，农民养老金由个人账户养老金和基础养老金两部分组成。农民应领取的养老金=个人账户养老金计发标准+基础养老金计发标准。个人账户养老金计发标准=个人账户储蓄额/139，所需资金由个人账户支付。基础养老金月计发标准=中央财政补贴55元+县财政补贴5元，所需资金由统筹基金账户支付。按照以上计算公式，农民如果选择最低缴费档次，则其60岁以后每月能够领取69.52元养老金。如果选择最高档次的缴费标准，农民60岁以后每月能够领取130.91元养老金。在新农保的实践中，绝大部分参保农民都选择100元的最低缴费档次。这也就意味着他们每月实际上只能领取69元养老金。2011年，我国农民人均生活消费支出6772.38元，每月平均消费支出564.365元。[1]因此，每月69元的养老金远远低于农民的月消费支出。即使按照每月130元的最高领取标准，也远远低于农民每月的消费支出。这样低的养老金数额显然无法满足农民的基本养老需求。

第二，农民养老金替代率太低，既对农民不公平又违背了建立城乡一体化社会保障制度的发展目标。2011年全国农村居民人均纯收入6977元，[2]农民每年领取的养老金最低为828元，最高为1560元。根据以上数据可知，农民养老金的替代率最低为11.8%，最高为22.3%，这是不合理的。其一，不符合合理的养老保险金替代率。“西方国家养老金替代率一般为50%~80%，养老金替代率一般被认为70%是适宜的。”[3]由此可知，我国农民的养老金替代率远低于国外养老金替代率，也低于合理的养老金替代率。其二，不利于实现养老保险的城乡一体化。我国城镇职工养老金的替代率为60%左右，

〔1〕 http://www.587766.com/news5/27388.html，2012年11月14日访问。

〔2〕 http://www.cnstock.com/index/gdxw/201201/1805379.htm，2012年11月14日访问。

〔3〕 林嘉：《社会保障法的理念、实践与创新》，中国人民大学出版社2002年版，第176页。

我国农民养老金的替代率远低于城市居民养老金的替代率。城乡人口养老金替代率的巨大差异，无疑不符合社会保障城乡一体化的要求，不利于缩小城乡差距、促进社会和谐。

3. 养老保险权的实现不及时

我国《指导意见》明确规定，符合领取条件的参保农民可以按月领取养老金，然而有部分试点县却没能做到按月发放。以吉林省为例，国家审计署2010年对该省新农保开展的审计调查表明，由于基金挪用、挤占等诸多原因，吉林省9个试点县共计有140余万元的养老金发放不及时。如果农民养老保险权不能及时实现的现象广泛、长期存在，将削弱农民对新农保制度的信任，使新农保事业无法持续健康发展。

4. 养老保险权的变动制度不完善

因城乡社会经济二元结构的缘故，我国社会保障立法属于身份立法，针对不同身份的人群制定不同的养老保险制度。农民养老保险制度对人的效力仅及于农民。但是，农民身份会发生变化，身份的变化必然导致农民养老保险权的变动。为有效保护农民养老保险权，我国新农保制度应对农民养老保险与其他制度的衔接予以规定，但新农保对此并未作出相应的规定。具体言之，其一，就新农保与城市居民养老保险、职工养老保险如何衔接，没有作出明确的规定。其二，没有就一些特殊的农民群体的养老保险与新农保如何衔接整合作出明确规定。比如，就计划生育家庭养老保险、村主职干部养老保险、被征地农民养老保险等政策制度与新农保如何衔接整合，《指导意见》未作明确规定。其三，农民养老保险与农民工养老保险的衔接也处于空白立法状态。

二、新农合法律制度存在的问题

（一）农民医疗保险权的取得不完全符合社会保险的本质要求

农民要获得医疗保险权，必须参加新型农村合作医疗，这是其获得医疗保险权的前提。新农合制度规定农民可自由决定是否参加新农合以获得医疗保险权。新农合制度特别强调：开展新型农村合作医疗，一定要坚持农民自愿参加的原则，严禁硬性规定农民参加合作医疗的指标，向乡村干部搞任务包干摊派，强迫乡（镇）卫生院和乡村医生代缴以及强迫农民贷款缴纳经费等简单粗暴、强迫命令的错误做法。参保自愿原则有两个优点：其一，充分尊重了农民的主体地位以及意愿，让农民切实享受自由民主的权利。其二，避免因为强制参保导致农民对新农保制度的误解从而引发对政府的反感，破坏新型合作医疗制度的可持续性。然而，医疗保险权获得的自愿性不符合社会保险的强制性特征，容易引发逆向选择，不利于新农合的持续良性发展，影响新农合的实施效果。具体言之：

1. 不完全符合社会保险的强制性特征

社会保险不同于商业保险的本质特征在于它的强制性，即只要某种社会保险制度一经实施，所有符合条件的人群都必须参加保险。这样做的目的在于避免逆向选择。医疗保险的目的在于分散疾病风险所造成的损失。疾病风险的大小决定了医疗保险制度的风险大小，而逆向选择是威胁医疗保险制度的主要风险之一。所谓逆向选择，是指疾病风险高的人群因为需要更多医疗服务会积极参加医疗保险来分散风险，而疾病风险低的人群则不会参加医疗保险。在人趋利避害本性的驱使下，医疗保险存在逆向选择是一种普遍现象。新农合的自愿参保原则就会导致疾病风险低的农民不愿意参保而疾病风险高的农民积极参保，从而导致高疾病风险者参保比例过高。在补偿水平固定的情形下，疾病风险高者参保的比例越高，新农合面临的补偿支出压力就越大，其面临的制度风险也越高。当逆向选择达到一定程度时，就会导致补偿支出超过筹资额度，使新农合有崩盘的危险甚至崩盘。

2. 自愿参保原则会导致相对不公平

农村医疗保险的实质在于以强制性为手段，通过收入再分配实现实质公平，即以未患病者的费用补偿患病者，以低风险的参保者保护高风险的参保者。从本质上分析，它是一种强者支持弱者的社会制度。然而，新农合的自愿原则无法实现该制度的应然目标。其一，新农合的自愿参与原则会将低收入农民群体排除在保障范围之外。虽然国家对参加新农合的农民给予一定的财政补贴，但农民要获得医疗保险的保障，自己还需缴纳一定费用。自愿参保原则导致无力缴费的经济困难群体因不能参保而无法享受新农合的保障。然而，越是贫困的农民，越是需要新农合的保障，而这些最需要医疗保障的人群却因为自愿原则而无法得到保障。由于富裕农民群体有能力缴费，为获得国家的参保补贴，他们会积极参保。这样一来，自愿原则使合作医疗成为富裕农民群体的互助体制。这与社会保险保障弱势农民群体身体健康的目标背道而驰。其二，新农合的自愿原则导致政府补贴的性质变异。我国新农合制度规定政府对参保人予以一定的财政补贴。在强制性参保模式下，政府补贴具有普惠性。由于贫困群体的患病概率高，因此，政府补贴的性质是对贫困参保群体的医疗费用补助。由于新农合的自愿原则会产生保富不保贫的结果。这样一来，富裕农民群体能够享受政府对新农合参保人的财政补贴，而贫困农民群体则无法享受政府的财政补贴。由此可知，自愿原则导致政府财政补贴的性质发生变异，导致政府对新农合参保人员的财政补贴产生了穷人补贴富人的结果，是一种典型的逆向转移支付。这种结果无疑与社会保障的防贫、济贫目标相背离。

（二）新农合集资筹集机制有待完善

1. 筹资成本高

由于新农合采取自愿参保原则，为最大限度地确保新农合的参保率，新农合采取以下筹资措施导致新农合的筹资成本过高：其一，宣传成本高。为使农民充分了解新农合，让更多的农民参加新农合，各级地方政府在新农合的实施中采取多种形式广泛宣传。宣传支出是新农合筹资成本的重要组成部分。其二，筹资的劳务费用高。各地为完成新农合的筹资任务，纷纷采取筹资责任制，将筹资任务层层分解和落实。我国新农合筹资方式是比较原始的人工筹资。因此，各地政府普遍采用分片、包村、包组的形式将参合任务分解到村到组，这需要大量的工作人员才能完成。因此，人工筹资的劳务费用是新农合筹资成本的又一重要组成部分。有学者统计，新农合的筹资成本与管理成本占筹资总额的比例高达 27%。如此高的筹资管理成本直接影响到新农合制度的可持续发展。

2. 筹资机制需加强稳定

第一，集体补助成为一句口号。新农合采取个人缴费、集体补助与政府补贴三方出资的筹资制度。由于我国集体经济的普遍式微，除极少部分集体有能力为其成员提供缴费补助外，绝大部分集体没有经济实力为其成员提供参合补助。就有能力提供补助的集体而言，新农合并未明确规定集体补助的标准、方式以及程序，这使得集体补助随意性太大，甚至会以种种借口不提供补助。就没有公共积累的集体而言，新农合禁止向农民摊派集资，这直接导致这些集体其实根本无法向参合农民提供补助。由此可知，我国新农合规定的集体补助在很大程度上流于形式。

第二，对地方政府的补贴数额缺乏硬性约束，影响筹资的稳定性。我国新农合制度仅规定中央政府对参合农民每人每年的补助数额，对于地方政府的补助数额并未作明确规定，仅原则性地规定不少于多少元。这为地方政府的补助数额留有弹性，在 GDP 发展模式的驱使下，地方政府就可能因为财力不足而不合理减少地方政府对于新农合的补助数额。

第三，新农合制度未将不同区域地方政府的补助数额予以明确区分，影响筹资的稳定性。我国地区经济发展不平衡，中央不应对不同地域的地方政府的补助标准强行统一。就此而言，新农合制度应对不同地区政府的最低出资义务予以不同规定，而不能统一规定为不少于多少元。这会导致经济落后的地方政府没有财力补助，影响筹资稳定性，而经济发达的地方政府补助太低而不能满足农民的医疗保险需求。由于新农合采取自愿参保原则，政府与集体的补助数额决定该制度对农民的吸引力。集体无力补助以及地方政府的补助数额不明确以及最低限额的统一化无疑会削弱该制度对农民的吸引力，影响新农合筹资的可持续性。

第四，新农合筹资缺乏公平性。其一，国家财政投入不足，违背“最少受惠者利益最大化”的正义原则。我国农民为中国的工业化与城市化作出了巨大的牺牲与贡献，在进入工业化中后期后，国家必须充分补偿农民的利益损失。相较于市民，农民无疑是弱势群体。以上两个因素决定了农民是我国社会阶层中的“最少受惠者”。据此，在新农合制度建立与实施中，国家应对其进行特殊照顾与倾斜性保护方符合正义原则的要求。然而，我国新农合所确立的政府补贴并不符合“最少受惠者利益最大化”这一正义原则的要求。因为，新农合筹资水平与城镇医疗保险的筹资水平相差甚远。以 2005 年为例，“该年度的新农合人均筹资额仅 42.1 元，而城镇职工医疗保险年人均筹资额已达到 1018.1 元。城镇职工人均筹资水平是新农合的 24.2 倍”。[1]其二，中央财政的地区补贴存在明显的累退性。新农合制度的政府补贴包括中央补贴与地方补贴。中央政府对地方的补贴数额的确定标准为人头数标准，即先确定每位参保农民的补贴数，然后根据各地区的参保人数乘以补贴标准即为中央政府对该地区参保农民的补贴总额。由此可知，某一地方的参保者越多，其获得的中央财政补贴越多。由于我国地区经济发展不均衡，东部、中部与西部地区的经济发展水平相差较大。由于东部地区经济发达，农民普

〔1〕 张仲芳：“新型农村合作医疗的筹资增长机制构建”，载《调研世界》2009 年第 9 期。

遍有能力参加新农合，这些参保农民能够获得国家补助。西部地区则因为经济落后，相当一部分农民缺乏参加新农合的经济实力，导致其既不能获得医疗保险服务又不能获得中央财政补贴。由于东部地区农民的医疗保障水平已经远超过西部地区与国家的平均水平，对中央财政补贴需求不迫切甚至不需中央财政补贴，而西部等不发达地区更需要中央的财政补贴以保证农民的医疗保障权益。现行的中央财政补贴制度却产生了相反的结果，具有明显的累退效应，不利于西部农民医疗保障权益的保护，因此缺乏公平性。

（三）农民医疗保险权的实现制度存在缺陷

农民医疗保险权的实现是指其在患病治疗后，通过报销从而获得相应的医疗费用补偿。农民医疗保险权完全实现的关键在于新农合补偿模式的合理与否。我国现行的补偿模式存在一定缺陷，导致农民的医疗保险权不能充分实现，不能很好地解决农民看病贵、看病难的问题，帮助农民脱贫的效果不太明显。

1. 大病统筹的补偿模式导致农民医疗保险权有待完整实现

我国目前新农合的补偿模式为大病补偿，即当农民所患疾病属于新农合制度所划定的大病时，其才能按照规定报销一定的医疗费用。大病补偿模式存在一定的缺陷，具体言之：

第一，大病补偿模式将新农合的受益群体限制在狭小的范围之内，这与农民社会保障广覆盖、保基本的价值追求相背离。该模式只能使极少数的新农合参保人享受医疗保障待遇。人吃五谷杂粮，必生百病。但就病种而言，人们患大病的概率远远小于患小病以及慢性病的机率。因此，在我国新农合实践中，患大病的农民只占生病农民的极小比例。这样一来，大病补偿模式导致只有少数大病或住院患者受益。比如，2004 年，湖北谷城县只有约 4%的参合农民享受住院补贴。按照这个比例，要达到我国一半农民能够享受新农合待遇，至少需要 10 年。由此可知，大病补偿模式不利于我国新农合保基本、广覆盖制度目标的实现。

第二，大病统筹导致贫困农民无法享受新农合待遇。农民的经济实力与其支付住院治疗费用的能力成正比，由于患大病的农民一般都需要住院治疗，而住院治疗的费用往往超出贫困农民的支付能力。因此，经济条件越差的农民越不愿意住院，即使勉强住院，也因为没有能力支付大额医疗费用而往往在疾病尚未痊愈之前出院，那么他们能够报销的医疗费用金额也更小。

由此可知，大病补偿模式使得贫困农民的受益面变窄，在某种程度上背离了新农合解决农民“因病致贫、因病返贫”问题的初衷。另外，大病补偿会产生新的不公平。由于贫困农民支付住院医疗费用的能力有限，而富裕农民有足够的经济实力支付住院治疗费用。这样一来，富裕农户享受新农合待遇的概率和数额高于贫困农民。这与社会保险“劫富济贫”的目标背道而驰。

第三，大病补偿模式无法普遍有效提高农民的健康水平。在大病补偿模式下，农民只有患可报销范围内的大病才能报销一定比例的住院医疗费用，这直接影响农民的就医行为。基于此，农民为获得保险费用，其在患小病时往往会消极就医，不治疗小病，等将小病拖成大病才去治疗。新农合的根本目标在于提高农民的健康水平，并帮助农民摆脱贫困。就有效提高农民的健康水平而言，预防疾病的效果好于治疗疾病，有效治疗小病的效果要好于治疗大病。由此可知，大病补偿模式既导致了合作医疗基金的浪费，又不利于农民采取预防措施将疾病扼杀在萌芽状态切实帮助农民提高健康水平。

第四，大病补偿模式无法有效缓解农民因小病致贫与慢性病致贫问题。自新农合制度实施以来，虽在一定程度上缓解了农民因病致贫、因病返贫现象，但这距离新农合完全消除因病返贫、因病致贫的制度目标还有相当距离。之所以这样，一个重要原因就在于有相当一部分农民的贫困并非大病重病，而是小病与慢性病。“在农村地区，农民生大病的比例很低，绝大部分是小病和慢性病，而就是这些小病或慢性病导致了大部分农民的贫困。”〔1〕由于慢性病与小病无法通过住院予以治疗，只能通过门诊治疗。长期的门诊治疗费用并不比大病少。但大病统筹只报销住院费用，农民所患慢性病与小病并不在新农合的保障范围内。所以，大病补偿模式无法帮助农民完全摆脱因病致贫、因病返贫的困境。

第五，大病补偿模式容易诱发“小病大医”的道德风险。由于农民的小病不在新农合的保险范围内，当农民患小病后，为获得医疗报销费用，其就会“小病大医”。有学者在经调查后发现甘肃省某试点县就出现了不少本可以

〔1〕 邹静琴等：“新型农村合作医疗制度的实践困境与机制构建”，载《中国行政管理》2009年第8期。

不住院的病人进行了住院治疗。大病补偿所产生的这种行为无疑既损害了他人与社会利益，增加了新农合制度的风险，又不利于社会道德水平的提高。

2. 大病统筹所列“大病”范围相对狭窄，不能完全满足农民的医疗需求

新农合的目的在于解决农民因病返贫、因病致贫问题，然而，导致农民因病致贫、因病返贫的不仅是大病所需要的大笔医疗费用支出，诸如跌伤、劳动生产受伤、交通事故等意外伤害事件也会产生大额的医疗费用支出。大病统筹将意外事故产生的大额医疗开支排除在报销范围以外，这有不合理之处。其一，农业生产的性质决定了农民劳动有许多都是重体力活，这导致农业生产中农民非常容易受伤。因为劳动损伤而产生的医疗费用数额不一定都是小额费用。在农民没有工伤保险的情形下，新农合将劳动损伤所产生的大额费用排除在报销范围之外，这无疑与新农合帮助农民摆脱因病致贫的目标不符。其二，大病统筹补偿方式缺乏对老人的关照。在农村，住院的主要人员是重病人和老年人。而相当一部分老年人住院是因为劳动损伤、跌伤等意外事故。这些事故的医疗费用不纳入报销范围，导致参加新农合的老年人既不能享受其应得的权利，又无法保证其身体健康。而相较于其他群体，老年农民无疑最需要将对其劳动伤害、意外伤害的医疗费用纳入医疗保障的范围。新农合不将老人农民的劳动损伤纳入报销范围既违背了中华民族尊老爱幼的传统美德又降低了新农合制度的吸引力，不利于其持续发展。

3. 新农合的保障水平相对较低，使农民医疗保险权不能充分实现

所谓农民医疗保险权的充分实现是指通过享受医疗保险待遇，基本可以解决参保农民因病致贫、因病返贫的问题。农民医疗保险权的实现程度与报销数额占医疗费用的比例相关。可报销的医疗费用越多，农民的医疗保险权的实现越充分，反之则越不充分。就我国的新农合制度而言，农民医疗保险权的实现尚未达到应然的充分状态。具体言之：

第一，起付线的设置导致一部分贫困农民的医疗保险权实现不充分。所谓起付线是指医疗费用报销的最低额度，只有超过起付线的医疗费用新农合才给予报销。以广东省为例，增城市市的镇级医院起付线为100元，增城市市级医院起付线为300元，广州市市级医院起付线为500元。上述起付线看似额度较低，但是却忽略了农民的负担能力是相对的。同样的医疗费用对经济情况不同的家庭负担不同。因此，起付线的设置使已经参保的贫困农民在起付线以下的医疗费用得不到报销，而这些医疗费用对贫困农民而言也是沉

重的负担。因此，起付线制度无疑将贫困农民群体需要报销的费用排除在新农合的保障范围之外，这既影响了他们医疗保险权的充分实现又与社会保障济贫的目的相背离。

第二，较低封顶线的设置降低了新农合的保障水平，使农民的医疗保险权不能充分实现。新农合设置报销封顶线的目的在于控制医疗费用。但是，封顶线的设置必须合适，过高的封顶线无疑不利于控制医疗费用，造成新农合基金不必要浪费，使新农合制度面临较大风险。而过低的封顶线虽有利于控制医疗费用，却无法满足农民的医疗需求，产生削足适履的后果。目前，我国新农合封顶线的弊端在于起点太低，不能保障农民的基本医疗需求。主要表现为两点：一是新农合对于农民住院报销的床位费与检查费设置上限限制，不利于农民健康水平的提升。二是对农民一年内医疗费用报销总额设置较低的上限限制。

第三，补偿比例与医院等级挂钩不合理，影响农民医疗保险权的充分实现。新农合制度规定，农民就医的医院级别与报销数额成反比例关系。农民选择的就医医院级别越高，报销比例就越低，获得的补偿数额就越少。之所以这样做的目的在于防止农民到高级别的医院就医，从而控制新农合基金支出。但是这样的做法违背了常理。一般而言，农民病情程度与就医医疗机构的级别成正比。农民病情严重，就必须到高级别的医院就医，虽花费的医疗费用相对较多，但有利于农民疾病的恢复与健康水平的提高。由此可知，就医医院的级别与报销数额成反比例的做法会导致农民的疾病不能及时得到有效治疗，更有甚者会导致农民放弃就医。这样的结果无疑与新农合制度保障农民身体健康的目的背道而驰。

总而言之，我国新农合制度对农民医疗费用的报销采取起付线和封顶线的限制，使其最终能得到的补偿不到整体医疗费用的一半，农民看病费用的自付率太高。这导致农民的医疗保险权只是有限实现，并没有充分实现，新农合并未有效解决农民“看病贵”“看病难”的问题。

（四）新农合监督管理制度无法有效防范风险

1. 新农合的监督管理制度未能有效防范道德风险

道德风险，是指从事经济活动的人在最大限度地增进自己利益时做出不利于他人的行为。根据道德风险的主体不同，新农合中的道德风险可分为医疗机构的道德风险以及参保人的道德风险。

定点医疗机构的道德风险主要指医院以获取不合理利润为目的的过度医疗行为。由于医疗的专业性，定点医疗机构可以通过过度供给行为获得不合理收益。由于新农合监督管理制度的不健全，在我国新农合的实施中医疗机构的道德风险行为主要有以下几种：

第一，过度用药。主要指不合理、不规范用药。主要表现如下：使用基本药物目录以外的药品、故意不对症用药、重复用药、使用无疗效或疗效不明确的药物、不科学配药以及不合理使用昂贵药物等。

第二，过度检查。主要是指不合理的仪器检查与化验。如让患者进行不必要的化验与检查、重复化验、重复检查，滥用大检查与大型仪器检查等。

第三，过度住院。主要指医疗机构违背住院规范与标准，让患者支出不合理的住院费用。包括：放宽住院标准让不必要住院的患者住院治疗；不坚持出院标准故意延长住院期限等行为。

第四，与参保人员合谋导致不合理的新农合基金支出。主要包括：医疗机构与参保人员通谋，满足参合人员的不合理要求导致其报销不必要的医疗费用；医患合谋，通过任意转诊、制造虚假病例、改写病例、虚挂住院等方式导致合疗基金的不必要支出；与患者串通记空账、假账等方式套取合作医疗基金等行为。

合作医疗机构道德风险具有很大的危害性：其一，导致新农合制度目的落空。医疗机构是新农合运行中的医疗给付主体，其行为的规范与否，直接决定着农民“看病贵”问题能否有效解决。只有解决了看病贵问题，才能提高我国农村居民的健康水平与身体素质。由此可知，医疗机构行为的规范程度决定新农合目的的实现程度，医疗机构失范行为的存在无疑增加了农民的医疗费用，不利于解决看病贵的问题。这显然不符合新农合的制度目标。其二，增加了新农合的制度风险。医疗机构的道德风险会导致新农合基金支出不断膨胀。在筹资规模一定的前提下，会导致新农合基金不堪重负，甚至入不敷出，制度面临可能解体的危险。

参保农民的道德风险，是指在新农合制度的实施中，农民为实现自身需求最大化所从事的不利于新农保基金安全的行为。根据发生时间可将其分为事前道德风险和事后道德风险。

事前道德风险，是指参保后农民因为投保行为导致疾病防范意识变差而增加医疗风险与医疗服务需求，这使得新农合基金的支出增加。一般而言，人们的生活方式、生活环境、遗传和治疗等因素决定个人的身体健康程度与水平。要保持较高的健康水平，防范疾病，人们必须养成良好的生活习惯、保持合理的饮食结构，并进行自我保健行为。这些措施对于预防某些疾病的发生，保持身心健康具有至关重要的作用。然而，参保行为可以降低农民的疾病防范意识，放弃已经养成的良好疾病预防措施。参保后，农民主观上可产生一些侥幸心理与依赖心理，这直接导致客观上其可能形成不好的生活饮食习惯，放弃自我保健行为，从而提高了新农合保障范围内的疾病发生概率，增加农民对医疗服务的需求和新农合基金的支出风险。

事后道德风险，是指参合农民一旦患病倾向于过多使用医疗资源。参合农民的事后道德风险主要包括：

第一，过度就医。主要指参保农民没病买药、小病大养与小病大治。如门诊治疗即可痊愈的疾病通过住院治疗；低等级医院有能力治愈的疾病在高等级医院治疗。过度就医会导致以下不良后果：其一，增加新农合基金的风险。农民参加新农合后，即使患常见病，相当比例的人倾向于在县级及以上高等级医院就医，造成这些医疗机构拥挤不堪。由于医院等级越高，治疗费用越大，过度就医给新农合基金带来不必要的风险。其二，造成医疗资源的闲置与浪费。由于农民倾向于在高等级医院就医，乡镇卫生院就医人员寥寥无几，导致医疗人员与设备闲置，造成医疗资源的巨大浪费。

第二，参合农民的骗保行为。主要包括：其一，参合农民没有患病，但是通过伪造票据向保险经办机构谎报病情，进行报销。其二，参合农民通过将门诊医疗费按照住院费报销，自费医药按医保用药报销等手段骗取额外利益。其三，冒名就医。如未参保人员用参保人员的合作医疗证就医，造成合作医疗基金的不当支出。

第三，重复投保。这是指农民工同时参加城镇职工医疗保险和新农合的行为。这种情形下，农民工一旦患病，就能既获得城镇医疗保险补偿又获得新农合补偿，从而可以得到两份乃至多份补偿，谋取不合理额外利益。

第四，高风险投保。主要包括：其一，已经患病的农民投保；其二，已经产生医疗费用的投保。这两种投保行为严重违反了保险制度的最大诚信原则，会增加新农合基金的支出风险。

医疗机构与参合农民的道德风险是危害新农合制度健康运行的毒瘤。它既损害了合作医疗制度的公平正义性又导致合作医疗基金支出不断膨胀，威胁基金安全。基金安全是社会保险得以良性运转的基础。道德风险的存在会导致新农合基金不堪重负乃至入不敷出，最终危及新农合制度的生命力。要消除新农合的道德风险，就必须完善新农合的监管制度。

2. 新农合基金管理与监督困境

第一，新农合的信息公开制度缺失。政府信息公开是现代行政的特点，又是信息社会的基本要求。在我国新农合的管理中规定信息公开制度具有以下意义：其一，能够确保新农合的制度公信力。制度具有公信力是其稳定运行，顺利实施的基础。新农合要获得公信力，在运行过程中就必须坚持信息的公开、透明，这样才能使农民群众充分信赖该制度。其二，新农合的信息公开能够确保参合农民的知情权、参与权与监督权。我国《宪法》第 2 条规定，中华人民共和国的一切权力属于人民。这条规定确立了人民主权原则，它肯定了人民是国家权力的所有者。而人民权力的正确行使是以政府信息公开和人民对国家事务、社会事务的知晓为前提的。根据宪法的规定，向国家请求信息公开，是人民所拥有的基本权利，这称为知情权。公开信息又是政府的义务和责任。据此，我国新农合的管理应明确规定信息公开制度，以确保参保农民的知情权、参与权与监督权。据此，我国新农合的管理应确立信息公开原则，并对其程序以及内容予以明确规定。然而，我国新农合的管理制度并未规定信息公开原则。这会产生如下不良后果：其一，不方便群众办事，降低新农合服务的可及性。因为信息不公开，参合群众就不会了解办事机构、办事人员以及办事程序。这无疑增加了参合人员的办事成本，不利于树立新农合制度的良好形象。其二，不利于群众对新农合管理机构的监督。绝对权力导致绝对腐败，任何权力都必须受到有效监督，新农合管理机构的权力也不例外。群众监督与社会监督是防止权力滥用，实现新农合管理依法行政、合理行政的重要途径。要使群众监督和社会监督发挥应有的作用，新农合的管理就必须坚持信息公开。否则，任何形式的社会监督与群众监督都会流于形式，这就为管理机构滥用权力提供了有利条件，危及新农合基金安全和制度安全。

第二，新农合监管机制有待健全。其一，监督方式单一。新农合的监督以事后监督为主，缺乏事前与事中监督。缺乏事前与事中监督会导致新农合管理人员出于自利目的而违法使用新农合基金，影响新农合制度的实施。其二，新农合的监督机制不完善，导致监督管理机构履行职责不尽如人意。主要表现如下：新农合监督管理机构不认真执行相关的法律法规；不认真核实报销材料，不按照报销程序给付保险金额；基金管理不规范。

第三，对定点医疗机构的监督不到位。由于新农合定点医疗机构是理性经济人，具有自己的独立私利。因此，在提供医疗服务的过程中，定点医疗机构必然追求利益最大化。这种利益诉求会导致医疗机构的医疗行为不规范，新农合制度并未有效解决农民看病贵的问题是医疗机构行为失范的必然结果。之所以出现这种结果，一个重要原因就是新农合尚未建立对医疗机构进行监督的有效制度，导致监管机关对定点医疗机构的医疗行为监督不到位。

第四，新农合的监督管理农民参与性不足。强化民主参与是现代公共管理发展的趋势，新农合的监管也应顺应这一趋势。但是，我国新农合制度的设计却没有顺应这一发展潮流。其一，新农合管理制度的设计未提供农民民主参与的动力机制。在新农合的监督管理中，为了社会利益参与监督管理的农民要自己承担监督管理成本，农民必然缺乏参加监督管理的动力。要有效发挥民主参与的功能，新农合制度就需设计相应的动力机制，补偿农民的参与损失，鼓励农民积极参与新农合的民主管理。遗憾的是，我国新农合制度并未提供让农民积极参加新农合监督管理的动力措施。其二，农民参与新农合的监督管理必须要有相应的制度安排。而我国的新农合制度并未提供农民参加监督管理的机制、渠道和具体方式。

3. 新农合基金统筹层次不高

我国新农合制度并未强制性规定基金统筹层次，但从实践中看，几乎所有地方都以县级为单位统筹新农合基金。级别较低的基金统筹层次存在以下弊端：

第一，增加监管难度。一般而言，监管对象与监管难度成正比。监管对象愈多，则监管成本越高，监管难度愈大。新农合采取县级统筹，要保证新农合基金的安全性，就必须对全国 2700 多个县的新农合管理机构与经办机构进行监督。这无疑增加了新农合基金的监管困难、监督成本，从而增加了新农合基金的风险。

第二，缩小基金调剂范围，降低了新农合的普惠性与公平性。县级统筹导致新农合基金只能在本县管辖的范围内使用、周转与调剂。这导致新农合基金只能在小范围内自我周转，县域之间的新农合基金调剂几乎不可能。由于各县之间的经济实力、财政状况、农民患病风险不同，导致其新农合基金使用情况存在较大差异，有的县基金过于富余，有的县却捉襟见肘。这样一来，基金不足的县的农民难以获得新农合的有效保障，而基金富足的县的农民却获得超额保障。这无疑降低了新农合基金的使用效率和普惠性，并违背了补偿公平原则。

第三，不利于农民医疗保险权的快速实现。根据新农合基金县级统筹的运作机制，农民要获得补偿或较高比例的补偿，原则上须在本县范围内的定点医院就医。若要跨县就医，必须经过相关管理机构的一系列审批程序并办理转诊手续，即使转诊成功，其获得的补偿比例也较低，并且只能在出院后获得补偿。由此可知，新农合基金的县级统筹降低了参保农民的就医效率，影响农民医疗保险权的快速实现，不利于农民疾病的治疗和健康水平的提高。要克服新农合基金县级统筹的不足，就须提高基金统筹层次。

第二节　农民社会救助制度的现实困境

自 2003 年以来，国家成为农民社会救助的主导力量，我国农民社会救助发展迅速，保障项目不断增加，制度体系基本建立，管理体制和运行机制逐步形成，组织服务机构逐渐健全，农村救助资金快速增长。可以说，党的十六大至今，是我国农民社会救助事业发展的黄金时期。虽然我国农民社会救助事业发展取得较大成就，逐步走上规范化、制度化的轨道，但农民社会救助法律制度仍存在一些不足。

一、我国农民社会救助制度的法制化程度有待提高

（一）体系化缺陷

法律制度是按照一定的逻辑性编排的体系。这种体系化的方法就是总分式的编撰体例。即将某项法律一般的、共性的制度规定在前，形成总则规范。将特殊的、个性的制度规定在后，形成分则规范。总分式的体系化方法具有以下优点：其一，使法律更具有逻辑性，从而实现科学化。其二，消除法律不必要的内容重复，使法律内容简约化。其三，有利于法律适用，确保裁判的统一。我国农民社会救助制度的体系化不足主要表现为缺乏农民社会救助制度的一般性规定，从而导致农民社会救助制度的内容存在大量重复，导致法律内容出现不必要的繁琐，违背了立法简约性要求。比如，关于各项农民

社会救助的申请程序，我国目前的各个规范性文件的规定存在相当程度的一致性，法律就可以将这些内容作为一般性的规定，作为农民社会救助法总则内容的一部分。再如，关于农民社会救助筹资主体的相关规定，规范不同救助项目的规范性文件的内容也都大体相同，这也可以作为社会救助总则的内容。现行关于农民社会救助规范性文件的内容重复之处非常多，这就需要将其以提取公因式的方式予以规定，实现农民社会救助法律的体系化。

（二）规范效力层次不高，导致制度贯彻不力

我国法律规范根据制定机关以及效力的不同，可以分为：法律、行政法规、地方性法规、自治条例单行条例、部门规章和地方政府规章。上述法律之间效力层级不同，其中，法律的效力高于行政法规，行政法规的效力高于地方性法规，地方性法规的效力高于规章，而规章之间的效力相同。效力较低的法律规范不能违反效力较高的法律规范，否则无效。就目前规范我国农民社会救助工作的诸多法律规范而言，除《农村五保供养工作条例》属于行政法规之外，其他诸如通知、办法、决定之类的均属于部门规章，效力层级低。国务院各部门之间的部门规章与地方政府的规章处于同一效力层级，而且还低于地方性法规的效力。因此，以部门规章面貌出现的农民社会救助制度必然缺乏相应的权威性，地方政府不可能完全地贯彻执行。旨在于建立农民社会救助制度的部门规章实施起来会难上加难，这无疑不利于农民社会救助工作的顺利开展，不利于贫困农民生活的改善和进一步发展。

（三）内容有待完善

目前，我国相当一部分农民社会救助项目缺乏专门的法律予以规范。除专门出台的规范农村五保、农村低保以及农村医疗救助的相关文件以外，其他诸如农村专项社会救助、农村灾害救助等均缺乏专门的法律规范。这导致以上社会救助的实施处于无法可依、无章可循的状态，从而使得这些救助工作的开展缺乏稳定性与持续性，具有较大的随意性。这必然影响农民社会救助的效果。

二、农民社会救助权的实现不够充分

自进入工业化中后期以来，国家对农民社会救助投入的资金数量快速增长，农民社会救助水平明显提高，但与我国整体的社会经济发展水平相比，农民社会救助的保障水平依然偏低。表现如下：

（一）农民社会救助权的客体有待完整

这主要指农民社会救助过于重视满足农民基本生活的项目，而对满足农民较高层次需要的救助项目重视程度不足。农民社会救助项目包括五保供养、农村低保、灾害救助、医疗救助、住房救助以及教育、司法、科技救助等诸多项目。上述项目根据其效果可以分为满足基本需要的救助以及满足较高需要的救助。五保供养、农村低保、灾害救助、住房救助等无疑属于前者，而教育救助、司法救助以及科技救助等无疑属于后者。人的需要具有层次性，而生存需要无疑是人的最基本需要。农民社会救助当以满足救助主体的最基本需要为基本目标，这毫无疑问，但是农民社会救助不应当将其作为唯一目标。农民社会救助不仅应该满足救助对象的基本生存需要，还需满足救助对象的较高层次需要，以帮助救助对象的进一步发展。然而，我国目前农民社会救助制度只偏重于维持救助对象的基本生存需要。比如，甘肃省建设“以农村五保供养、农村特困户救助、农村医疗救助制度为基础，临时社会救济为补充，专项救助相配套，各项优惠政策相衔接的社会救助体系”。[1]农民社会救助制度的体系构建完全将发展型社会救助排除在农民社会救助之外，很不合理。

（二）权利主体的范围相对狭窄

第一，农民社会救助并不能覆盖所有需要救助的贫困人口。“据有关专家预测，我国每年因各种因素导致贫困而需要得到社会救助的对象近 3 亿人，而实际能得到社会救助的人员不足应救助对象的 1/3。究其原因，一是在实际工作中，不合理的‘三无’（无劳动能力、无工作单位、无法定赡养人）限制条件使许多有实际困难的城乡居民成为（政府、单位、家庭）‘三不管’对象。”[2]

第二，农村五保供养并未实现“应保尽保”。农村五保供养是我国独具特色的一项社会救助制度，其目标在于确保农村最困难人口的基本生存，受国家重视程度高、开展早、制度定位高。然而，即使是这样一个最受重视的救助制度，也并未覆盖全部应受救助的人口。比如，“2005 年底，全国已纳入供

---

〔1〕 王军锋、王旭东：“新农村建设与农村社会救助困境及消解对策——甘肃省的实证分析”，载《农村经济》2006 年第 5 期。

〔2〕 崔秀荣：“构建贫困地区农村社会救助制度的理性思考”，载《农村经济》2007 年第 12 期。

养农村五保对象的仅为 328.5 万人，而据民政部的统计，全国符合五保供养条件的有 570 万人，供养率 57.63%，意味着超过 40%的、240 多万应保五保对象没能得到供养，五保供养未实现真正意义上的‘应保尽保’。”[1]

第三，诸如医疗、住房、教育、法律、司法等专项救助制度覆盖对象范围过于狭窄。目前，我国农村专项救助制度的保障对象主要是农村低保家庭和五保对象。

然而，除五保对象和低保家庭外，还有相当一部分农村低保边缘户、遭遇意外事故的困难群众也需要各种专项救助帮助其摆脱生活困境，但他们却游离于各种救助之外。

（三）农民社会救助的标准不合理

社会救助标准，是根据居民基本生活费用或居民消费价格指数，并考虑经济与社会发展等各类综合因素，确认什么样的家庭（人）该被救助和该得到多少救助。科学的农民社会救助标准既不能太高又不能太低，太高会导致福利病，太低则达不到保障基本生活之目的。我国目前的救助标准存在如下问题：其一，救助标准偏低。农民社会救助的目的在于确保贫困农民的基本生活。然而，现行的救助标准无法确保受助农民维持其基本生活。其二，救助标准的调整机制不合理。因为社会经济生活在发展，农民社会救助标准不应一成不变，而应是一个动态的变量。但是，我国目前所确立的农民社会救助标准缺乏科学的自然增长机制。这不但有碍于该制度的可持续发展及政策的稳定性和连续性，而且无法实现农民社会救助维持受助者基本生活的制度目的。

三、农民社会救助筹资制度有待改善

（一）筹资渠道相对单一

我国的诸种规范性文件都明确规定农民社会救助的筹资渠道为政府投入、集体出资与社会捐赠，其中以政府投入为主，其他两种筹资渠道为辅。政府作为农民社会救助的主要投入主体无可厚非。但是，国家在农民社会救助筹资中的主导地位并不妨碍集体出资与社会捐赠两种筹资渠道的利用。目前，我国农民社会救助过于注重政府的筹资功能而忽视了集体出资以及社会捐赠

[1] 蒯小明：“我国农村社会救助的供给不足与国家责任”，载《经济与管理研究》2007 年第 7 期。

的筹资功能，实属不可取。另外，由于我国农民社会救助的多头管理格局导致有限的救助资金分散在各主管部门，不能集中使用。这无疑降低了农民社会救助资金的利用率。

（二）资金投入不足

近年来，虽然国家对农民社会救助的投入不断增加，但总体投入水平仍然偏低，与我国社会经济发展不相适应，无法保障农村贫困人口的基本生活需要。其一，农民社会救助投入占国家财政的支出比例与农村贫困人口的比例失衡。以2003年为例，该年我国农村贫困人口共计3872.2万人，占总人口比例的3%，而相应的民政事业费用支出为国家财政支出的2.03%。再以2004年为例，该年我国的农村贫困人口数量为4069万人，占全国总人口的3.2%，而民政事业费支出在国家财政支出中仅占2.04%。由以上数据可知，国家对农民社会救助投入的资金过少，无法满足数额庞大的农村贫困人口的救助需求。其二，农民社会救助资金支出在我国的民政事业经费中所占的比例呈下降趋势。1999年，农民社会救助支出占民政事业费用的36%，到了2006年，这一数字下降至20%左右，其中2002年仅为17%。一方面是我国农民社会救助支出比例逐年下降，另一方面是因通货膨胀以及经济社会的发展，农村贫困人口维持其基本所需费用必然上升。这样一来，有限的社会救助资金根本无法满足贫困人口的基本生存需要。

四、监督管理制度有待健全

（一）“多头管理”体制存在弊端

我国目前农民社会救助实行“多头管理”与“九龙治水”的监管体制。教育、医疗、住房以及就业等专项救助分别由教育部、卫生健康委员会、建设委员会、人力资源和社会保障部等部门负责主管，而农村低保、五保供养、灾害救助与贫困救助等由民政部门主管。部门分割以及部门间的利益矛盾，必然使他们难以独自掌握救助资源，自行安排救助目标并制定救助政策，这导致统一的农民社会救助体系被人为地分割成多头管理，政出多门。“九龙治水”的农民社会救助管理体制存在以下弊端：其一，各部门缺乏救助对象的信息沟通，产生重复救助、遗漏救助现象。其二，不利于救助信息与救助制度的宣传，致使救助对象不能及时获得救助。总而言之，多头管理会导致农民社会救助运行效率低、运行成本高等问题，无法充分满足救助对象的各种救助需要，不利于实现“应保尽保”的救助目标。

（二）救助资金管理制度有待完善

救助资金的及时足额发放是实现农民社会救助目标的关键环节。但是，目前的救助资金管理存在发放中间环节多、透明度低以及缺乏必要的资金发放监督机制等弊端，使得农民社会救助资金的发放带有一定的随意性。这导致救助资金存在“管理不力、监督无效”等严重问题。救助基金管理制度不完善，使得农民社会救助资金的分配不公并造成严重浪费，既违背了“把钱花在刀刃上”的救助基金使用原则又严重损害了应救助对象的基本生存权益。

（三）监督机制存在缺陷

农民社会救助具有较强的行政性，主管部门拥有救助资金的支配权。主管部门与救助对象之间严重的信息不对称容易导致救助资金滥用并降低资金使用效率。另外，民政部门的内部控制是实施农民社会救助监督工作的主要形式，其监督体制为自上而下的逐层监督，这容易引发违法行为的产生。为克服这一不足，我国诸多救助规范都规定了救助管理的公开公示，以尝试引入第三方监督主体，并赋予其异议权。但现行法律对于公开公示的规定存在不足：其一，未明确规定异议权的行使方式以及行使程序，导致异议权的规定成为一纸空文。其二，并未规定异议权的救济方式。有权利必有救济，特别是司法救济。监督主体提出异议后，如果执行机关拒不纠错时，就必须有司法权的介入，但现行法律规范并未赋予异议权的救济权。这导致异议权作为一种外部监督方式的作用大为削弱。其三，并未明确规定主管机关的行政责任。这无疑不利于主管机关认真贯彻实施相关救助法律规范。

总而言之，虽然我国目前的农民社会救助制度在保障农民基本生存权益方面发挥了积极作用，但是它也存在诸多的缺陷与不足。这影响了农民社会救助制度目标的实现，为解决该问题，我国必须进一步完善农民社会救助法律制度。

第三节　农民社会福利法律制度的现实困境

一、农民社会福利主体制度存在缺陷

（一）权利主体范围相对狭窄

在社会发展的过程中，有两种社会福利模式：“补缺型”社会福利和“普

惠型”社会福利。“补缺型”社会福利主张国家应该将有限的福利资源用于最需要的人即特定群体的公民。“普惠型”社会福利主张所有的公民或主要社会群体中的所有人都应该享有社会福利。毫无疑问，“普惠型”社会福利的财政支出远远大于“补缺型”社会福利支出，这必然要求国家经济发展到一定程度后才能实施。在农业支持工业发展的工业化初级阶段，国家需从农业中提取资源支持工业化，尚无充足财力支持农民社会福利事业的发展。这导致中华人民共和国成立后我国农村的社会福利制度是一种“补缺型”社会福利，即国家只对农村特殊群体（主要是脆弱群体）提供社会福利，而普通的农民群众被排除在农民社会福利制度的保障范围之外。我国农民社会福利制度的受惠对象集中于农村老人、农村儿童（特别是孤残儿童）、农村妇女以及农村残疾人。而对于农村普通群众的公共社会福利，国家财政基本无力顾及。目前，我国已经进入工业化中后期，这需要工业反哺农业，城市支持农村，而国家支持农村福利事业的发展是实现该目标的重要手段。为此，我国农民社会福利制度就应从“补缺型”社会福利向“普惠型”社会福利过渡，农民社会福利权的主体不应仅限于特殊农民群体，而应扩张至所有农村居民。

（二）义务主体的职责范围界定不合理

第一，忽略了政府和其他主体之间的职责划分，过于强调政府的责任主体地位。政府应该承担农民社会福利建设的主要责任，这毫无疑问。当前我国农民社会福利制度过于强调政府的绝对责任主体地位，而忽视了企业的社会责任以及其他主体的农民社会福利供给责任，从而造成以下消极后果：其一，会导致政府陷于过度福利国家的危险境地。其二，将企业以及其他主体的营利性放至最大，既不利于互助互爱的社会福利社会化建设风气的形成，又导致农村福利建设财力不足，无法提供满足农民需求的社会福利。

第二，各级政府的职责划分不合理。农民社会福利提供者的义务主体为政府，包括中央政府和各级地方政府。根据财权与事权相匹配理论，中央政府负责提供全国性的农民社会福利，地方政府负责提供地方性公共福利，跨区域的农民社会福利应由中央政府和地方政府共同提供或几个地方政府联合提供。然而，我国中央政府和地方政府在农民社会福利的供给义务的责任划分上存在不合理之处，诸如农村义务教育福利、农村医疗卫生福利等本应由上级政府提供，实践中却由下级政府提供。这导致下级政府特别是乡镇政府的事权与财权失衡，事权大于财权。由此一来造成以下不良后果：其一，下级政府财力不足，使得农民社会福利供给明显不足，无法满足农民的发展需求。其二，政府实质上未能完全承担起应负的农民社会福利供给责任。下级政府虽没有足够的体制内财力，为了完成上级政府命令，还须提供农民社会福利。于是，下级政府特别是乡镇政府只有依靠收费、民间供给、自筹与集资等渠道提供农民社会福利。这样做的实质就是农民成为自身社会福利的供给者。

二、农民社会福利筹资制度的筹资水平低

（一）农民社会福利筹资渠道狭窄

农民社会福利事业能否顺利进行以及保障水平高低的关键在于资金筹措多寡以及筹资力度。从某种程度而言，筹资制度决定了农民社会福利事业的生死存亡。我国农民社会福利筹资制度的首要问题在于筹资渠道狭窄。农民社会福利的筹资主体主要是政府，这毫无疑义，但政府并非单一的农民社会福利筹资主体。目前我国农民社会福利的筹资制度将政府的筹资义务绝对化，而将其他社会投资主体排除在筹资渠道之外。这既不符合社会福利社会化的发展趋势，也导致农民社会福利事业发展经费不足，使社会福利供给不能满足农民的发展需求。

（二）农民社会福利筹资制度呈现出严重的城乡二元结构

第一，农民社会福利的资金主要依靠制度外供给。我国现行的农民社会福利筹资制度在一定程度上沿袭了人民公社时期的体制。即城市的社会福利资金主要来源于国家，并由相应的法律制度予以保证，而农村的社会福利资金并没有相应法律保证，实行制度外供给，实质是由农民自己为自己提供社会福利。

第二，国家为农村提供的社会福利资金远低于城市。

第三，没有形成长效的农民社会福利投资增长机制。长期以来，受城乡二元结构的影响，我国未能将政府对农民社会福利支出的筹资制度化。于是，政府一般不将农民社会福利支出纳入国民经济建设的总体规划之内，也没有将其列入国家财政支出预算的范围。这样一来，国家的社会福利资金具有明显的城市流动倾向，并且导致农民社会福利资金的来源以及使用都缺乏透明性，资金使用随意性大。这造成了农民社会福利事业发展的停滞不前。

（三）投资机构有待统一，投资方式单一，影响资金使用效率

第一，我国目前的农民社会福利实行多头管理。涉及农民社会福利管理

的，诸如民政、卫生、教育、住房以及司法等行政部门都有一定的社会福利资金支配权，这造成了农民社会福利资金数量在部门之间的不平衡。有的部门资金充足，可以为农民提供较多的社会福利，但这并不一定是农民所需的。有的部门资金不足，无法为农民提供较多的社会福利，但这些福利可能是农民所急需的。由此一来，造成了农民社会福利供给过渡与供给不足并存的尴尬局面。

第二，我国传统的农民社会福利采用国家直接注资的投放方式，忽视农民的意愿以及对社会福利项目的选择权，这导致相当一部分农民的社会福利项目没能产生预期效益，无法实现投资的预定目的。

三、农民社会福利权利实现制度的不足

（一）农民社会福利权利赋予制度有待完善

社会保障权包括社会保险权、社会救助权与社会福利权，它具有三重属性：道德意义上的社会保障权、基本权利意义上的社会保障权与普通法意义上的社会保障权。据此，社会福利权也有三重属性：道德意义上的社会福利权、基本权利意义上的社会福利权以及普通法意义上的社会福利权。无论是宪法规定的社会福利权还是作为道德权利的社会福利权都是抽象意义的权利，公民据此不能实际享有和行使社会福利权。公民要实际享有社会福利权，必须由国家根据宪法按照社会福利项目进行普通法的立法。农民享有社会福利权的多少，在于普通法规定的社会福利项目的多少。就现状而言，我国农民社会福利权利赋予制度存在以下不足：

第一，城乡社会福利权赋予差距过大，农民享有的社会福利权项目太少，福利项目体系残缺不全。其一，制度设计理念不合理。我国城市社会福利制度的设计理念为发展型福利，而农民社会福利制度的设计理念为生存型福利。这决定了国家既为城市提供高水平的发展型福利也提供低水平的生存型福利，而国家只为农村提供低水平的生存型福利。这导致关于我国农民社会福利制度的建设都是保障农民生存福利项目的立法。其二，城乡社会福利项目严重失衡。国家为城市人口提供的社会福利项目既包括特殊人群的福利也包括公共福利，由于国家的巨额投资这些福利项目设施齐全、服务人员专业，因而保障水平高。国家为农村提供的社会福利项目的重点在于特殊人群，而农村公共福利项目相对缺失。

第二，农民社会福利项目的设置失衡。其一，公共福利项目少而特殊福利项目多。农民社会福利包括公共福利与特殊人群福利，由于国家只重视农村特殊福利的提供而忽视了公共福利，导致学界误解，将农村福利仅仅限定于特殊福利，这无疑不利于我国农民社会福利事业的开展。其二，公共福利项目失衡，基础设施福利多而公共服利项目少。公共福利包括医疗卫生教育等公共服务福利和公共设施福利。农民社会福利的提供目的在于帮助农民发展生产，提高生活质量。因此，农民社会福利的供给应该以农民需求为导向。

（二）权利实现的决策机制有待完善

应为农民提供哪些社会福利项目，属于农民社会福利供给决策的范畴。政府进行农村公共福利供给决策的模式有两种：自上而下的决策模式和自下而上的决策模式。前者是指提供哪些社会福利项目以及数量乃至供给价格，都由政府根据社会和经济发展的规划作出决定，并以此为据提供农民社会福利。后者是指提供哪些农民社会福利项目以及数量乃至收费标准，由政府根据农民的需求予以决策，并据此供给农民社会福利。自下而上的农村福利供给决策模式的目标在于满足农民的社会消费需要，以实现社会整体福利的最大化，国外一般采取该种农村社会福利供给决策模式。自上而下的决策模式认为农民的社会福利需求是自私和短视的，甚至会与社会经济发展相违背，因此，农民需求不能作为农村福利供给的决策根据。为此，农村社会福利供给的决策依据只能由政府根据宏观规划并考虑长远利益，制定出符合社会经济发展目标的农村福利决策方案。我国目前农村福利供给采用自上而下的决策机制。农民社会福利的使用者是农民，因此，农村福利的供给决策必须尊重农民意愿，只有这样才能提高农民社会福利的供给效益。自上而下的供给决策机制不尊重农民的主体地位，忽视了农民群众对社会福利的实际需求，使得农民社会福利的提供产生了供给不足与供给过剩并存的问题。一方面是农民迫切需要的社会福利供给不足，另一方面是农民不需要的社会福利供给过剩。这些都降低了农民社会福利资金的使用效益，导致农民的社会福利权不能充分实现。要克服此问题，必须改变现行的农村社会福利供给决策机制。

四、农民社会福利管理制度缺乏科学性

（一）农民社会福利规划管理缺乏协调性

进入 21 世纪以来，我国农民社会福利事业获得较大发展，农民社会福利

体系渐现雏形。但是，我国目前的农民社会福利项目设置缺乏科学规划，制度建设未能确定项目发展的重点与先后顺序。这导致我国的农民社会福利项目安排协调性差，农民社会福利项目体系化不足。

第一，缺乏科学的项目分类标准，造成农民社会福利建设效率低下。比如，农田水利设施建设和农业科技服务建设到底属于农田生产福利还是分别属于基础设施福利和基础服务福利，相关制度并未予以明确。这导致项目的审核、获批困难，使得项目实施障碍多、效率低。

第二，项目建设忽视农民对项目需求的层次性，导致农民社会福利不能有效满足农民需求。比如，现行制度根据统一标准，将危房改造项目和公共娱乐设施建设项目归为同一类农民社会福利。政府领导为了获得政绩，必然优先将福利资金投到公共娱乐设施建设，而忽视危房改造项目的建设。这明显违背了社会福利的农民需求导向要求，使农民社会福利的效应减弱。

第三，忽视不同种类项目的协调统筹性，削弱了农民社会福利法律制度的实施效果。即使在分类上相互独立的福利项目也存在联系并相互影响，农民社会福利项目的设置不应忽视这种情形。否则，农民社会福利发展就会衔接不足，影响农民社会福利的应有效果。比如，我国农村饮水福利包括清洁饮用水水源选择、饮水过滤设施与供水服务系统两部分。目前，第一个福利项目的建设已颇有成效，但农村供水服务系统的建设却未能到位，这导致预定的普及农村清洁用水的福利目标无法及时实现。

（二）“多头管理”体制存在弊端

我国现阶段的农民社会福利事业管理体制是“多头管理”的格局。民政部门负责农村的民政福利，住建部门负责管理农村的住房福利，教育部门负责管理农村的教育福利。另外，诸如残联、妇联、共青团等半官方机构也负责一定的农民社会福利管理。这些管理机构在进行农民福利事业管理时各行其是，缺乏协调性。民政部门负责的主要是农村孤老残幼福利，并非向全体普通农民提供社会福利；其他行政机构和半官方机构又只负责某一项农民社会福利或某一农村群体的社会福利。这样的格局既导致国家无法对整个农民社会福利事业进行统筹规划和顶层设计，又导致农民社会福利存在重复和缺漏并存的情形。以老年人与残疾人为例，因农村居民寿命的不断延长，老年残疾人不仅是老年人中的一个日益庞大的群体，而且是残疾人中的一个庞大群体。若没有统筹规划和顶层设计，农村老年人福利和农村残疾人福利之间的交叉便无法避免，相关的制度安排将陷入混乱之中，最终导致农民社会福利资源的低效或浪费，甚至会损害服务对象的合法权益。再如，农村儿童福利和农村妇女福利缺乏主管部门，尽管妇联、共青团组织也做了一些工作和努力，但要其协调政府各部门配置公共资源与社会资源，显然难以胜任。总而言之，现行农民社会福利“多头管理”的体制弊害甚大，必须予以改变。

（三）资金管理有待规范

农民社会福利资金的监督管理是农民社会福利建设顺利进行的强有力保障。只有确保农民社会福利资金高效使用，才能推进该项事业的顺利开展。然而，我国目前的农民社会福利资金监管存在以下不足：其一，相关法律并未明确规定资金的专款专用，未设置专门的农民社会福利资金账户。这造成已经筹集到位的项目资金被挪用挤占的问题突出，虚报骗取项目资金的问题较为普遍。其二，福利资金管理分散，降低了资金使用效益。目前我国农民社会福利资金缺乏统一的管理主体，不同的责任主体各自为政地持有使用福利资金，导致福利建设资金管理条块分割、使用分散、缺乏统筹。这些都降低了资金使用效率。其三，缺乏专业管理人员，导致农民社会福利资金的虚掷、浪费与管理损耗。

（四）农民社会福利制度尚未建立有效的监督机制

有效的监督体制能够确保资金安全，推进我国农民社会福利建设。我国目前的农民社会福利监督制度存在一些问题。其一，监督方式单一，不能有效防止农村福利资金的挤占挪用。根据监督在农民社会福利管理中的不同环节，可以分为事前监督、事中监督和事后监督。目前我国农民社会福利制度重视事后监督，事前监督与事中监督缺位。这既助长了农民社会福利资金的克扣挪用又会导致福利建设项目的粗制滥造，不利于提高农民社会福利资金的使用效益。其二，外部监督力量不足。目前我国农民社会福利制度规定的监督主体是政府的相关机构，既包括财政、审计等部门又包括社会福利事业的主管部门。财政、审计部门与农民社会福利主管部门存在千丝万缕的利益关系，其监督力度必然弱化。总而言之，现行的农民社会福利监督体制无法实现监督的制度目的，应予以完善。

五、农民社会福利的法制建设滞后

我国目前的农民社会福利法制建设存在以下问题：

第一，规范农民社会福利的法律、法规少。就已有的农民社会福利制度规范而言，多数为政策性文件，缺少法律、行政法规等效力层次较高的制度规范。如农村儿童福利、农民社会津贴、农民住房福利以及农村教育福利等都未制定相应的法律法规。

第二，未能明确区分农民社会福利和其他社会政策，导致农民社会福利的漏洞。比如，将农村妇女福利与劳动保护相联系，这实质上是将农村妇女排除在社会福利体系之外。

第三，现行规范农民社会福利的基本法都是任意性规范，导致农民社会福利制度没有强制执行力。如我国《老年人权益保障法》《妇女权益保障法》《残疾人保障法》与《未成年人保护法》等都规定了相应的福利内容，但这些规范并非强制性规定，导致其在农民社会福利事业的发展中丧失约束作用，并不能为推进农民社会福利事业发展提供切实法律保障。

第四，我国农民社会福利法律缺乏明确的责任制度，这导致农民社会福利法律的实施缺乏国家强制力的保证，在实践中难以贯彻落实。

总之，现行农民社会福利的法制建设滞后，不能实现其制度目的。要解决该问题，就必须完善相应农民社会福利法律规范，构建系统化、专门化的农民社会福利法律制度。

第五章　农民社会保障法律制度的重构

第一节　农民社会保障法的构建原则

农民社会保障法的基本原则有哪些，学者之间观点虽颇不相同，但几乎都是将农民社会保障法的基本原则等同于社会保障法的基本原则。这种做法不能体现农民社会保障法的特殊性，实不可取。我国农民社会保障法基本原则的确定要坚持以下两个标准：一是要根据我国农民社会保障法律制度的现状确定基本原则，其对解决现行农民社会保障法存在的本质问题具有根本准则意义；二是社会保障法的基本原则在农民社会保障领域的特殊体现。据此，我国农民社会保障法应该坚持以下原则：

一、城乡一体化原则

将城乡一体化原则作为我国农民社会保障法的基本原则的根据在于我国社会保障的城乡二元结构，这种二元结构已经渗透到我国农民社会保障制度的各个方面。而城乡二元结构的社会保障体制是我国农民社会保障制度目前存在的最大问题。进入 21 世纪后，社会保障的城乡二元结构已经和我国工业反哺农业、城市支持农村的经济社会发展阶段格格不入，社会保障的城乡一体化是破除城乡经济社会二元结构的重要内容。据此，城乡一体化是我国农民社会保障法必须坚持的基本原则，它的内容主要包括：实现社会保障项目、筹资机制、实施机制以及管理体制的一体化，以此为基础实现城乡社会保障制度的一体化。具体言之，城乡一体化原则包括以下内容：

（一）社会保障项目的一体化

从理论上讲，不管是农民社会保障还是市民社会保障，都应该包括社会救助、社会保险、社会福利以及针对特殊人群的保障项目，但是从实际情况看，当前城市居民社会保障相对于农民社会保障而言，保障项目更全、保障水平更高。因此，构建城乡一体化的社会保障，首先应建立健全农民社会保障项目，适时提高其待遇水平，然后再实现保障项目与保障水平的对接与统一。目前最重要的是完善农民养老、医疗、社会救助等保障项目。

第一，完善农村养老保险制度。规定年满18周岁、有土地承包经营权且从事农业劳动的人员必须参加农民养老保险，其保障水平不低于当地农村最低生活保障标准或上年度当地农民人均纯收入的一定比例。

第二，完善新型农村合作医疗制度。逐步提高新农合的保障水平与覆盖率，对农村五保户、低保户及其他困难家庭和重点优抚对象，其参加新农合的个人缴费部分，应由政府财政予以解决。

第三，完善农民社会救助制度。“进一步健全县乡村三级救助网，完善分级救助机制和救助政策；健全生活救助等多种救助、援助和社会互助一体化的农民社会救助体系；对低保户、五保户和因病、因灾等原因造成的农村生活困难群众，实施分类救助。”〔1〕在农村社会保障项目不断建立健全的基础上，随着经济的持续发展，逐步实现与城市的对接。在社会保险方面，逐步统一各种险种的覆盖范围、缴费水平、待遇标准等内容。在社会救助方面，实现城乡各类临时救助和长期救助项目向统一的城乡居民最低生活保障制度靠拢；在社会福利方面，本着共建共享的原则，实现社会福利享受的全民化。鉴于城市和农村的生活条件、消费水平和收入水平的现实差异，城乡社会保障项目的完全一体化需要一个渐进的过程。

要实现农民社会保障项目的城乡一体化，应该坚持以下步骤：第一步，实现所有社会保障项目对农村人口的全部覆盖，让农民老有所养，病有所医。第二步，实现农民社会保障与城市社会保障的有机衔接。第三步，通过社会保障制度的并轨，把城乡分设的相同保障内容的不同制度进行归并，在统一对象管理的基础上，统一筹资渠道、统一缴费模式、统一计发办法、统一基金管理、统一机构管理，最终实现社会保障制度的一体化。

（二）资金使用一体化

社会保障作为国民财富的一种再分配形式，理应让全体创造财富的公民共同享有。但目前存在着城乡间社会保障资金投入和使用的严重失衡。农民

---

〔1〕 徐志初：“关于建立城乡一体化社会保障的思考”，载《中共成都市委党校学报》2007年第5期。

社会保障资金的支配和使用处于明显的弱势地位。因此，应统筹社会保障资金的城乡使用，实现国民财富的公平共享。统筹使用社会保障资金的关键是解决农村社会保障资金的投入问题。

第一，增加社会保障资金投向农村的比例。虽然近年来国家在社会保障方面的投入很大，且每年有所增加，但这些资金中投向农村的相对较少，大部分还是用于城市社会保障建设。因此，在城乡一体化的发展理念下，中央财政必须增加对农村社会保障的资金投入。

第二，通过多种途径筹措农民社会保障资金。在有集体经济实体和乡镇经济较为发达的农村地区，可以强化他们对农村社会保障资金的投入；将某些自由参保的社会保险项目改为一定范围内的强制参保，以提高农民社会保障的筹资水平。建立农民个人账户制度，除农民个人的缴费外，还应把较大比例的国家和集体对农民社会保障的参保补贴也计入农民的个人账户，充分调动农民参保的积极性。

第三，适时开征社会保障税。“从国际经验看，世界上建立社会保障的国家有 160 多个，其中近 100 个国家已经开征社会保障税。从现实情况看，近几年我国社会保障资金的需求大幅度增长。2005 年全国就业和社会保障支出高达 3649 亿元，其中中央财政社会保障支出就达 1624 亿元。”[1]由于社会保障费征缴困难，出现了严重的资金支出缺口。因此，应将目前由劳动社会保障部门和税务部门共同征缴社会保障费改为由税务部门统一征缴，并在适当的时候改由税务部门征收社会保障税。通过上述途径解决好农民社会保障资金的筹集问题，并为最终实现社会保障资金的城乡一体化使用铺平道路。

（三）制度和管理的一体化

制度设计是否合理到位和管理工作是否高效运行，直接决定着制度的实施效果。要实现社会保障的城乡一体化，必须做到城乡社会保障在制度和管理上的一体化。其具体要求就是城乡社会保障制度统一，城乡社会保障的业务管理操办程序全部由专门的社会保障机构承担，各项服务实现社会化运作。

第一，制度的一体化。在城乡社会保障制度不断建立健全和城乡居民收入差距不断缩小的基础上，国家完全有能力也有必要实现城乡社会保障各项制度的统一。一体化的城乡社会保障制度，必须有类似于美国《社会保障法》

---

〔1〕 周辉：“论构建城乡一体化的社会保障体系”，载《湖湘论坛》2007 年第 3 期。

那样的国家制度作为法律依据予以强制实施。这一社会保障的综合大法应包括：社会救助法、社会保险法、社会福利法等组成内容。同时从实际情况出发，允许各级地方政府制定和出台相应的实施细则。

第二，管理体制的一体化。在城乡社会保障的统筹管理上，实行社会保障事务的统一管理、统一规范，消除城乡分治、九龙治水、条块分割的状态。由政府设置特定的权威机构全面负责制定社会保障制度、规划、收支标准、实施办法，指导地方管理机构实施具体保障项目，监督社会保障基金的征缴、管理和发放。做到城乡社会保障业务管理机构统一、基金运作机构统一、管理监督机构统一。"在具体执行中，应在上级社会保障管理机构的指导下，依靠基层政权和群众性管理组织，分级分类负责各地区的具体社会保障事务的管理、执行和监督，努力建成分工协作的社会化、法制化的社会保障网络。"〔1〕

二、中央统一立法与地方特殊立法相结合原则

从法律实施与适用的角度以及对农民社会保障权平等保护的角度分析，我国农民社会保障立法应强调在制度内容、保障标准、费率等方面尽可能地保持统一性、一致性。但我国农村社会经济发展的不平衡给统一立法带来挑战。社会保障制度的构建必须与经济社会发展水平相适应，我国农村地区经济发展的不均衡导致不同地区的农民需要不同的社会保障项目和保障水平。这就要求我国农民社会保障立法在客观上不可能全国"一盘棋"，不可能"一刀切"。要解决上述问题，我国农民社会保障立法必须遵循中央统一立法与地方特殊立法相结合的原则。这一原则有以下含义：

（一）中央统一立法与地方特殊立法并重并有机协调

第一，我国农民社会保障立法既不能过于强调中央统一立法而忽视地方特殊立法，也不能过于重视地方特殊立法而忽视中央统一立法。

第二，中央统一立法和地方特殊立法应合理分工，有机协调。其一，中央统一立法的对象主要是能够确保底线公平的农民社会保障项目。底线公平是指社会保障制度和项目中，有些是起码的、不可缺少的，这些制度和项目可能意味着较低的保障水平，但也有可能保障水平并不低。确保底线公平的社会保障制度包括：最低生活保障制度；公共卫生制度和大病医疗救助制度；

---

〔1〕 徐祖荣："略论构建城乡一体化社会保障体系"，载《广东行政学院学报》2006年第5期。

公共基础教育（义务教育）制度。以上三项制度应由中央统一立法。其二，中央对于东中西部地区的社会保障制度建设应进行原则性立法。为确保各地区能够建立与其经济社会发展水平相适应的社会保障制度，而不是仅提供最低水平的社会保障，中央应该对不同地区的社会保障立法提出立法原则和指导意见，并以强制方式要求地方政府遵守。

（二）农民社会保障立法应具有层次性

根据中央统一立法与地方特殊立法相结合的原则，我国农民社会保障立法应分为三个层次。

第一个层次是最低层次，指地方政府建立与各自地方情况相适应的具有地域性色彩的农民社会保障制度；这一层次是指地方政府针对本地特殊的省情、市情、县情而建立的具有本地特色的农民社会保障制度，基本上是处于建立全国性农民社会保障制度的探索阶段，为建立统一的农民社会保障制度提供制度性参考资料和决策的原始素材。其规范上的表现形式大多数是地方性法规、政府规章、其他规范性法律文件及地方关于农民社会保障的有关政策；其内在的经济动因是各地经济发展水平的差异及所处发展阶段的非均衡状态使然。

第二个层次是中等层次，实现农民社会保障制度在总体上的相对统一即农民社会保障制度的地域性统一。长期以来的二元经济结构所造成的经济发展惯性，以及当前和相当一段时期内国家追求或在事实上依然会出台相关政策来维护这一状态，使得二元经济结构成为一种不易瓦解的社会事实，农村与城市的区别仍然会留存相当长的时间。所以，在实现城乡一体化的社会保障制度之前，需要一个过渡阶段，即先实现农村社会范围内农民社会保障制度的统一，形成与城市相对应的整体性农民社会保障制度。但即使在农村，经济发展水平的差异性和非均衡性依然存在，所以只能实现农民社会保障制度总体的相对统一。“在中等或者贫困的农村地区，农民需要应对的是现实的贫困现象，因而农民社会保障的目标就是缓解贫困，其工作重点应是搞好社会救助和扶贫。在相对富裕的地区，农民需要应对的是潜在的经济风险，使富裕起来的农民不至于因为遭遇风险而再次重返贫困，因而农民社会保障工作的重点应是发展和完善社会保险和商业保险。”[1]在经济发展水平差别不大

〔1〕 杨翠迎：“中国农村社会保障制度发展模式探讨”，载《农业经济》2002年第10期。

以及文化传统相近的地区实现统一的社会保障制度，进而向统一的农民社会保障制度过渡，为最终实现城乡一体化的社会保障制度做阶段性准备。这一层次的规范性文件大多是层级效力较高的地方性法规和政府规章。其经济基础是农村的经济发展水平差异逐步消除，从而实现在经济水平相对一致基础上的相对统一的农民社会保障制度。

第三个层次是最高层次，从总体上讲是指实现城乡社会保障制度的统一。“农村社会保障制度的目标模式应是城乡一体化的统一模式，即建立以政府参与的、社会互济性强的社会保险为基础，商业保险、其他保障模式为补充的保险主导型社会保障模式。”〔1〕这应该是农民社会保障发展的最终目标模式，也应该是农民社会保障立法目标的最高层次，即农民社会保障基本法律制度的全国统一。当然，这一阶段的实现需要一个过程，但是这一目标模式给农民社会保障制度的发展提供了方向上的引导作用。

社会保障立法的三个层次是相对而言的，并非绝对截然分开。在我国农民社会保障制度建立的过程中，可以实现三个层次的相对交叉和各自的独立发展。经济发展水平较高的地区可以率先实现三个层次的衔接及城乡一体化目标模式，而对于经济水平落后的地区则实现可能要滞后。这三个层次划分的意义在于提供一种明晰的发展思路，为农民社会保障制度的建立、发展和成熟提供指导作用。

三、公平正义原则

罗尔斯指出：“正义是社会制度的首要价值，正像真理是思想体系的首要价值一样。一种理论，无论它多么精致和简洁，只要它不是真实的就必须加以拒绝或修正；同样，某些法律和制度，不管它们如何有效率和有条理，只要它们不正义就必须加以改造或废除。”〔2〕由此可知，正义是一个社会制度建构的中轴与核心，其在社会制度建构中有着不可替代的地位和底蕴。作为市场经济体制下社会减震器的农民社会保障制度，也应以公平正义作为基本原则。另外，社会保障是以国民收入的再分配实现特定目的的一种制度安排。而“再分配是国家从社会利益全局出发所进行的分配，它优先考虑的应当是

〔1〕欧阳仁根：“我国农村社会保障立法的若干问题”，载《政治与法律》1999年第5期。

〔2〕［美］约翰·罗尔斯：《正义论》，何怀宏、何包钢、廖申白译，中国社会科学出版社1988年版，第60~61页。

社会公平”。〔1〕“法律的价值目标是追求正义，而正义有着一张普洛透斯的脸，随时可呈现出不同形状并具有极不相同的面貌。当我们仔细察看这张脸并试图解开隐藏其表面背后的秘密时，我们往往会深感迷惑。众多思想家和法学家在许多世纪中业已从哲学理论高度提出了自己的正义观。尽管这些正义观不尽一致，但是大多数理论不是用平等就是用自由作为探讨正义问题的焦点。这表明，正义的内核一般被理解为平等或自由。”〔2〕

据此，我国农民社会保障制度的公平正义原则应包含以下内容：

第一，农民社会保障制度应坚持实质平等原则。法律平等有形式平等与实质平等两种。所谓形式平等是基于抽象人格，法律对所有人一体对待。实质平等是指基于具体人格，法律对不同的人予以不同对待，其实质是对弱势群体予以优待。城乡二元结构的社会保障制度中，农民沦为“二等公民”，不能享有与城市居民相同的社会保障，这违反了形式平等原则。因此，我国农民社会保障制度必须消除形式不平等，实现实质平等，使农民享有与城市居民相同的社会保障。然而，由于农业是弱势产业，农民是弱势群体，要实现社会保障的形式平等，国家必须根据实质平等原则，对农民进行特殊照顾。否则，社会保障的形式平等原则只能是空谈。所以，我国农民社会保障立法必须坚持实质平等原则，从资金支持、服务提供等方面考虑农民的弱势群体地位，对其进行某种程度的优待。

第二，农民与市民都应享有社会保障，这要求农民社会保障应同时遵循普惠性原则和差别性原则。所谓普惠性原则，是指农民社会保障应向符合法定条件的所有农民开放，不能人为地附加条件将某些人拒之门外。无论是市民、农民抑或身份有争议的失地农民或农民工，都应该无差别地享有社会保障，不应将某一群体排斥在外。所谓差别性原则，是指社会保障应向农民群体倾斜，而农民社会保障应向农民中的弱势群体倾斜。判断社会福利的标准是一个国家中社会处境最差者的效用水平。“这一理论也为所有面临贫富差距扩大、社会矛盾凸显、社会发展失衡的社会指出了一条解决问题的途径：在国民权利平等的前提下，实行差别平等的社会政策，这就意味着不仅处于社会有利地位的人能够获益，处于社会不利地位的人（社会弱势群体）也能够

---

〔1〕 李昌麒主编：《经济法学》（修订版），中国政法大学出版社 2002 年版，第 547 页。

〔2〕 高飞：《集体土地所有权主体制度研究》，法律出版社 2012 年版，第 173 页。

分享社会发展和进步所带来的成果。”〔1〕

第三，不同地区的农民享受的社会保障利益不应差距过大，也就是农民社会保障应体现地区的均衡性。由于我国各地区经济发展水平的差异，各地区农民社会保障的发展程度也不尽相同。但是，基于社会主义共同富裕的本质要求，国家应允许各地区农民社会保障存在合理差距而不应差距过大。其一，权利主体数量不应差距过大，使得经济发达地区的受保障人数远多于经济不发达和欠发达地区的受保障人数。其二，保障水平不能存在不合理差距。即经济发达地区、经济不发达地区以及经济欠发达地区的保障项目数量不能参差不齐，提供的社会保障待遇不能质量悬殊。其三，经济落后城市的保障人数与保障水平与经济发达城市的保障人数与保障水平不能差距悬殊。因此，国家应以合理差别、均衡发展原则为指导，建立多层次的农民社会保障体系，以满足经济社会发展不同区域农民的社会保障需求，在保证农民的基本生活与促进农民发展的前提下推动经济进步，充分发挥社会保障应有的社会功能。

第四，国家应逐步实现社会保障待遇水平与支付的均等化。均等化不是以大锅饭为特征的平均化，而是要将差距控制在可以接受的范围之内。据此，我国农民社会保障法律制度的构建目标有高低两个层次：高层次是指以实现帕累托改进为目标，使农民社会保障制度实现在没有人受损的情形下有人获益。第二层次是卡多尔改进。如果我国农民社会保障制度因各种限制性因素而无法实现高层次的目标，就应该退而求其次，做到制度受益总量大于受损总量，并且使受损者可以从受益者处得到补偿。

第五，公正原则要求农民社会保障制度内容应符合实质正义。这主要是针对农民社会救助和农民社会福利提出的要求。印度著名的经济学家、诺贝尔经济学奖的获得者阿马蒂亚·森认为资源只是手段，不是目的，能力不能还原为对资源的占有。只有能力才提供了自我实现的可能性。因此，国家在推行社会救助时，不能只是对陷入生存危机或由于社会风险变得脆弱的人群提供物质帮助，还需注重对这一群体的锻炼与塑造，只有使之具备一定的能力，才会降低他们再一次陷入贫困与弱势的概率。在农村公共福利的建设方面，国家应该充分重视加大公共卫生、公共教育的供给力度，改善农民社会

---

〔1〕 晋利珍：“罗尔斯公平正义论对我国农村社会保障制度建设的启示——基于经济伦理视角的分析”，载《人口与经济》2008年第1期。

福利环境，从起点保证公平和正义，增强农民自身的保障能力。

第二节　农民社会保障的核心：社会保险

一、新型农民养老保险法的制度构建

（一）完善农民养老保险制度的法律渊源

1. 提升农民养老保险法的立法层次并细化其内容

目前，规范我国农民养老保险的主要法律有两部，它们分别是2009年国家颁布实施的《国务院关于开展新型农村社会养老保险试点的指导意见》以及2010年10月28日通过，并于2010年7月1日起施行的《社会保险法》。后者主要是针对城镇居民、农民社会养老保险制度的立法，涉及新农保制度的条款很少。关于农民养老保险，社会保险法只对其缴费方式、养老金待遇及其领取条件等作了原则性规定。由此可知，就农民养老保险制度而言，社会保险法仅具有象征意义，而不具有实际操作性。实践中，《指导意见》才是我国农民养老保险法律制度的主要渊源。以《指导意见》作为调整农村养老保险关系的基本文件存在不足：它是部门规章，法律效力层次相对较低、权威性不足，对各级地方政府缺乏强制拘束力，这导致相关人员在执行过程中积极性不足，财政投入具有随意性，影响我国新农保事业的持续发展。要解决该问题，国家应该提升新农保制度立法层次，由国务院制定并尽快实施《农民社会养老保险条例》和《农民社会养老保险基金管理条例》。只有这样，才能保证新农保的筹资制度、资金管理与运营制度、管理服务制度的强制性、权威性和稳定性，保证各级政府财政投入的长期持续稳定增长，从而保障农民养老保险权益。

2. 地方立法应成为我国农民养老保险制度的重要法律渊源

由于我国社会经济发展很不平衡，农民养老保险立法既应强调其普适性，又应照顾不同地区的特殊性。因此，我国农民养老保险立法不应忽视地方性法律的重要性，这样才能使其具有针对性，保证其顺利实施。据此，我国各地方政府应该在遵循农民养老保险行政法规的前提下，根据当地经济社会发展情况，制定地方性农民社会养老保险办法，尽快把农村社会养老工作纳入法制的轨道。

3. 我国农民养老保险基本规范的主要内容

我国农民养老保险制度的基本渊源将主要由《农民社会养老保险条例》和《农民社会养老保险基金管理条例》组成，规范农民养老保险基金的筹集、管理和给付。它们的内容主要应包括：

第一，明确规定参保个人的缴费义务以及领取养老金人员死亡后家属有及时申报的义务。

第二，明确规定各级政府的财政补贴义务。财政支持是新农保制度可持续的决定性因素，条例应按照科学化、精细化的要求，规范各级政府补助资金预算安排、申请拨付程序和使用管理工作，为新农保制度推行提供有力保障。为了使各级政府的养老补助能够有效落实，条例还应该明确规定不履行补助义务之人的法律责任。

第三，条例应明确规定新农保经办机构的权力、责任和利益。

第四，应该明确规定新农保基金的管理与运营，防范新农保基金因管理和运营问题所带来的风险。

第五，明确新农保基金的财政专户管理。如从收取保费到上缴财政专户，期间到底间隔多长时间视为基金滞留，亟须法律来规范。

第六，要加强监督力度，明确处罚程度，保证国家财政补助的部分能够不折不扣地如期兑现，或打到参保农民的养老保险个人账户中，或发到农民手中，让参保农民真正感受到新农保制度给自己带来的实惠。

（二）改自愿参保为强制参保——完善农民养老保险权的取得机制

完善农民养老保险权的取得机制，是指将参保的自愿原则改为参保的强制原则。虽然自愿参保原则能够充分尊重农民意愿，但是不符合社会保险的强制性特征。只有采取强制性参保原则，才能消除新农保制度实施中所产生的逆向选择问题和青年农民参保率低下的问题。在我国尚未进入工业反哺农业的发展阶段之前，因为农业要承担支持工业化的任务，所以国家采取一系列强制措施提取农业资源，为工业化提供资金积累。这一阶段，以强制性措施出现的国家管理是政府牺牲农民利益，支持工业发展的手段。因此，农民对于国家的强制性措施和管理感到不满，并因此造成农民和政府之间的相对紧张关系。由此可知，问题的关键不在于强制性本身，而在于强制性能否为农民带来利益。剥夺农民利益的强制性管理自然受到农民的反对，而造福农民的强制性管理则会受到农民的拥护。农民养老保险是惠及全体农民群众的制度，采取强制性原则具有社会基础。但即使采取强制参保的手段具有正当性，为了最大限度地让该制度对农民有吸引力，提高农民的制度信任感，还必须注意以下事项：其一，养老保险的缴费额应该处于农民可以承受的范围内。其二，国家应持续加大对农民养老的财政支持力度，使农民能够从养老保险中获得较大利益。

（三）完善三方出资的筹资制度

1. 新农保个人缴费机制的完善

（1）设置有弹性的农民缴费机制。农民领取养老保险金一般都是在缴费若干年以后。因此，农民养老保险的缴费金额必须能够随着经济发展和人们收入水平的提高进行自动调整，只有这样，才能满足农民老年的基本养老需求。所以现行的按照人头选择缴费档次的缴费机制设计因缺乏弹性而存在机制缺陷。为克服这一缺陷，我国农民养老保险制度应该采取弹性缴费机制，按照当地农民上年度纯收入的一定比例缴纳养老保险费。为了兼顾农民收入水平和适当提高养老保险待遇标准的要求，国家可以采取两个步骤确定参保人选择的缴费标准与数额：

第一步，可以设置以下五档缴费标准，分别是上年度农村居民人均纯收入的4%、8%、12%、16%和20%。第二步，各省（市、自治区）确定自己辖区内的农民缴费档次。省（市、自治区）以当地上年度农村居民人均纯收入为基数，提供五个缴费比例，区（市）县政府在这五个缴费档次中确定具体的缴费档次。在区县政府选择自己区划内的缴费比例时，国家和省级政府应该采取相应的措施和倡导性规范，鼓励县级政府选择8%的缴费比例。原因在于：一是该比例与当前城镇职工基本养老保险的个人缴费比例较为一致，有利于养老保险的城乡一体化建设；二是这个比例基本符合合理的个人投资比例。

（2）应明确界定“缴费困难群体”的范围。《指导意见》明确规定，对农村重度残疾人等缴费困难群体，地方政府为其代缴最低标准的部分或全部养老保险费。如何界定“缴费困难群体”是合理落实代缴制度，实现该制度目标的关键。各地的新农保实践基本上把代缴群体限定为“农村重度残疾人”（残疾等级为1级到2级），即仅仅对农村重度残疾人代缴养老保险费，将其他缴费困难群体排除在外。这明显不符合立法的目的。其一，根据文义解释方法，不能得出“缴费困难群体”只能限定于“农村重度残疾人”的结论。其二，将“缴费困难群体”界定为“重度残疾人”不符合养老保险广覆盖、保基本的基本原则。其三，这样的界定对其他“缴费困难群体”而言，有失公平。据此，应将“缴费困难群体”界定为“个人最大缴费能力低于最低缴费标准（或缴费率）的所有农村贫困居民”。凡是属于上述界定范畴的农村人口，政府都应当代其缴纳养老保险费。

2. 完善农民养老保险的国家财政补贴制度

（1）应明确规定政府养老保险财政补贴的农民倾向。在工业化的初期阶段，国家养老保险资金投入具有明显的城市倾向。即国家对城市的养老保险投入远多于农村，市民享受的养老保险待遇远高于农民。虽然这样的资源投入对农民而言有失公正，但为确保我国工业化与城市化的早日实现，这一阶段的养老保险资源投入的城市倾向具有一定的合理性。在我国进入工业反哺农业、城市支持农村发展的新阶段，实现城乡一体化是我国未来养老保险制度的发展趋势与发展目标。要实现这一目标，国家养老保险资源投入的城市倾向已经不合时宜。我国农民养老保险制度应确立资源投入的农村倾向，尽快还清国家对农民养老保险所亏欠的历史债务，使农民、市民享受相同的养老保险待遇。

（2）规定长效的政府财政投入机制。目前，我国已经进入工业化的中后期，新的经济社会发展阶段要求破除社会养老保险的城乡二元结构，实现社会养老保险的城乡一体化。要实现这一目标，离不开国家财政的长期支持，必须形成政府财政支持农民养老保险的长效机制，这就要求将政府财政支持农民养老法制化。用温家宝所说的“我们宁愿少花钱干别的不特别必要的事情，而把这个钱用在农民的身上，用在老百姓的身上”结果的实现。未来我国农民养老保险立法必须明确财政支农的规划、数额确定标准、增长机制、落实措施以及不落实的责任等。

（3）合理划分各级政府对新农保的财政支出比例：

第一，合理划分中央与地方对新农保的财政支持责任，进一步加大中央政府对新农保的财政支出。2011 年全国财政收入 103 740 亿元，中央本级收入 51 306 亿元，占财政总收入的 49.45%，地方本级收入 52 434 亿元，占财政总收入的 50.55%。然而长期以来，我国中央政府对社会保障的支出比例小于地方政府的支出比例，比如在 2008 年财政支出中，福利保障支出占中央财政支出比例为 2.6%，占地方财政支出比例为 13.1%。由此可知，在农民社会保障事业发展中，我国中央政府的财权大于事权，地方政府的财权小于事权。

地方政府财权与事权不匹配不符合行政管理的事权与财权相一致原则。这无疑会削弱国家的财政支持力度，不利于农村养老保险事业的持续发展。要解决该问题，政府对新农保的财政支持制度中，必须重构中央与地方的关系。提高中央政府的财政支出比例，降低地方政府的财政支出比例。根据2011年中央和地方财政收入在财政总收入中的比重，建议中央和地方政府各承担一半的新农保财政支持责任。

第二，中央应继续加大对西部落后地区和东部农业大省的支持力度。由于我国农村社会经济发展非常不平衡，中央对养老保险的财政支持不能搞“一刀切”，而应根据地区经济发展水平确定不同的支持程度。另外，由于地方政府财权与事权的不统一，也必然要求中央财政向农民养老保险财政负担相对较重的地方倾斜。其一，中央政府应进一步加大对西部地区农民养老保险的财政支持力度。虽然中央财政在基础养老金支持力度上向西部地区倾斜，但目前的倾斜程度仍然不够。因此，中央政府应该进一步加大对中西部地区新农保的财政支持力度，并适当减轻中西部地区政府的事权，以减轻欠发达地区基层政府新农保的财政支出压力。其二，中央应进一步加大对东部农业大省农民养老保险的支持力度。目前，国家以东西部地区的划分为标准，采取中央财政对西部地区倾斜的补助政策。但按照划分东西部地区的标准补助忽视了东部地区不同省份之间的经济发展差异。这对东部地区一些农业大省如海南省、山东省、福建省等不公平，因为这些农业大省的农民养老保险的财政支出负担也相对较重。因此，中央对新农保的财政支出应该也向东部农业大省做适当倾斜。中央财政应加大对东部农业人口较多省份最低标准基础养老金的分担比例，可将其由现在的50%提高至60%~70%。

第三，合理划分各级地方政府对新农保的财政支持责任。各级地方政府对新农保的财政支出的比例，主要是根据地方政府的经济发展水平与财政收入状况而定。由于我国社会经济发展不平衡，地方各级政府对新农保的财政支出模式应该包括以下三种：“低中高”模式即省级政府对新农保的财政支出在总支出中的比例较小，县级政府的财政支出比例略高，乡镇政府的财政支出比例最高。“三三制”均衡模式即省、县（市、区）、乡（镇）三级政府对新农保的财政支出比例基本均衡，承担大致相同的财政补贴负担。“高中低”或“高低低”模式即省级政府对新农保财政支出占总支出的比例最大，县（市、区）级政府财政补贴的比例次之，乡（镇）级政府财政补贴比例最小。国家应根据各个区域不同的经济发展水平采取不同的支出模式。大体而言，基层政府实力雄厚的经济社会发展水平较高的东部地区应采取第一种模式。省市县政府财政力量均衡的中部不发达地区应采取第二种财政补贴模式。第三种模式应适用于以中西部贫困地区为代表的社会经济发展差距大、城乡发展不均衡的经济欠发达地区。

（4）优化政府对新农保财政补贴机制：

第一，提高中央财政补贴和地方财政补贴的标准。中央财政对新农保的财政补贴是补出口，即给每人每月 55 元基础养老金的补贴。地方政府负责补入口，补贴标准不低于每人每年 30 元。由于经济增长、财政收入增加以及物价水平上涨等因素，中央与地方的财政补贴不应该保持不变，而应该根据政府的财政实力适时提高，以保持农民的养老水平与经济社会发展水平相适应。为此，新农保制度应该明确规定中央和地方调整补贴的频率与标准。建议地方政府缴费补贴标准每 3 年调整一次，每次提高 10 元。

第二，采取相应措施，合理落实“多缴多得”“长缴多得”的政策目标。由于我国新农保采取的是自愿参保原则，为了提高参保率，《指导意见》规定了“多缴多得”“长缴多得”的财政补贴政策。由于选择较高档次缴费水平的都是富人，“多缴多得”会产生马太效应即会加剧贫富差距，具有一定的不公平性。基于此，“多缴多得”的财政补助标准不宜太高。“长缴多得”既可以吸引农民长期参保，又符合收入再分配的公平原则。因此，政府应重点落实“长缴多得”的财政补助政策，并可采取累进制的补助标准。

第三，改进新农保的地方财政补贴方式。在新农保制度的实施中，地方政府采取的定额补贴与浮动补贴方式都存在不足。要克服其弊端，农民养老保险的补贴方式应既能鼓励农民积极参保，又能消除马太效应。为实现此目的，可以采取以下措施：其一，应分阶段、分地区并分类进行补贴机制的建立和完善。我国农民养老保险应规定补贴方式从现行的定额补贴为主、浮动补贴为辅逐渐过渡为两者并重，最后再转为浮动补贴为主、定额补贴为辅。其二，对补贴数额既要设定最低标准，也要限制最高补贴标准。参保人若超过最高标准，则不再予以补贴。其三，设计好不同缴费档次之间的补贴涨幅。政府缴费补贴涨幅可以参照银行存款利率，一般略高于年存款利率。这既能鼓励参保人积极参保又能将补贴控制在适当范围，充分实现政府财政补贴的制度目的。

3. 新农保集体补助机制的落实

虽然我国绝大部分地区的集体经济组织没有能力为其成员参加新农保提供补助，但也有一些集体经济组织发展得较好，有能力为其成员提供缴费补助。针对这种集体经济发展不平衡的现状，我国农民养老保险制度应规定不同的集体补助规范。其一，对于集体经济较为发达的地区，各级地方政府应该根据本地区集体经济发展程度，制定集体经济补助细则，细化集体为其成员提供参保补助的民主表决内容、程序等。从而在完善村民自治的基础上使农民集体积极为成员提供补助。其二，针对集体经济不发达的地区，地方政府要采取多种扶持措施保证集体经济有效实现，使其有能力为成员提供缴费补助。其三，对确实没有能力为其成员提供缴费补助的特困农民集体经济组织，地方政府应该代其缴纳农民社会养老保险基金的集体负担部分。

4. 建立多渠道的基金运营机制

由于我国现在的养老保险基金增值按 1 年期存款利率计息，不能有效实现基金的增值保值，所以必须探索基金增值保值的多渠道。一般而言，基金增值保值主要手段在于让基金进入金融市场，进行风险投资以获得收益。然而，以这种方式使基金保值增值对金融市场的成熟度与管理规范化要求非常高。我国有学者建议将新农保基金交给专门的投资机构投资使基金增值保值。但是，目前这种方案并不可取。理由在于我国的金融市场尚不成熟，规范化程度低，新农保基金的投资收益低且风险大。关于新农保基金的保值增值，可以分两步走：第一步，目前的新农保基金投资应以安全性为主，主要购买国债与银行存款。当然，我们可以适当创新农保基金的存款形式。“可以借鉴大额协议存款方式确定新农保个人账户基金的存款利率：一是大额长期议价存款；二是大额长期存款。具体要求包括存款金额、业务办理资格（接款银行必须是独立法人资格的银行，如非独立法人须有总行的授权）等，一般以 5 年为存款期限，存款利息除了按银行 5 年期存款基准利息外再一次性贴息，并包含一定比例的手续费。建议国家有关部门协商，以新农保基金整体作为一个投资单位商定协议存款利率，以等于或高于通胀率的利息水平实现新农保基金的保值甚至增值。”〔1〕第二步，在我国的金融投资市场成熟且管理规范

〔1〕 马伟：“新型农村社会养老保险基金保值增值问题研究”，载《西安交通大学学报（社会科学版）》2012 年第 5 期。

化后，可让新农保基金进入资本市场，委托专门的基金投资公司运营。当基金营运回报率低于国家规定的最低回报率时，基金投资公司先以自有资本补足差额。若还有差额，则由政府财政补足。在基金公司破产时，政府应对投保人的最低养老金承担最终的“兜底”担保责任。

（四）构建能够确保基金安全的监管体制

1. 提升基金的统筹层次

我国新农保制度规定基金统筹为县级统筹。这一统筹层次太低，有以下两个弊端：其一，管理分散，难以形成规模效应，导致基金收益难以提高。其二，管理缺乏规范化，基金容易受到地方干预，被挤占挪用。要克服以上弊端，必须提高新农保基金的统筹层次。在条件允许的地方，新农保基金的管理可以进行省级统筹的试点，在总结经验以及条件成熟后，全国的新农保基金都应实行省级统筹。实行省级统筹不但可以克服县级统筹的不足，还具有以下优点：其一，可以方便在同一省之内不同农村地区之间实现保险关系的转移续接。其二，可以方便省与省之间新农保关系的转移续接。其三，可以简化处理程序，易于管理。一句话，新农保基金省级统筹能促进养老保险一体化，推动农民自由流动，优化资源配置并能使人的自由发展这一目标尽快实现。

2. 强化对基金的管理与监督

第一，强化社会监督。我国农民养老保险立法应明确规定信息公开原则，这是基金管理机构的重要义务。他应定期将新农保基金的筹集、管理和支付情况向社会公布，接受包括人民政协、群众团体以及社会舆论等的监督。

第二，完善职能监督。即完善政府各职能部门在其职责范围内对新农保基金进行监督。新农保中的职能监督主要包括财政监督和审计监督，当前重点要对基金财政专户管理和基金滞留在乡镇等问题进行监督。

第三，实施专门监督，即建立专门机构对新农保基金实施专门监督。我国农民养老保险制度应借鉴荷兰经营，由政府、资方、劳动者三方代表组成社会保险委员会。国家可以在中央、省、市、县依次设立由政府代表、参保农民代表、社会中间组织代表组成的专门的社会保险监督委员会，对新农保基金的收支、管理和投资运营情况等进行监督。

第四，加强业务监督。即新农保上级管理机构加强对下级经办机构的日常事务性监督。

（五）完善农民养老保险的权利实现制度

目前，我国农民养老保险权的实现存在一些障碍，要消除这些障碍，保障农民养老保险权的顺利实现，农民养老保险法必须完善权利实现制度。具体言之：

1. 实现新农保经办服务组织机构的普及

目前我国的农村养老保险经办机构尚未完全普及到农村地区，这导致农民养老保险权的实现不顺畅。要解决该问题，国家应增加投入，并以制度推进我国新农保经管服务机构的普及化，力争新农保经管服务机构遍及全国各个乡镇与村庄。为此，我国农民养老保险立法应规定新农保经管服务机构实行三级管理的服务模式。县级为农民养老保险管理服务中心，乡镇级为乡镇社会保险服务所，村级为社会保险协管员。在他们三者之间进行合理分工，并实行垂直管理。

2. 增加新农保经办人员的数量并提高其业务水平

新农保的参保人数众多，导致经办人员数量明显不足。因此，国家应该适当增加新农保经办人员数量。我国农民养老保险立法应明确规定经办服务工作人员与服务对象的比例，并据此增加农民养老保险工作人员的数量。另外，由于我国经办机构的工作人员的素质不能满足农民对养老服务的需求，农民养老保险立法应采取以下措施解决该问题。其一，将定期培训制度化。为了提高新农保服务经办人员的业务水平，农村养老保险应规定对经办人员进行培训是国家的一项义务，政府应该适时出资对他们进行业务培训，使新农保经办人员的业务水平能够胜任其职责。其二，对农民养老保险经办人员的学历水平与任职资格予以明确规定。只有符合条件的人通过公开招考才能从事该项业务。

3. 实现新农保服务的信息化

要使农民养老保险权顺畅实现，农民养老保险立法必须建立全国统一的社会保险管理服务网络，为新农保的转移续接提供技术支持，实现新农保全国一卡通服务。只需一张卡，即可实现对缴费、支取、记录、转账、信息查询等环节的管理服务。为方便农民领取养老保险金，我国应将管理服务的终端设置在新农保协管员的住所。

4. 完善农民养老保险权的变动制度

我国目前的养老保险制度是按照人群的身份属性立法。因为人的身份具有可变性。这必然涉及不同养老保险之间的转移续接等衔接问题。因此，农民养老保险立法须建立新农保与其他养老保险的衔接制度。

（1）新农保与农民工养老保险制度的衔接。关于农民工养老保险问题，学界普遍认为农民工属于我国工业化初期的特殊性过渡群体。随着我国工业化、城市化发展到一定阶段，这个群体将不复存在，因此，针对农民工的养老保险不应再单独制定制度。理想的农民工养老保险方式应该逐渐将农民工纳入城市居民养老保险制度，然后再实现城乡居民的养老保险制度一体化。目前，根据我国养老保险制度的现实状况，可让农民工自由选择参加新农保或城保。

（2）新农保与城市居民养老保险、城镇职工养老保险制度的衔接问题。由于城乡二元体制，我国目前对城乡居民实行两种不同的养老制度。城镇居民参加城镇居民养老保险制度，农村居民则参加新农保。要解决我国养老保险制度“碎片化”问题，实现养老保险一体化，必须先解决城乡养老保险制度的对接。目前可以采取的措施应该是养老保险制度对城乡居民的参保条件、计发办法、调整机制、补贴采取统一标准，对他们参加养老保险的缴费档次以及待遇水平可实行区别对待，即城乡居民的缴费档次不同，他们享受的待遇水平不同。

（3）其他农村特殊群体的保险保障政策应逐渐实现与新农保政策的衔接和合并。我国农村有一些特殊农民群体，主要包括：水库移民、被征地农民、计划生育户、村主职干部等。为使农民养老保险制度符合正义原则，需对这些人的养老保险进行特殊规范。对水库移民等一些 3 年至 5 年内可能消失的特殊群体，应以一定范围内待遇叠加的方式将其纳入新农保，而不再新建制度。这不但可以保障这类群体的长远利益，而且还能扩大新农保的制度覆盖范围，能增进新农保制度的可持续性。对除水库移民以外的其他特殊群体，也应将其纳入新农保，但在待遇上可通过缴费补贴等方式使其略高于其他参保人群。这既能体现待遇差别又能保持原有待遇的连贯性。

二、新型农民合作医疗法律制度的重建

我国新农合制度自实施以来，虽然取得了较大成就，但由于存在一些制度缺陷，影响了新农合实施效果的进一步提升。为更好地发挥其功能，彻底解决农民看病贵、看病难的问题，需对新农合制度进行相应的完善。

（一）将医疗保险权的自愿取得改为强制取得

我国新农合的权利取得机制为自愿取得，即由农民自主决定是否参加新农合以取得医疗保险权并受新农合制度的保障。由于新农合的自愿参保原则具有本质缺陷，既不符合其作为社会保险的强制性，又会导致逆向选择与累退效用，改革新农合的自愿参保原则已经成为学界的通说。然而，关于如何改革新农合的自愿参保机制，学者之间有三种不同观点：强强制模式、半强制模式以及适度强制模式。持强强制观点的学者认为新农合法律制度必须以强制性规范的形式明确要求全体农民以户为单位全员参加，这可称之为强强制模式。半强制说认为："应该改自愿原则为半强制原则。参与强制，但参加方案可自由选择。"[1]适度强制模式认为："完全的强制并不适合合作医疗的持续发展。所以在强制与自愿之间的抉择中应更换思路，寻求一种协调或中和，即采用不排斥'灵活'的强制形式——'适度强制'原则。"[2]

适度强制说的核心认为应该针对不同的农民群体，采取不同的参保模式。对于富裕农民群体，应该允许其自愿参加。对于农民中的"中产阶级"以及"无产阶级"，应该采取强制参加模式。但国家应适当垫付"无产阶级"一部分医疗保险费。

本书认为，适度强制原则虽然具有一定的理性，但并不可取。理由在于：

第一，适度强制原则可操作性差。要实现适度强制的参保模式，其前提就在于科学合理地区分农民中的富裕群体、"中产阶级"以及"无产阶级"。但是，这种区分标准在现实中无法操作。其一，根据何种标准区分上述群体，如何认定区分标准的合理性存在很大的困难。其二，获得农民的真实收入存在困难。适度强制模式有效实施的前提是获得客观真实的农民家庭收入。由于农民家庭的收入处于变动状态以及部分农民的藏富心理，获得农民真实客观的收入几乎不现实。其三，农民家庭经济状况处于变动状态。这也导致适度强制模式无法实施。以上三个因素导致适度强制模式没有实施基础。

第二，适度强制参保模式不符合社会保障的性质。社会保障实施的手段

〔1〕刘波、任旭："我国新型农村合作医疗制度改革研究"，载《财经问题研究》2010年第5期。

〔2〕李佳："自愿与强制之间的抉择：适度强制——新型农村合作医疗制度中参与原则的博弈分析"，载《学术交流》2007年第4期。

是收入再分配，在某种程度上是“劫富济贫”。让富裕农民自愿参加，由于其对新农合的需求程度弱，因此造成富裕群体参加新农合积极性不足。这在某种程度上违背了社会保险互助互济的性质。

因此，我国的新农合参保不能采取适度强制模式，而应该采取半强制参保模式。

半强制模式的内容如下：其一，所有的农民都必须参加新农合。即在参加新农合的问题上具有强制性，不考虑农民的自由意志。其二，参保农民有选择新农合方案的选择权。半强制模式要求国家必须提供标准不同的多种新农合方案，参保农民可以选择参加适合自己的方案。之所以建议我国的新农合采取半强制模式，理由如下：其一，半强制模式适合我国国情。经济社会发展不平衡是我国的基本国情。西部、中部与东部的社会经济发展水平相差甚远，即使是同一地区的不同省份，同一省份的不同县市之间，社会经济发展水平都不相同。据此，不同经济发展水平地区的农民对于新农合的需求必然不同。要满足农民对新农合制度的不同需求，其制度设计就不能搞“一刀切”，这必然要求设计出适应不同社会经济发展水平的多样性的新农合制度。只有这样，才能满足我国农民对新农合制度的多样需求。因此，半强制模式适合我国国情。其二，半强制模式既尊重了农民意愿，又能更好地满足农民的医保需求。长期以来，我国农村公共政策的实施，都是自上而下型。这种模式既没有充分尊重农民的意愿又会导致政策在实施过程中走样，使农民无法得到实惠。而半强制模式却能够克服上述弊端，在尊重农民意愿的基础上让农民选择适合自己医疗需求的医疗保险方案。基于以上理由，我国的新农合应该采取半强制参保模式。

（二）构建合理分工、协调稳定的新农合筹资新机制

我国的新农合采取个人缴费、集体扶持和政府资助相结合的三方筹资机制。集体经济的式微以及政府资助特别是地方政府资助尚未制度化，这使新农合筹资水平较低，且筹资机制缺乏长效性与稳定性。因此，新农合筹资制度的完善应着重建构水平适度的长效筹资机制。

1. 按照城乡一体化发展的要求，逐步增加国家对新农合的财政投入

第一，新农合的筹资水平必须与经济社会发展相适应。在二元结构下，我国对农村医疗保障的投入严重不足。进入破除城乡二元结构，统筹城乡发展，实现城乡一体化发展的新阶段，要求国家增加对农民的医疗保障投

入。从目前我国的经济发展水平看，国家对新农合投入还有相当的增长空间。新农合制度必须规定国家对新农合的财政投入不低于医疗保险总投入的50%。

第二，合理划分各个筹资主体的出资责任。我国新农合虽然坚持国家、集体与个人三方出资的筹资模式，但是，集体经济的普遍式微导致集体筹资对于新农合的意义可以忽略不计。由于我国农民收入水平低且增收困难，又考虑农民为我国的城市化与工业化作出的巨大牺牲，因此，国家应该在新农合的筹资中占主导地位，且应长期坚持。

第三，科学划分各级政府之间的筹资责任。其一，合理划分中央政府和地方政府之间的筹资责任。由于我国社会经济发展不均衡，这必然要求中央政府针对不同地区承担不同的筹资责任。西部地区，中央政府应继续承担主要的筹资责任。中部地区，中央政府和地方政府各承担一半出资责任。东部地区应该坚持地方政府出资为主，中央政府出资为辅的筹资政策，并且中央政府的出资要慢慢淡出。只有这样，才能逐渐缩小我国不同地区之间的医疗保障差距，并有利于社会经济的均衡发展。其二，合理划分地方各级政府之间的筹资责任。地方各级政府的出资责任大小应由省政府决定。划分原则就是根据各级政府的财政收入大小确定其应承担的筹资责任。县域经济发达的地方，县级政府承担主要的出资责任。县域经济不发达的地方，省级与市级财政应承担主要的出资责任。其三，国家应根据补偿水平的合理发展目标确定中长期的政府出资计划。要保证医疗保险的公平性，世界卫生组织建议医疗保险的报销比例应不低于70%，即参保者的自付比例应控制在30%以下。目前，我国城镇职工基本医疗保险的住院报销比例已经达到70%左右。因此，为有效满足农民的医疗需求和实现城乡医疗水平一体化，我国新农合的筹资目标应使农民的报销比例达到70%。2012年，我国新农合住院报销比例已经基本达到60%。因此，我国应将2015年至2020年作为实现70%报销比例的期限，并根据此比例逐步增加新农合的财政投入。

2. 国家应积极扶持发展集体经济，使集体经济尽快有效实现

集体经济的发展壮大是社会主义公有制的本质要求。然而目前我国农村集体经济却普遍处于式微状态。这使得新农合筹资中的集体筹资成为“镜中花、水中月”。因此，要落实集体经济组织在新农合中的筹资责任，国家就必须采取财政支持、金融扶持、制度建构等多种措施，促使集体经济有效实现。

只有这样，农民集体才能切实承担其在新农合中的筹资责任。另外，我国一些地方的集体经济发展较好，有能力为成员参保提供集体补助。因此，我国的新农合立法应规定集体出资的决策机制、决策程序等内容，为集体筹资提供法律依据并将其纳入规范化轨道。

3. 积极拓展其他筹资渠道

政府在承担新农合的主要筹资责任时，还可以拓宽筹资渠道，实现新农合筹资渠道的社会化。其一，国家可以发行农村合作医疗福利彩票为新农合筹资。我国已经发行过福利彩票、体育彩票等，这为我国发行农村合作医疗福利彩票积累了丰富的经验，也提供了方便快捷的销售网点。而且从已经发行两种彩票的销售情况分析，我国彩票市场还有巨大的潜力有待于挖掘。基于此，借助发行农村合作医疗福利彩票为新农合筹资不仅是必要的，而且也是可行的。其二，在烟酒销售营业税中附加农民医疗保险费。我国拥有深厚的酒文化，作为烟草大国我国的烟酒市场非常巨大，且吸烟、酗酒都有害健康。因此，我国可以通过立法在烟酒营业税中附加医疗保险费，这既可提高国人的健康水平，又能为新农合筹集更多的资金，是一举两得的好事。其三，完善相关制度，对社会为新农合捐赠提供畅通渠道。目前，我国的贫富差距已经远超国际界定的警戒线，这是危害我国经济社会健康持续发展的重要不良因素。为消除该不良因素并扩大新农合的筹资渠道，新农合制度应该规定相应的筹资鼓励措施，鼓励富翁、企业家等通过募捐、义演、义卖等方式为新农合筹资。

（三）革新农民医疗保险权的实现机制

农民保险权的充分实现依赖于科学合理的新农合补偿机制，现行的补偿机制无疑不能确保农民医疗保险权的充分实现。为克服此弊端，必须革新现行的补偿机制。

1. 改革大病补偿模式

由于大病补偿模式存在严重不足，改革新农合的补偿模式已经成为学界通说。如何革新农合的补偿模式，殊值研究。学者建议将我国的大病统筹模式改为大病统筹+门诊统筹，但这种“一刀切”的做法并不符合我国社会经济发展不平衡的现状。从理论上分析，门诊统筹包括两种：其一，将包括大病与非住院治疗的小病以及慢性病等所有疾病都纳入门诊统筹；其二，大额门诊统筹。即仅对大额门诊实行统筹，而小额门诊不统筹，由农民自己支付医疗费。据此，新农合的补偿模式可以分为：大病（住院）统筹模式、大病（住院）统筹+大额门诊统筹模式以及大病（住院）统筹+门诊统筹。如何选择统筹模式，应该根据我国不同地区经济发展的程度而定。

对于发达的东部以及中部地区，应该实行大病（住院）统筹+大额门诊统筹的补偿模式，对于西部贫困地区，应该实行大病（住院）统筹+门诊统筹的补偿模式。理由如下：东部、中部等发达与较发达地区人均收入水平高，防御疾病风险的能力强，小额门诊费用对其而言，并不构成沉重的负担，他们无须通过新农合制度的小病门诊统筹减轻其医疗负担。而且，经济发达地区挣钱机会多，农民为了获得较小的补偿金额很可能会丧失较大的挣钱机会，从而使得小额补偿的机会成本太高。因此，即使在发达地区实行小额门诊补偿，农民也会因为机会成本高而放弃补偿。基于以上两点，小额补偿对于经济发达地区的农民而言，并没有太大的实际意义。因此，我国经济发达地区应该实行住院统筹+大额门诊统筹的补偿模式。在该种模式下，所谓的大额门诊统筹的疾病应该限于地方病以及慢性病。因为地方病以及慢性病虽不需要住院治疗，却需长期治疗。这导致地方病和慢性病的治疗费用并不低于住院治疗费用。我国新农合未将地方病、慢性病纳入统筹范围，严重削弱了其消除“因病返贫、因病致贫”的效果。因此，为了更好地实现新农合的制度目的，东部地区应该将慢性病与地方病纳入统筹范围，让农民实实在在地从新农合制度中受益。

对于经济欠发达的西部地区，则应实行大病（住院）统筹+门诊统筹相结合的补偿模式。因为这些地方的农民收入低，即使是较少的门诊费用对其而言也很可能是一笔不小的开支。而且，欠发达地区的农民挣钱机会少，他们报销小额门诊统筹的机会成本较小，这使得他们愿意花费一定的时间与精力去报销门诊统筹费用。据此，小额门诊统筹对于欠发达地区农民具有很大的现实意义，对他们也有较大的吸引力。在欠发达地区实行小额门诊统筹既可以更好地满足农民的医疗需求又能够增强新农合的吸引力，保证参保率稳步提高，使新农合制度具有可持续性。相关的实证调研数据也证明在我国实行两种不同补偿模式的合理性。“在云南省会泽县的调查也证明欠发达地区农民更重视实际利益，60.63%的被调查者认为新农合既要保障门诊又要保障住院，且两者并重，比中等发达地区（河南省长葛市的同一调查数据）高出 12.5 个百分点。"[1]另外，经济不发达地区实行小病门诊统筹还可以提高新农合基金的使用效率。新农合的合理基金使用率要达到85%，但由于新农合实行大病补偿模式，而农民患大病的机率很低，这就造成了新农合基金的不当积淀。而实行小病门诊统筹无疑可以降低新农合基金的积淀率，提高新农合基金的利用效率。

综上所述，我国农村社会经济发展不均衡要求对新农合补偿模式的选择不应统一化，而应针对发达程度不同的地区采取不同的补偿模式。具体而言，东部、中部等经济发达地区实行大病（住院）统筹+大额门诊统筹模式。西部欠发达地区应实行大病（住院）统筹+门诊统筹模式。这样的补偿模式设计符合我国经济社会发展的现状，能满足不同地区农民的医疗保险需求，从而实现新农合解决农民看病贵、看病难的制度目标，使制度具有持久生命力。

2. 提高起付线与封顶线之划定标准

我国学者普遍认为新农合的起付线以及封顶线的起点太低，必须适当提高起付线与封顶线的额度。

第一，提高起付线的额度。我国新农合起付线的设置必须以能够适合农民的经济承受力和增加参保者的费用节约意识为指导思想，并遵循以下原则：其一，起付线应能够有效防止农民将门诊费用转化为住院费用。据此原则，新农合起付线的额度应该高于平均门诊费用。其二，起付线的设置应该有利于鼓励患者在基层医疗机构就诊。参保农民选择医院的级别应该与其患病种类以及严重程度成正比关系。若患者盲目选择大医院就诊，不仅无助于疾病康复，还会造成医疗基金的浪费。为防止上述结果的发生，起付线额度应能有效鼓励农民积极选择基层医疗机构就诊。就此而言，我国新农合起付线不能定得太高，否则不利于农民在基层医疗机构就诊。另外，医院级别不同，起付线也应不同。只有这样，才能鼓励农民尽量在基层医疗机构就诊，并提升农村医疗资源的利用率。根据上述两个原则，各地应该参照当地的医疗水平确定由低至高的起付线。大体而言，乡镇卫生院的起付线以50元到100元为宜，本地县级医院以200元到300元为宜，县级以上以及外地医院以400元到600元为宜。

---

[1] 中国人民大学农业与农村发展学院课题组："论'能力密集型'合作医疗制度的'自动运行'机制——中国农村基本医疗保障制度的可持续发展"，载《管理世界》2005年第11期。

第二，提高封顶线的额度。设置封顶线的优点在于可以有效控制新农合基金的支出，防止基金风险。缺点在于不合理的封顶线设置会降低新农合的应有保障效果，使参保农民的医疗保险权不能充分实现。就此而言，封顶线的设置具有一定的风险。封顶线的设定应考虑如下因素：当地的经济社会发展水平；新农合的筹资水平；起付线、报销范围、平均住院费用以及报销比例等。由于我国现在已经进入城乡一体化发展的新时期，社会保障城乡一体化是统筹城乡发展的必然要求。目前，城镇职工医疗保险的封顶线是本地职工年平均工资的6倍左右。根据城乡一体化的要求，将新农合的封顶线设定为本地农民人均纯收入的6倍应该是合适的选择。

（四）采取多种措施完善新农合监管制度

1. 提高基金统筹层次

由于新农合基金的县级统筹存在很大弊端，既不符合新农合的公平要求又不利于实现其制度目标，因此，提高新农合基金统筹层次在学界已经达成共识。关于如何提高统筹层次，有两种方案可以选择：全国统筹与省级统筹，新农合基金实行省级统筹应该是合适的选择。

第一，新农合基金的全国统筹必要性不大。有学者以养老保险金应实现全国统筹为据，指出新农合基金也应实行全国统筹。然而，养老金实现全国统筹之目的在于促进劳动力的全国流动，这是劳动力市场统一性的必然要求。养老金地区统筹是阻碍劳动力市场统一的重要因素，为推进劳动力市场的统一化，养老金的全国统筹乃是势所必然。农业具有地域性与稳定性的特性导致农民的流动性非常弱，既然保障对象的流动性差，新农合基金的全国统筹就无必要。

第二，新农合基金的全国统筹会弱化地方政府的筹资责任，导致中央政府的筹资责任过重。“社会保障基金的统筹层次与政府责任密切相关，即社会保障基金统筹到哪一个层次，当级政府要对此类社保基金负责。”〔1〕由此可知，新农合基金实行全国统筹，这就要求中央政府对基金的筹集与管理承担主要职责。这就会弱化地方政府对新农合的筹资责任，导致中央政府的财政责任过重，无法形成长效稳定的筹资机制，进而危及新农合制度安全。另外，由于我国地区经济发展不平衡，东部发达地区的地方政府完全有能力承担主

〔1〕郑功成：“要建立更高统筹层次的社保基金”，载www.npc.gov.cn，2008年1月13日访问。

要筹资责任，对其而言，由中央政府承担主要筹资义务不合理。

第三，新农合基金的全国统筹不符合我国社会经济发展实际。新农合基金的全国统筹要求其保障水平与补偿方案的全国统一化。我国社会经济发展不平衡导致不同地区农民对新农合的保障需求不同。统一化的保障水平与补偿方案既因缺乏针对性而不能有效满足参保农民的医疗需求，又会因大锅饭的平均主义造成实质不公平。这进而会挫伤发达地区承担新农合筹资与管理责任的积极性，不利于新农合制度的顺利实施。以上因素决定了我国新农合基金全国统筹实不必要。

相较于全国统筹，省级统筹应该是我国新农合基金统筹的较好选择。理由如下：

第一，最大限度降低基金管理难度，弱化基金管理风险。基金管理的难度和风险与统筹层次成反比，新农合基金的省级统筹减少了管理主体，降低了基金管理的难度与成本，从而更有利于基金的安全。

第二，能够合理扩大基金调剂范围，提高基金使用率并有利于实现城乡一体化。省级统筹能够在全省范围内调剂新农合基金并实行统一的补偿政策、补偿模式和补偿标准，能使更多的参保人享受较高水平的医疗服务。这既提高了新农合基金利用率又利于实现社会公平。

第三，能够保持新农合基金筹资的稳定性。根据国家政策，从 2007 年起，地方财政增加的合作医疗补助经费，应主要由省级财政承担，原则上不由省、市、县按比例分摊，这表明新农合基金筹资的地方政府责任主体主要是省级政府。因此，由省级政府统筹新农合基金能够强化其出资责任，减轻市级政府与县级政府的财政负担。这一点对于中西部县级经济不发达的农村地区尤其重要。

另外，我国财政体制决定了中央政府和省级政府的财政主动性要强于一般的地市和县级政府，这能够确保政府补助的及时足额到位。因此，新农合基金由省级政府统筹有利于筹资机制保持稳定，能够保证新农合制度的顺利实施。

2. 新农合基金监管机制的完善

（1）建立内容完整的新型农村合作医疗公示机制。建立完善的公示机制是新农合信息公开原则的必然要求，这对于防范新农合基金的管理风险具有重要意义。完善的新农合公示机制内容主要包括：

第一，公示主体。信息公开的主体应包括基金管理机构、基金监督机构、新农合经办机构以及新农合定点医疗机构。

第二，公示内容。基金管理机构应公示基金筹资、基金总额、基金余额、基金使用情况等。基金监督机构应公示其对基金管理机构、基金经办机构以及定点医疗机构的监督情况，包括发现的问题以及整改情况等。基金经办机构应公示报销内容、报销程序以及基金支出等，以方便参合农民迅速及时地实现医疗保险权。定点医疗机构应公示收费标准、基本药物名录以及参合农民报销应获得的医院手续等医疗明细内容。

第三，公示方式。公示可借助传统媒体与网络媒体。每月上旬由县（市）的电视台、广播台以及报纸等将公示义务主体将上月应公示的内容予以报道。另外，在网络社会，应注重网络的公示以及监督功能。各地应建立专门的新农合业务网站，在规定的期间内将义务主体应公示内容在网上予以发布。

第四，公示时间。信息公开的一个重要要求就是必须及时，保证权利主体在最短的时间内知悉相关内容。据此，新农合应建立按照县、乡、村三级公示制度，实行旬、月、季、年度公示。这既可以确保参合农民的知情权、监督权及时实现并能有效防止基金管理风险。

（2）根据“管办分离”原则提高新农合基金的监管能力。管办分离是社会保障管理的基本原则与要求，我国目前的新农合管理机制是“管办一体化”，即农村合作医疗的管理机构与经办机构合二为一。这种管理机构既当裁判员又当运动员的基金管理体制极大增加了新农合基金的风险，不利于该制度的持续良性运转。据此，我国新农合基金管理须按照“管办分离”的要求予以完善。

第一，确立新型农村合作医疗经办机构的独立主体地位。我国目前新农合的经办机构隶属于卫生行政部门。由于行政机构上下级之间是命令与服从关系，这导致经办机构对包括卫生部门在内的各级政府部门挪用、截留以及挤占等危害新农合基金安全的行为无法采取任何有效的制约措施保证基金安全。我国新农合已经基本确立了管理委员会、政府相关职能机构、经办机构以及监督委员会的管理模式。据此，新农合经办机构应作为新农合管理委员会的执行机构，从而独立于卫生行政部门。这样一来，新农合经办机构作为一个独立机构，与卫生行政等政府部门没有隶属关系，可增强基金安全性。另外，法律应规定经办机构的负责人有权利对挪用、截留以及挤占新农合基金的行为予以追讨，并可对侵害新农合基金的行为人提起侵权之诉。

第二，基金的管理与运行应通过金融机构来完成。各地可根据方便农民的原则选择包括农村信用社等金融机构为中介服务组织并设立新农合基金专门账户，并委托其代收、代扣以及代发新农合基金。无论是农民的缴费还是政府补助一律存入专用账户。该做法有以下优点：其一，有利于基金管理收支两条线的管理原则顺利落实，实现新农合基金管理与支付的阳光操作，保证基金安全。其二，提高工作效率。通过金融机构代收、代发新农合基金，既提高了新农合服务的可及性，方便农民又减轻了基层干部负担，提升了新农合制度的服务效率与服务质量。其三，减少管理费用支出，降低新农合制度实施成本。通过金融机构运行新农合基金可以充分利用其服务网络、工作人员以及工作设备，这样一来，就减少了政府管理工作和人员需求量，从而减轻政府财政负担，降低制度运行成本。

（3）强化新农合监督管理的农民参与：

第一，增加农民在新农合管理委员会以及监督委员会中的话语权。农村合作医疗基金从本质上讲是为农民利益而存在，农民与基金的安全性具有最紧密的利害关系，对基金安全的侵害就是对农民医疗保险权的侵害。所以，应强化农民在新农合管理委员会以及监督委员会中的话语权。新农合制度应明确规定以上两委应由农民代表、专家学者以及政府相关部门行政人员组成。其中，农民代表与专家学者的比例各不低于1/3。另外，为确保农民代表有效履行职责，新农合制度应规定农民代表由参合农民选举产生，政府应给予代表履行职务一定的资金补贴。

第二，明确规定农民的建议意见权以及检举权。对新农合管理机构、经办机构提出批评建议并举报相关人员的违法行为是农民的基本权利。我国《宪法》第41条中明确规定，中华人民共和国公民对于任何国家机关和国家工作人员，有提出批评和建议的权利；对于任何国家机关和国家工作人员的违法失职行为，有向有关国家机关提出申诉、控告或者检举的权利。为贯彻落实《宪法》的规定，我国新农合法律制度应采取如下措施：其一，明确规定农民对于新农合的管理、经办事务享有建议、意见以及监督的权利。其二，建立举报投诉制度。法律应明确规定新农合的两委以及人大、政协、财政、审计、卫生等新农合管理机构以及新农合经办机构、定点医疗机构设立举报电话、举报箱以及举报邮箱，方便农民群众对新农合事务的监督。其三，赋予农民诉讼权。农民认为管理机构、经办机构以及定点医院侵害其合法权益的，可以提起民事诉讼，司法机关应受理并依法作出裁判。

3. 以消除医疗机构道德风险为目标，完善定点医疗机构的监管制度

定点医疗机构的行为失范是影响新农合制度实施以及基金安全的主要道德风险。要使医疗机构的行为规范化，保证新农合基金安全，就需完善相应的管理制度。具体言之：

（1）改革医疗费用支付以及收费方式：

第一，将后付制改为预付制。医疗保险实施中有两种费用支付方式即：预付制与后付制。预付制又称为第三方付费，是指由医疗保险机构根据已定付费标准或与医疗服务者之间达成的协议，提前将医疗费用支付给医生或医院。简言之，预付制下的医疗费用支付发生在医疗服务提供之前。后付制是指参保者将医疗费用支付给医院后，再由医疗保险机构根据补偿标准支付其医疗费。简言之，后付制中，医疗费用支付发生在医疗机构提供服务之后。我国目前新农合的医疗费用支付方式即为后付制。后付制的优点在于操作简单易行，方便医疗机构管理，并能够有效地防止因医疗费支付发生的纠纷。后付制的最大缺陷就在于无法有效控制医疗费用的不合理增长。其根本原因就在于后付制中，医疗机构的服务提供行为是决定医疗费用的标准和根据，只要医疗机构提供了相应的医疗行为，患者和医保机构就必须支付相应费用。由此可知，在后付制中，医疗机构几乎没有偿付风险，这必然导致医疗机构过度医疗以获得不合理利益，对新农合基金造成了巨大风险。有学者指出，“后付制是滋生医疗机构腐败的温床”，而预付制可以有效控制医疗费用的不合理增长，从而能够降低医疗机构的道德风险，保证医疗保险基金安全。其之所以能够有效控制医疗费用的不合理增长，原因在于：其一，医疗费用由医疗保险机构根据一定的标准提前支付给医院，这样一来，彻底改变了医院的收费标准，这可以有效控制医院的过度医疗行为。其二，在预付制下，医院收入不再取决于其提供医疗服务的多少。因此，可以有效消除供方诱导需求的动机。其三，预付制使得医疗机构承担了部分医疗和过度医疗的成本风险。由此可知，预付制可以有效防止医疗机构的道德风险，降低医疗费用支出，提高医疗保险基金的安全。要尽量消除医疗机构的道德风险，保证新农合基金安全，立法须将医疗费用支付方式由后付制改为预付制。

第二，改革收费标准。后付制的医疗费用支付标准根据的是医疗机构提

供的服务项目多少。要将后付制改为预付制，医疗费用支付标准也必须进行相应的改革，不能再采取按项目收费的支付标准。在预付制下，医疗费用的支付标准有以下几种：总额预算制、按人头付费、按病种付费以及按服务单元付费。总额预算制是指保险机构与医疗机构协商一致，在某一特定时期，保险方向医院偿付已经确定的医疗费用总额。按人头付费是指保险机构将根据医疗服务对象数量所确定的费用预先支付给定点医疗机构，由定点医疗机构提供合同约定的医疗服务。按病种付费法是指保险方按诊断等因素以及严重程度将疾病分为若干等级，然后确定不同等级疾病的费用标准，最后根据参保者所治疗疾病的等级支付医疗费用。按服务单元付费是指保险方根据一个住院日、一个门诊人次等因素将医疗服务分为若干单元，根据一定的标准确定每一单元的支付费用，然后根据医疗机构提供的服务单元数量付费。

由以上论述可知，预付制的本质并不在于医疗费用支付的时间，而在于确定了新的治疗费用支付标准，进而通过这些支付标准确定医疗费用数额。总额预算制事先确定了某一时期的全部医疗费用，医院的实际医疗费用数额并不能决定医疗费用偿付额，其控制医疗费用的数额力度最大。按人头付费是以在定点医疗机构就医的参保人数量确定医院应获得的医疗费用，其收入与病种、医疗方式无关。这样一来，医院就无法通过过度医疗获得高额收入。按病种付费和按服务单元付费是根据医院提供的医疗服务来确定医院应获得之医疗费用，因为事先确定了各种病种以及各种单元应提供的服务项目及其价格，进而通过这种方式控制医疗费用的不合理支出。

应然状态下，患者需要哪些医疗服务应该由医生科学确定，使患者能够支付合理费用得以康复，医院也能够获得一定的利润。由此可知，根据项目付费是理想和科学的付费方式。然而，在社会失信以及利益的驱动下，过度医疗成为医院提供服务的常态，这导致患者、保险机构以及医疗机构之间的利益严重失衡，使得医院成为医疗保险的最大受益者。为此，制度的设计不能再根据想象的理想状态进行内容设计，而必须根据医疗机构的现实行为进行规范，使失衡的利益关系得以平衡，进而达至医疗服务的理想状态。就此而言，总额预算制以及按人头付费都由于偏离医疗服务的本质要求太远，可能导致确定的医疗费用无法填补医疗机构提供合理服务的支出。这会使医疗机构提供的医疗服务水平下降，无法满足参保者的医疗需求，不符合医疗保险的本质与制度目的。因此，我国预付制应采纳以按病种付费与按服务单元付费为主，按人头付费和总额预算制为辅的费用支付模式。

（2）强化新农合医疗机构的监督管理机制：

第一，要完善农民民主参与新农合监管的制度建设，强化农民的监管力度。各地方政府应探索多种渠道的农民监管方式，应保证新农合的监管主体中有农民代表的成员以及人数比例要求，并明确农民代表的权限范围以及职权行使程序，对侵害农民代表职权的行为追究行政乃至刑事责任。赋予农民代表诉讼权，以保证其监督职权的有效行使。

第二，完善行政机关对医疗机构的监督机制。新农合制度应对行政监督的各个机关进行合理分工，并实行责任追究制。政府部门的卫生、财政、农业、社会保障、民政与审计等部门都有一定的监督职责。因此，立法应该明确各个监督机关的职责，并明确监督不力的责任，以加强新农合的行政监督。

第三，强化新农合定点医疗机构的自我约束机制。政府应该颁布一系列文件指导新农合定点医疗机构制定相应的规章制度，防止医生的过度医疗行为。

第四，建立第三方监管机制。我国新农合的监管制度是以卫生行政部门为主导的委员会制，卫生行政部门与医院之间的依附关系以及形成的利益关系，会导致卫生行政部门对医院失范行为监管不力。为克服此弊端，新农合有必要建立第三方监管机制。我国可以借鉴国外的同行审核制度，建立起我国的专家医疗咨询、评价以及监督制度。国家可通过修改《执业医师法》，赋予医师行业协会更大的监管职权。医师行业协会对于违反职业道德以及诊疗规范的医生，有吊销执照、市场禁入等权力。对于医疗机构的监督，医师行业协会可以把监督结果与定点医疗机构的定点资格、奖惩有机结合起来。

（3）以竞争方式选择定点医疗机构：

第一，实行严格的定点医疗机构准入制度。对不同所有制的医院要一体对待，都允许其竞争新农合定点医疗机构的资格。目前，我国在定点医疗机构的选择上倾向于国家和集体所有制的医院，而将私立医院排除在外，这既违反了民事主体平等原则又不利于医院之间进行竞争，造成公立医院的垄断地位，不利于医疗费用的控制以及农民健康水平的提高。因此，国家应该允许私立医院也有资格通过竞争成为新农合定点医院。

第二，建立对定点医疗机构及其医生的信誉评级制度。新农合管理机构应该通过设立举报箱、投诉电话、电子邮箱等渠道征询患者的意见，并将患者的满意程度作为选择定点医疗机构的重要因素之一。

第三，建立严格的定点医疗机构退出机制。新农合制度应该规定，如果定点医疗机构出现以下情形，将取消其新农合定点医疗机构资格，并视情节严重程度禁止其在若干年内竞争参选新农合定点医疗机构的资格：定点医疗机构出现重大医疗事故并且造成严重不良影响的；新农合监管机构发现医院申报定点医疗机构时弄虚作假或采取其他违法违规手段的；定点医疗机构因违规被新闻媒体曝光，经查证报道内容属实的；定点医疗机构违反诊疗规范和服务协议，采取违规检查、不合理用药等过度医疗行为或收取回扣等严重损害患者利益的。

（五）以层次化为指导提高新农合的法律渊源

由于我国新农合制度的法律渊源基本上都是部门规章，它们存在效力层次不高、内容不完整、体系化不足以及操作性不强等缺陷。这影响了新农合制度的顺利实施以及保障目标的实现。要解决上述问题，必须完善新农合的法律渊源制度。

第一，以法律或行政法规规定新农合基本制度。以法律或行政法规调整新农合社会关系的目的在于提高新农合法律制度的效力，以更好地督促地方政府积极推进新农合事业的发展。

第二，新农合基本法律主要内容应包括：其一，新农合应坚持的基本原则；其二，农民的医疗保险权和由此产生的义务；其三，新农合的筹资机制；其四，新农合的服务提供机制；其五，新农合的管理监督机制；其六，新农合的法律责任制度等内容。

第三节　农民社会保障的最低层次：社会救助

一、实现农民社会救助法律的体系化

（一）提升农民社会救助的立法层次

我国目前有关农民社会救助的法律制度存在效力层次不高，不利于实施的问题。要克服这一问题，必须提高农民社会救助法律制度的效力层次，由全国人大和国务院制定相应法律规范。其一，国家必须制定由全国人大常委会通过的农民社会救助基本法，对农民社会救助制度的救助项目、救助对象、

救助范围、救助程序、资金筹集以及管理体制等基本问题作出规定。其二，为了贯彻落实农民社会救助基本法，使其具有可操作性，国务院根据农民社会保障项目的不同，制定相应的以条例命名的行政法规。

（二）我国农民社会救助立法的模式

我国农民社会救助制度应该采取统一立法和特殊立法相结合的模式。所谓统一立法，是指中央和国务院就农民社会救助的最基本问题以及最低标准作出规定，以实现“应保尽保”的农民社会救助目标。所谓特殊立法，是指各级地方政府为因地制宜、更好地贯彻中央立法，根据本地区的特殊情况对农民社会救助作出特殊规定。采取这种立法模式的根本原因在于我国社会经济发展的不平衡。我国社会经济发展有三个层次，第一是东部发达地区，第二是中部欠发达地区，第三是西部不发达地区。这种社会经济发展失衡的局面决定了我国不能采取“一刀切”统一模式的农民社会救助立法，而应赋予地方政府较大的立法权限。

就国家层面而言，中央应该就三个地区的农民社会救助模式作出原则性规定，然后再由各个地区根据情况制定相应的地方法规或规章。具体而言，我国东部等发达地区的农民社会救助体系应以最低生活保障为基础，以教育、医疗、住房等专项社会救助为辅，再以临时救助和社会帮扶为补充。中部地区的农民社会救助体系应以最低生活保障以及农村特困户救助为基础，以教育、医疗、住房等专项社会救助为辅，再以临时救助和社会帮扶为补充。西部地区应构建以农村特困户救助、五保供养为基础，以教育救助、灾害救助、医疗救助为辅助，再以临时救助为补充的农民社会救助体系。由于各个地区的不同省市之间经济社会发展不平衡，因此，国家必须规定较落后地区可以采取较为发达地区的社会救助模式，而发达地区不能采取落后地区的社会救助模式。

（三）农民社会救助制度的体系构建

我国农民社会救助基本法的体系应是总分的体系结构。总则是关于各具体农民社会救助项目共通性的规定，分则是关于各具体农民社会救助项目特殊性的规定。根据我国目前相关的农民社会救助规范，我国农民社会救助基本法总则包括以下内容：

第一，农民社会救助的权利与义务主体。应明确规定农民社会救助责任主体为国家和集体，权利主体为贫困农民。

第二，农民救助权的取得条件以及程序。难以维持基本生存的农民家庭，应获得农民社会救助。取得之基本程序是农民申请、农村集体经济组织评议以及上报、乡镇政府的家计调查与审核、县级政府民政部门的家计调查与批准。

第三，农民社会救助的管理制度，主要包括农民社会救助的主管机构、实施机构与辅助机构；各个机构的职责权限。

第四，农村集体经济组织以及相关人员的配合义务。

（四）设置农民社会救助项目体系

1. 农民社会救助项目类型

根据马斯洛的需求层次理论，按照由低到高的层次，人具有以下几种需求：生理需求、安全需求、社交需求、尊重需求以及自我发展的需求。因为人的需求具有扩展性，这决定了农民社会救助项目应是一个开放性的系统。美国《社会工作百科全书》认为，社会救助“是在整个社会保障体系中最富有弹性而不受拘束的一种计划”。这深刻地揭示出社会救助体系的发展性以及开放性。随着社会经济的发展，人的需求不断增加，以满足人的需求为己任的农民社会救助项目也会随之增加，这要求农民社会救助法对救助目标、救助对象、救助范围以及救助标准适时调整。农民社会救助的目标在于满足贫困农民的需求，根据社会救助满足需求层次的不同，我国农民社会救助项目的安排应该包括满足生理需求与安全需求的生存型救助以及满足其他需求的发展型救助。生存型救助包括基本生活救助（农村低保、五保供养）、医疗救助、住房救助、灾害救助以及就业援助等，发展型救助包括教育救助、法律救助、司法援助、科技救助以及心理救助等。

2. 明确各农民社会救助项目之间的关系

农民社会救助法律制度必须明确各种社会救助项目之间的关系。农民社会救助体系要覆盖贫困农民生活需要的各个方面，每项社会救助项目只能满足受助者某一方面的生活需要。因此，我国农民社会救助法律必须整合各个单项社会救助制度，使其能够互通、互联、互补，构成一个有机体系，发挥制度的整体功能。其一，救助目的与功能相同的社会救助项目不能重复规定，即使重复规定，受助者也不能同时享受。比如，我国基本生活救助就包括农村低保、农村特困户救助以及农村五保。未来我国农村基本生活救助项目就只能保留一项即农村低保。其二，功能不同的农民社会救助项目应规定齐全，并能够重复享受。在农民社会救助项目体系中，不同项目的功能应避免重叠交叉，每一项目的功能应该独立单一。这决定了功能不同的社会救助项目可以重复享受。这样一来，贫困农民可以根据实际需要申请某一或某几种救助项目，政府或社会也可根据其需求，给予针对性较强的救助，从而发挥有限救助资源的最大效益。

二、构建长效稳定的社会救助筹资机制

（一）确立多渠道筹资的救助资金筹措模式

1. 确立政府的主导投资主体地位

我国《宪法》第 14 条第 4 款规定："国家建立健全同经济发展水平相适应的社会保障制度。"第 45 条第 1 款规定："中华人民共和国公民在年老、疾病或者丧失劳动能力的情况下，有从国家和社会获得物质帮助的权利。国家发展为公民享受这些权利所需要的社会保险、社会救济和医疗卫生事业。"由此可知社会救助权是农民的一项基本权利，其义务主体是国家。我国农民社会救助法应明确规定农民社会救助资金主要来源于国家财政。要保证各级政府对社会救助的有效资金投入，必须采取如下措施：

第一，必须转变观念，破除社会救助是一种消费支出，不利于经济发展的错误思想。有些地方政府认为农民社会救助是花钱事业，对其支出不利于经济增长，因此不愿意投入资金进行农民社会救助。然而，这种观点是不正确的。其一，农民社会救助支出很大程度上是一种人力资本的积累，能够提高受助者的劳动技能，因此能够促进经济增长。其二，经济增长与社会发展是手段与目的之关系。社会救助正是为了实现社会与人的更好发展。因此，政府投入资金进行社会救助是实现经济增长目的的重要手段，仅仅追求经济增长而不进行社会救助投入属于本末倒置之举。

第二，法律必须明确规定每年财政预算时设立农民社会救助专项资金是各级政府的强制性义务，违背这一义务的地方政府及其领导人应该承担相应的行政责任。只有这样，才能建立起稳定可靠的长效政府投入机制。最后，应将农民社会救助成绩纳入官员的升迁考核指标体系中。在发展农民社会救助事业方面颇有建树的官员应优先提拔升迁。

2. 确立集体投资义务主体地位

集体经济组织应作为农民社会救助的投资主体之一，是由我国集体所有

制的经济基础决定的，新农保与新农合制度均已确定集体经济组织是其重要的筹资义务主体。因此，农民社会救助制度也应该确立集体经济组织的筹资义务主体地位。目前，我国部分农村集体经济发展式微，没有集体积累。集体经济组织为其成员投入救助资金可以说是有心无力。但是，也有部分集体经济组织发展良好，特别是诸如华西村、南街村等集体经济发展较好的名村，他们完全有能力为村民提供社会救助资金。因此，农民社会救助制度要分类对上述集体经济组织的筹资义务作出不同的规定。其一，集体经济发展较好的名村，为其成员提供社会救助资金是强制性义务，法律必须以强制性规范规定之。其二，集体经济式微的普通村，法律可以任意性规范规定农民集体的筹资义务。其三，国家应鼓励无集体积累的集体经济组织通过一事一议的方式为集体成员提供必要的救助。集体所有制的目的在于实现集体成员之间的共同富裕。而集体为其成员提供社会救助则是实现该目标的重要手段。为彰显集体的存在意义，使农民对集体产生认同感与归属感，并增强农民之间的互助精神，国家应通过财政奖励、金融支持等方式倡导集体通过一事一议的方式为贫困成员提供社会救助。

3. 发行农村救助基金福利彩票

目前，我国已经发行多种慈善基金支持社会保障事业发展。这些福利彩票为农民社会救助基金福利彩票的发行提供了成熟经验和网络支持。我国农民社会救助也可以借鉴上述经验，发行救助彩票筹集农民社会救助资金。以这种方式筹集农民社会救助基金，广西壮族自治区走在了全国前列。自2000年以来，广西发行风采电脑福利彩票。至2005年，共销售人民币40多亿元，筹集农民社会救助基金13亿多元。广西用这些资金修建乡村敬老院支持农村五保户供养取得显著成效，促进了广西社会的稳定与发展。广西经验表明，以发行彩票的方式筹集农民社会救助基金是可行的。我国农民社会救助法应明确将其作为一种筹资渠道。

4. 拓宽社会捐赠渠道

仅靠政府的财政投入发展农民社会救助事业，必然存在较大资金缺口。我国农民社会救助法需开辟农民社会救助资金的新渠道，实现筹资的社会化，社会捐赠就是其中重要的筹资方式。由于受儒家思想的影响，“不独亲其亲，不独子其子，使鳏寡孤独废疾者皆有所养”的互助思想在国人的脑中根深蒂固。可以说，通过社会捐赠筹集农村救助资金在我国有坚实的文化基础，农民社会救助资金的筹集应发挥民间力量。为此，农民社会救助法应制定相应的规范，为通过社会捐赠筹资提供制度保证。其一，鼓励、支持知名企业、社会名流以自己名义设立农民社会救助基金，并制定相应的基金管理规范。对于私人捐赠设立的农民社会救助基金，根据意思自治原则，由其自行管理、自主投资，基金的增值额，只要向政府和社会公告资金的来源及去向，就可以免除相应税收。其二，政府与私人可共同成立农民社会救助基金。由政府与私人共同投资设立的农民社会救助基金，根据章程，政府也可以参与基金管理，确保基金的安全与保值增值。其三，鼓励企业向敬老院等农民社会救助机构捐款捐物，对于企业和个人捐助的农民社会救助基金给予税收优惠。

（二）完善农民社会救助财政资金投入机制

1. 政府应大幅度增加对农民社会救助的财政投入

近年来，国家对农民社会救助的资金投入快速增长。但由于我国贫困人口数量多，以前国家欠债多，国家对农民社会救助的资金投入仍显不足。因此，必须完善农民社会救助资金的国家出资制度，形成稳定长效的财政投入机制。其一，国家应继续增加对农民社会救助资金的投入，提高农民社会救助在国民收入总值中所占比例。其二，调整财政支出结构，大幅度提高财政性社会救助资金支出在财政支出中的比例。其三，应将原先各部门自行筹措、分散使用的救灾、低保、医疗等各类救助资金纳入社会救助资金总体系，统一筹集，统一使用，统一管理。其四，随着社会经济的发展，贫困农民的各项支出费用必然增加，农民社会救助法还需建立稳定的资金投入增长机制。

2. 拓宽政府对农民社会救助投入的资金来源

要确保政府对农民社会救助有充分的资金投入，还需在体制内拓展新的筹资渠道。

第一，提取国有企业上缴财政红利的一定比例作为农民社会救助资金。从 2007 年开始，中国企业结束了连续 13 年不向国家缴纳红利的历史。而且，中央要求各级政府投资的国有企业也进行上缴红利的试点。国有企业上缴一定比例的红利是由其全民所有制的属性决定的，这符合社会主义公有制企业的本质要求。为确保农民社会救助有充足的资金支持，农民社会救助法应规定国家应提取一定比例的中国企业和地方国企的红利作为农民社会救助资金。

第二，以国有股减持的收入作为农民社会救助的资金来源。理由在于：首先，国有企业资金有相当一部分来自于农民。在我国工业化初期，国家通过低价征地、工农业产品剪刀差的方式提取农业剩余，为工业提供资金积累。由此可知，国有企业的资本积累有相当一部分来自于农民的利益牺牲。在我国进入工业化中后期后，通过国有股减持所获资金作为农民社会救助资金是工业反哺农业的有效方式。其次，国有企业的性质决定了农民应该从中受益。国有企业的实质是全民所有制企业。这意味着国有企业属于全体中国人民。农民作为国人的一部分，应该享有国有企业的收益。将国有股减持的部分收益作为农民社会救助资金无疑是实现农民在国企中的主人地位的重要方式。国有股减持的部分收益作为农民社会救助资金既有理论基础又具有可操作性，农民社会救助法应将其规定为一种筹资方式。

第三，将国有土地使用权转让的部分收益作为农民社会救助资金。在工业化初期，政府低价征收农民集体的土地然后高价转让获得巨额差价也是农业支持工业发展的重要途径。在我国进入“工业反哺农业、城市支持农村”的发展新阶段，低价征收土地为工业化提供资金积累的历史使命已经完成。国家应将土地差价的大部分收益返还给农民，提取一定比例的土地转让收益作为农民社会救助资金是实现这一目的之重要途径。

（三）合理划分各级政府的筹资责任

要使稳定的政府投入增长机制能够充分发挥效能，农民社会救助法还必须合理划分各级政府在农民社会救助资金筹集中的责任。

1. 必须合理划分中央政府与地方政府之间的筹资责任

第一，提高中央政府筹集农民社会救助资金的比例。我国现有的财政管理体制将财政收入的大头集中到中央，而地方财政能力不足。然而，根据现行规定，农民社会救助筹资的主要责任主体是地方政府，中央政府只对财政困难地区给予一定的资金支持。这样一来，造成了地方政府的财权与事权不匹配，其缺乏开展农民社会救助的积极性和主动性。即使有开展农民社会救助的积极性与主动性，财力不足也会导致地方政府无法有效开展农民社会救助工作。在现行的财税体制下，我国农民社会救助法必须根据财权与事权相匹配的原则，增强中央政府在农民社会救助中的筹资责任。

第二，中央与各级地方政府的财政责任不能“一刀切”。我国农村社会经济发展不平衡，从宏观上分析，存在东、中、西部三大集团。他们的财政实力相差甚远。其中，东部诸省份地方政府的财政实力最强，中部次之，西部最差。然而，西部是我国贫困农村人口最多，最需要救助的地区。若中央与地方政府负担比例采取“一刀切”的做法，必然导致西部地区的贫困农村人口不能获得有效救助，无法维持其基本生存。为解决该问题，我国中央政府与地方政府的农民社会救助筹资责任应该为：在西部地区，农民社会救助资金的筹集以中央政府的财政责任为主；在中部地区，农民社会救助资金的筹集，中央与地方政府各占一半；在东部地区，农民社会救助资金的筹集以地方政府为主，中央财政为辅。

2. 合理划分各级地方政府之间的筹资责任

在合理确定中央政府与地方政府的筹资比例后，农民社会救助法律还应科学划分各级地方政府之间的筹资责任分担比例。目前，我国大部分省采取了市县两级负担的分担机制，其责任比例从 7∶3 到 3∶7 不等。这种责任分担机制无法有效实现农民社会救助的制度目标。我国是一个地区差异明显的国家，不仅地区间发展不平衡，而且同一地区不同的县市其贫困状况、财政能力差别也很大。真正需要救助的人员，他们所在地区的地方政府财政能力一般来说不佳，主要依靠其资金能力无法解决贫困农民的生存危机问题。而那些财政能力较好的地区，却基本没有需要救助的贫困农户或需要救助的贫困农民很少。由此可知，在各级地方政府之间确定一个统一的责任分担比例不适合我国国情。解决该问题的办法就是根据地区差异，实行分类负担的原则。其一，地方各级政府都应该负担一定的农民社会救助筹资责任，省级政府不能排除在外。其二，农村贫困人口较多的地级市，省级财政负担主要的筹资责任。其三，贫困人口较多的县，省级与市级政府承担主要的筹资责任。其四，贫困人口较多的乡镇，农民社会救助的筹资责任以县级和市级政府为主。上述负担比例应以 2 年至 3 年为一个周期进行调整，以确保其时效性和针对性。

三、规范农民社会救助权的变动

（一）农民社会救助权主体的确定

社会救助工作的首要环节是确定哪些人应该享有社会救助权，据此，农民社会救助法必须明确规定社会救助权的主体资格条件。

1. 科学地确定贫困线

贫困线是享受农村基本生活救助的分水岭。家庭收入在贫困线以下的农村居民，都应该享受基本生活救助，在贫困线以上的农村居民，则不能享受基本生活救助。贫困有绝对贫困与相对贫困两种类型。界定贫困也有两个标准，绝对贫困线与相对贫困线。前者以每人每日获得2100大卡热量的最低营养需求为基准，后者大约相当于国民收入的一半。一般而言，不发达国家采用绝对贫困线作为农民能否享有社会救助的标准，发达国家以相对贫困线作为农民能否享受社会救助权的标准。我国一直采取绝对贫困线作为农民社会救助的标准，但这已经不合时宜。经过30多年经济高速增长，我国已经进入发展中国家的中上等行列，虽然不能如发达国家那样采取相对贫困线标准，但也不能再采取绝对贫困线标准。贫困线的确定应该跟上经济社会发展的步伐，我国农民社会救助的贫困线应高于绝对贫困线低于相对贫困线。

2. 贫困线的确定应因地制宜

由于我国社会经济发展不平衡，不同地区的农民收入差距较大。经济发达的东部地区、欠发达的中部地区以及不发达的西部地区应该划定不同的贫困线标准。经济发达的东部地区贫困线的标准最高，中部地区次之，西部地区最低。中央应制定贫困线划定的基准与原则，由各省级政府以县市为单位划定贫困线。具体言之，东部地区应以相对贫困线作为确定救助权主体的条件。中部地区应选择居于相对贫困线与绝对贫困线之间的界线作为农民享有社会救助权的条件。西部地区原则上应以绝对贫困线作为享受社会救助权的资格条件。

3. 科学确定专项社会救助对象

现在我国农村专项救助对象的确定依托农村最低生活保障，即先确定农村低保对象，只有他才能享受各种专项社会救助。该做法的优点在于，简化操作程序，容易确定专项救助对象。缺点在于，生活在低保标准边缘的困难群体不能享受任何专项社会救助。为克服该弊端，我国农民社会救助法应规定，对家庭人均收入略高于当地最低生活保障标准，但由于医疗、教育、住房、法律服务等情况影响基本生活或基本权益的低收入家庭（贫困边缘户），应给予医疗、教育、住房、法律服务等专项救助。

（二）农民社会救助权的取得

农村贫困居民具有获得救助的主体资格后，还必须为一定的行为，满足一定程序要求，才能获得社会救助。

1. 农民取得社会救助权的启动

获得社会救助权的第一个步骤为启动救助程序，有两种方式，积极启动和消极启动。前者是指欲获得社会救助之农民向受理机关提出申请。后者是国家主管机关依职权主动向其确定的救助对象提供社会救助。目前，我国相关的规范性文件只规定了积极启动一种方式，这无疑不利于农民社会救助权的实现。我国未来的农民社会救助法应规定，积极启动和消极启动均为合法的启动程序。

申请可以有口头申请和书面申请。我国目前仅仅规定了书面申请一种方式。在受救助农民没有书写能力而又找不到代写人的情况下，书面申请方式就将其排除在受助者范围之外，这无疑与社会救助的目标背道而驰。因此，我国农民社会救助法应规定口头申请与书面申请具有相同的法律效力。在申请人提出口头申请时，社会救助主管机关有接受申请的义务，并应将当事人的基本情况和口述申请内容记录在案。

现行的相关法律规定申请人应向村委会提出申请。然而，若村委会不受理，则申请者的救助权不能实现。为切实保障农民的社会救助权，农民社会救助法应该规定村民既可以向村委会提出申请也可以向乡镇政府、县级民政部门提出申请，他们必须接受农民的救助申请。

2. 农民社会救助资格的审查

根据目前的规定，我国的审查包括民主评议、审核以及审批。这些审查程序的核心在于家计调查。“家计调查是依据当地的贫困线标准对申请救助者的资产、收入以及家庭人口进行调查，以确定其是否符合救助条件的制度设计。”〔1〕家计调查的目的在于将不符合救助条件的申请者排除在救助对象之外。农民社会救助法可以从以下几个方面完善现行的审查程序：

第一，增加家计调查手段。我国目前规定的家计调查手段包括入户调查、邻里访问以及信函索证等。这些手段具有相当大的模糊性和局限性，导致家计调查准确率不高。为解决该问题，我国社会救助法应该规定民政部门有权限查阅申请人在银行等金融机构的账户。银行等金融机构有配合的义务。

第二，完善公示异议程序。为有效剔除不符合救助条件的申请者，农民社会救助法应规定两次公示异议程序。第一次为乡镇政府审核后的公示，第二次为民政部门批准后的公示，以上两次公示期间均不少于 7 天。对有异议的救助对象，乡镇政府或民政部门必须认真核查，并应及时将处理结果通知异议人。

---

〔1〕 曹明睿：《社会救助法律制度研究》，厦门大学出版社 2005 年版，第 240 页。

第三，明确规定审查期限。我国现行有关农民社会救助的规范性文件并未明确规定农民社会救助的审查期限。城市低保条例规定的审查期限为30天，为推进城乡社会救助制度的一体化，农民社会救助的审查期限规定以30天为宜。但对满足农民紧急需要的救助项目，法律应该规定较短的审查期限，以对申请者予以及时救助。

3. 农民社会救助待遇的给付

在民政部门批准申请人的救助申请后，需实施相应的救助行为，这称为社会救助待遇的给付。民政部门可自己直接给付，也可以委托其他机构给付。为方便受助人接受给付，提高救助效率并防止腐败，我国农民社会救助法应规定：救助给付以间接给付为原则，以直接给付为例外。

（三）农民救助权的变更与丧失

农民社会救助权的变动包括变更以及丧失。所谓变更就是救助权客体的变化。农民社会救助要实现其制度目标，需确定科学的救助标准。由于社会经济的发展，农民基本生活费用以及教育、医疗等支出必然随之增加，这要求农民社会救助标准必然是动态变化而非一成不变的。因此，农民社会救助法应明确规定救助标准的动态调整机制，保证各项救助能实际解决贫困农民的基本需要。当农民社会救助标准变化时，受助者所获农民社会救助待遇会相应发生变化。这就是农民社会救助权的变更。

农民社会救助权的丧失是指受救助者不符合救助条件，从而失去受救者的资格。导致农民社会救助权丧失的原因包括撤销以及停止。撤销是指已经享受社会救助的农民自始就不符合救助条件，由民政部门撤销其受助资格，并要求其返还所受领的金额与利息的行为。停止是指农民社会救助者不再符合救助条件，由民政部门取消其受助资格。受助者的经济情况会发生变化的事实要求，农民社会救助法实行救助对象的动态管理。农民社会救助法对新增加的受助者应做到随时申请、及时审核、及时纳入并建立科学的受助对象退出机制。民政部门要建立受助对象的数据库，随时了解其经济情况。另外，法律应规定民政部门每5年对所有受助对象进行一次彻查。当管理部门发现受助者不符合救助标准时，应取消其救助资格。

（四）农民社会救助权的救济

有权利必有救济，农民社会救助权在受到侵害时，也应通过一定的手段获得救济。我国农民社会救助法应明确规定行政复议与行政诉讼作为农民社会救助权的法定救济手段，并可作如下规定：申请人或救助对象对于社会救助管理机关或相关机构作出的不予批准或者调整、停止救助的决定或行政处罚不服的，可以依法申请行政复议或者依法提起民事诉讼；申请行政复议后对复议决定不服的，可以依法提起民事诉讼。

四、健全农民社会救助的监管制度

（一）改革现行“九龙治水”的管理体制

我国目前多头管理的体制效率低下，不利于农民社会救助目标的实现。为克服此弊端，农民社会救助法必须建立：“政府主导、民政主管、部门联动、基层运行”的高效统一的农民社会救助管理体制。具体言之，以民政部门为核心，以财政、卫生、教育等部门为辅成立农民社会救助管理委员会，由其统一负责农民社会救助事务的组织和协调。基层运行的要义在于农民社会救助的开展应以乡镇政府为载体。乡镇政府承担以下职责：其一，中介职责。它是救助者与施救者的中介，接受救助申请，进行家计调查并向县级民政部门报送申请。乡镇政府也可以委托村委会接受申请，开展家计调查。其二，信息提供职责。乡镇政府负责辖区内受助者的信息搜集、分类并向主管机构提供。其三，救助方案提供职责。乡镇政府根据所搜集的信息制定本辖区农民社会救助实施的总体方案。其四，救助给付职责。由施救机构根据总体救助方案将救助物资拨付给乡镇政府，再由其对救助需求者给予针对性的救助给付。

（二）重视社会组织的救助职能

农民社会救助管理既要界定和强化政府责任，又要引导、支持民间力量积极参与农民社会救助工作。政府虽然在社会救助中起主导作用，但也存在力量有限、效率低下等不足，农民社会救助法律必须支持、引导社会力量参与农民社会救助，提高其针对性与实效性。其一，以法规范社会组织的治理结构以及权限范围。其二，合理界定政府与社会组织在农民社会救助中的职责范围。政府要实现从救助管理向救助服务理念的转变，对农民社会救助不能大包大揽。为此，要形成政府与社会组织的协调合作、有机配合，最终实现社会救助的社会化。其三，完善政府购买服务的法律制度。有些社会救助必须由相应的专业机构实施，这就需要由政府向其购买服务。政府购买从本质上而言是一种民事合同。因此，农民社会救助法应以私法理念为指导，按照民事生活的运行机理制定规范，以降低救助成本，提高救助效率。

（三）强化社会监督机制

农村社会救助监督的类型包括行政监督、党内监督以及社会监督等。农民社会救助法必须明确各监督机构的监督职责、监督程序，特别是强化社会监督。强化社会监督需采取以下措施：其一，规定农民社会救助机构的宣传职责。只有让农民群众了解相关的政策法律，才能行使监督职责。其二，建立投诉制度。在乡镇政府以及县级民政部门设立专门的投诉处理中心，接受并处理群众投诉。其三，建立公示制度。在固定的时间与地点公开受助者的家计调查信息，接受社会的监督与举报。一旦发现举报属实，要及时处理。总之，通过完善社会监督机制，使农民社会救助工作贯彻“公开、公正、公平”原则，实现阳光操作。

（四）明确规定救助管理机关的法律责任

责任是确保管理机关落实社会救助制度的强制性力量。我国农民社会救助法应明确规定救助管理机关的违法行为及其责任。

第一，应该承担法律责任的违法行为：对符合法定救助条件的救助申请不予受理或未依法说明不予授予的理由的；对符合救助条件的救助申请不予审批或对不符合条件的救助审批予以审批的；滥用职权，徇私舞弊，贪污、挪用、扣押、拖欠、虚报社会救助款物，擅自降低或提高社会救助水平的；玩忽职守，对社会救助工作造成严重危害后果的；其他违反法律规定的行为。

第二，责任承担方式。其一，国家赔偿。因为上述行为给救助对象造成损失，根据民法填平原则完全赔偿救助者的损失。其二，行政责任。由有权国家机关给予责任人一定的行政处分。其三，刑事责任。上述行为导致严重社会危害的，由司法机关追究违法行为人的刑事责任。

第四节　农民社会保障的最高层次：社会福利

一、农民社会福利法的体系构成

（一）农民社会福利渊源：由政策转向法律

目前，规范我国农民社会福利工作，且具有实施意义的法律渊源主要是政策和国务院各部委的规章。出现该种情形的原因在于，有一种将农民社会保障法律等同于农民社会保障政策的理论观点。政策具有灵活性，以政策调整农民社会福利关系，能够使其迅速适应发展变化的农村社会生活。但是，政策也具有不可忽视的缺陷："第一，政策调整往往缺乏明确性和系统性。政策规范的内容倾向于原则、抽象，权利与义务的规定不明确、不具体，相比之下，法律则倾向于明确、具体、有保障，要求有严格的逻辑结构、统一的体系。第二，政策缺少法律规范所具有的普遍性和国家强制性，不能像法律直接凭借国家强制力来保障实行。第三，政策缺少法律规范所具有的稳定性。"〔1〕由此可知，农民社会福利政策具有以下不足：其一，过于抽象原则，导致可操作性差，不利于农民社会福利工作的开展。其二，缺乏国家强制力，实施困难。由于农民社会福利是花钱的事业，在 GDP 主义发展观指引下，各级政府缺乏积极开展的动力。政策导致不能有效督促政府进行农民社会福利投资，推进农村福利事业的发展。要克服解决上述问题，就必须改变农民社会福利法律渊源政策主导化的现状，实现政策法律化。

（二）我国农民社会福利法律的构成

我国应该构建体系完整的农民社会福利法律体系。具体言之：

1. 农民社会福利法律制度应有多种层次

根据法律效力的不同层级，我国农民社会福利法律体系应该包括法律、行政法规、地方性法规、部门规章与地方政府规章。上述法律规范，根据其适用的地域范围可分为全国性法律法规和地方性法律法规。由于我国人口众多、幅员辽阔，区域经济和社会发展水平严重不平衡，全国性法律法规难免会出现漏洞或难以适用于地方特殊情形。为此，我国社会福利立法必须重视地方性法规和规章在农民社会福利法制建设中的作用，充分注重发挥创制性地方立法的功能。所谓创制性地方立法是指："拥有立法权的地方国家权力机关和人民政府为了填补法律和法规的空白，或者为了变通法律和法规的个别规定而进行的立法。"〔2〕我国农民社会福利制度的发展趋势是全国一体化和城乡一体化，根据法制化的要求，地方性法律不能违背法律、行政法规。为防止违背法律、行政法规的情形产生，国家必须采取一些措施，主要包括：设

〔1〕 孙国华、王立峰："依法治国与改革和完善党的领导方式和执政方式——以政策与法律关系为中心的考察"，载《政治学研究》2002 年第 4 期。

〔2〕 王庆军："创制性地方立法浅论"，载《连云港职业技术学院学报（综合版）》2002 年第 4 期。

定农民社会福利地方性立法的基本原则；编制地方性农民社会福利立法规划；建立地方性农民社会福利立法的程序；强化对地方性农民社会福利立法的监督，建立地方性立法的报送备案制度。一旦发现地方性立法违背法律、行政法规，立即宣告其无效并追究责任人的法律责任。

2. 根据法律规范内容的不同，我国农民社会福利法律体系应包括专项法和单项法两部分

专项法是规定农民社会福利一般事项的法律，主要包括：作为基本法的农民社会福利法；规范社会福利组织设立、运行的农民社会福利组织法；规范农民社会福利基金管理、运营的基金管理法。单项法律是规定农村特殊群体福利以及农村公共福利的法律规范，主要包括：农村老年人福利法、农村妇女福利法、农村儿童福利法、农村残疾人福利法以及农村公共福利法等。要构建如前所述的农民社会福利法律体系，可分两步走：第一步，包括两方面的内容：其一，修订现行的一般法，将其关于农村特殊人群福利的任意性规范改为强制性规范，以增强其可实施性。其二，制定相应的专项法，为农民社会福利事业的发展提供基本法律依据。第二步，制定专门的单项法，为农民社会福利事业的发展提供具体的制度保障，使农村的各项福利事业都能在法制的轨道上运行。

二、农民社会福利法的基本原则

（一）农民社会福利制度与社会经济发展相适应原则

人类发展包括经济发展和社会发展。经济发展是社会发展的物质基础和手段，社会发展是经济发展之终极目的。社会福利是社会发展的重要范畴，它是满足人们高级发展需求的有效手段。经济发展与社会福利水平呈正比，随着经济的不断发展，国家应该为农民提供越来越多的社会福利项目。然而，社会福利的提供不能超越经济发展阶段。否则，就会导致经济发展的低效，使得社会福利失去物质保障。由此可知，社会福利与社会经济发展相适应是我国农民社会福利制度必须遵守的原则。我国西、中、东部农村社会经济发展差异巨大，根据该原则的要求，上述地区的农民社会福利制度应该有所区别，以适应本地区的社会经济发展。

（二）城乡一体化原则

在工业化初期阶段，农业承担着为工业发展提供资金积累的历史使命。

城乡经济与社会二元结构就是实现这一历史使命的重要手段。基于此，我国社会福利事业也呈现出二元结构的格局。2004年底，胡锦涛指出我国已经进入以城带乡，工业反哺农业的发展新阶段。由此可知，破除城乡经济社会二元结构是我国发展的必然趋势，党的十八大提出要推动城乡一体化发展。实现社会福利一体化是城乡一体化的重要内容，我国农民社会福利制度的构建必须坚持城乡一体化原则。

（三）农民需求主导原则

农民社会福利的制度目的在于提高农民生活质量，满足农民发展需求。农民社会福利的供给必须重视农民的需要满足，只有这样才能将钱花在刀刃上，实现有限的农民社会福利资金效益最大化。

农民需求主导原则具有如下意义：

第一，不同地区应设置不同的农民社会福利项目。农民的需求具有层次性，农民社会福利可以满足农民不同层次的发展需求。因我国农村经济与社会发展的不平衡，不同地区的农民对社会福利的需求当然不同。据此，经济社会发展程度不同的地区应该根据农民需求建立不同的社会福利项目体系。具体言之，我国东部发达地区的农民社会福利项目体系应该以满足农民发展需求为主导原则进行构建；中部欠发达地区应建立由生存需求向发展需求过渡的农村福利项目体系；西部不发达地区应该构建以满足农民生存需求为主导的农民社会福利项目体系。

第二，农民社会福利的供给决策应尊重农民的主体地位，强化农民参与。我国现行的农民社会福利供给无论是决策、项目实施还是管理、使用都忽视了农民意志，导致农民社会福利无法有效满足农民需求。为解决该问题，农民社会福利法应确立农民需求主导原则，强化农民在农民社会福利供给中的话语权。

（四）福利社会化与政府福利主导责任相结合原则

在工业化初期，我国农民社会福利化的目的在于解决资金不足问题。其实质在于弱化或者取代政府的农民社会福利责任。政府的农村福利责任是兜底责任，“都是以最后施舍者的角色出场”。这决定了农民社会福利在国家福利体系中处于边缘化地位。目前，我国农民社会保障的发展目标是破除城乡二元结构，实现城乡一体化，淡化政府的农民社会福利职责已经不合时宜。为此，政府必须回归其在农民社会福利建设中的应然主导地位。由于政府进行社会福利建设具有效率低、专业性差等缺点，为弥补其不足，我国农民社会福利制度的构建必须坚持农民社会福利社会化与政府主导相结合的原则。根据该原则，政府在承担主要的农民社会福利责任时，应通过相应的制度设计，倡导、鼓励一切社会组织积极参与农民社会福利建设，为农民社会福利建设提供资金和专业化服务。

（五）普惠性原则

我国原来的农民社会福利具有补缺性特征，即只为农村特殊人群提供特定项目的社会福利，这是我国工业优先、城市优先经济发展战略的必然结果。随着我国进入工业反哺农业、城市支持农村的发展新阶段，“补缺型”农民社会福利已经不合时宜，其必须向“普惠型”社会福利过渡。

普惠性原则具有如下含义：

第一，农民社会福利不仅应包括特殊人群的福利，还应包括普通农民的福利，即应将所有农村公民纳入农民社会福利法律制度的覆盖范围。

第二，农民社会福利项目应该完整。即农村社会福利项目不仅包括特殊人群的福利项目，还应包括农村公共福利项目，以纠正我国只注重特殊农村福利项目，忽视农村公共社会福利项目的弊端。

三、以权利义务一致性原则构建制度主体

（一）权利主体制度的完善

1. 将全体农民都确定为农民社会福利权的主体

我国《宪法》第45条规定，中华人民共和国公民在年老、疾病或者丧失劳动能力的情况下，有从国家和社会获得物质帮助的权利。国家发展为公民享受这些权利所需要的社会保险、社会救济和医疗卫生事业。据此，社会保障权的主体是我国公民，社会福利权作为社会保障权的重要类型之一，其主体当然是全体中国公民。农民作为我国公民的有机构成部分，是农民社会福利权的当然主体。就此而言，农民福利权的主体不仅应包括农村儿童、农村残疾人以及农村老人，而且还应包括普通农村居民。

前已述及，在工业化初期，由于国家财政能力有限，我国规定的农民社会福利权主体仅包括上述农村特殊脆弱群体，而不包括普通农民。随着我国进入工业反哺农业的发展新阶段，若再坚持农民社会福利权的主体仅包括脆弱农民群体，既违背了宪法的规定又不符合社会主义共同富裕的发展目标。

因此，我国农民社会福利法必须明确规定所有农村居民都是农民社会福利权的主体，都应受到国家福利制度的保障，享有农民社会福利。

2. 明确划定各项法律制度适用的权利主体范围

农村脆弱群体包括农村儿童、农村妇女、农村残疾人以及农村老人，与此相对应，农村脆弱群体的福利制度包括：农村儿童福利法、农村妇女福利法、农村残疾人福利法和农村老人福利法。由于划分农村脆弱群体的标准不一，上述法律制度的权利主体必然存在交叉之处。由于主体范围存在交叉，若不合理界定各项法律制度的权利主体，则会出现以下情形：其一，法律制度的内容重复，内容庞杂，不符合体系化的要求。其二，为同一社会群体提供的福利项目重复，导致某些项目的供给过度，有些项目供给不足，降低福利资金的利用率。其三，导致有些福利项目的空白。由于我国农村福利由不同义务主体提供，不同法律制度规定了相同的农村福利项目，这些福利主体供给主体之间存在依赖思想，互相推诿责任，导致农村福利项目的空白。为解决上述问题，农民社会福利法必须采取科学的标准，合理界定各具体项目制度的权利主体。

（二）明确规定义务主体的职责范围

1. 农民社会福利供给义务主体为政府和集体

根据我国《宪法》第 19 条、第 21 条以及第 45 条的规定，我国农民社会福利的义务主体是国家和集体。就我国农民社会福利发展的历程而言，改革开放前农民社会福利的承担者主要为农民集体，国家几乎不承担责任。自我国进入工业化中后期之后，国家对农民社会福利的投入逐步加大，而农民集体作为农民社会福利供给者的地位几乎完全被忽略。无论是单方面强调集体的农民社会福利供给职责还是片面强调国家的农民社会福利供给职责都有失偏颇，农民社会福利的供给主体既不能仅依靠国家，又不能仅依靠集体，而应使他们协调发挥作用。

2. 明确国家与集体在农民社会福利中的职责

虽然国家和集体都是农民社会福利的供给主体，但其职责范围并不相同。

第一，国家应该承担主要的出资义务。就农民社会福利筹资而言，由于我国农村集体经济普遍式微和农业税费改革，普通村庄已经没有公共积累。因此，国家应承担农民社会福利的全部筹资责任。

第二，农村公共福利的生产与管理职责应该由农民集体承担。由于农民是农村社会福利的权利主体，农村福利设施的质量高低决定了农民的受益程度。基于此，农民社会福利的资金虽然主要来源于国家，但其生产、维修和管理应该由农民集体经济组织负责。“十一五”规划提出了建设社会主义新农村的农村发展战略目标，管理民主是其中的重要内容，也是村民自治的核心内容与努力方向。农民社会福利的生产、维修与管理都应该充分体现民主管理的要求，其中的重要事项都须经村民大会或村民代表大会以决议方式通过才能生效和实施。国家福利资金的使用要坚持民主理财、民主监督以及财务公开。

第三，国家对集体经济组织的生产、维修负有监督职责。由于国家是农民社会福利资金的主要提供者，对于农民集体的生产、维修行为当然负有监督职责，以确保福利资金的合理使用。对于滥用福利资金的人应追究相应的民事及行政责任。

四、筹资渠道：由单一走向多元

（一）拓宽我国农民社会福利的筹资渠道

1. 必须大幅度增加国家对农民社会福利的公共投入

长期以来，由于城乡二元结构，国家对农民社会福利的资金投入不足。由于国家是最重要的农民社会福利筹资主体，在我国已经进入工业支持农业发展的新时期，农民社会福利事业要顺利发展，就必须增加国家的公共投入。其一，农民社会福利法必须明确规定财政性社会福利的投入增长幅度要快于财政收入增长幅度，明确规定各级政府的筹资责任负担比例并强制实施。其二，从国有企业的利润中提取一定比例的资金，用于发展农民社会福利事业，以体现国有企业全面所有，国有企业收益全民共享的社会主义要求。其三，从国有土地使用权转让收益中提取一定比例的资金发展农民社会福利事业。低价征地制度是农业支持工业发展的重要手段，如今已经不合时宜。因此，将国有土地使用权收益的一定比例用于农民社会福利事业符合工业反哺农业的发展要求。其四，规定政府相关部门不履行筹资义务的责任。当政府不履行其对农民社会福利的出资义务时，其负责人应该承担相应的民事与行政责任。

2. 增强博彩业的农民社会福利筹资功能

博彩业是许多国家和地区筹集社会福利资金行之有效的途径，也是我国改革开放后社会福利事业发展的重要经验之一。我国农民社会福利事业的发展也可以采取该方式进行筹资。我国可以发行若干种农村福利彩票，并使之经常化与持续化。博彩业的健康持续发展，将对我国农民社会福利事业的发展起到重要的促进作用。

3. 采取多种措施鼓励引导社会捐赠，发展志愿事业

经过30多年的经济高速发展，我国的社会资源日益丰富，城乡居民的财富拥有量快速增加，这为农村慈善公益事业的发展奠定了坚实的物质基础。但现阶段我国民间社会资源投向农民社会福利领域的十分有限，丰富庞大的民间资源并未得到有效挖掘。农民社会福利法需规定多种措施，鼓励引导民间力量参与到农民社会福利的发展中。其一，规定慈善捐款的免税政策，加大税收优惠力度。其二，规定慈善机构可以提取一定比例的管理费，以充分发挥其动员社会资源的功能，吸收更多的福利资源。其三，提供一定的财政支持，扶持民办福利事业，鼓励刺激社会力量举办慈善事业的积极性，共同促进农民社会福利的发展。其四，充分利用志愿力量，以农村社区为基本单位，通过集体服务中心提供多种服务。

4. 适当向受益者收费

社会福利不以营利为目的，但并不等于“免费午餐”。除无依无靠、无生活来源、无抚养义务人的极少数社会成员外，绝大部分社会成员在享受社会福利时应支付一定的费用。我国农民社会福利法应规定收费可以作为一种筹资方式，但应注意如下事项：其一，对收费的上限作出合理规定。福利事业毕竟不同于营利事业，福利机构也不同于企业。因此，收费不能太高，否则，将失去社会福利的本来意义。其二，收费的资金不能用于其他事业，只能用于福利机构的慈善事业，比如改进福利机构的设施，提高服务层次与质量等。其三，引入竞争机制。农民社会福利收费必须接受市场的检验，社会福利机构的社会效益与经济效益取决于服务对象的欢迎程度。因此，应将农民群众的评价作为选择福利实施机构的重要指标之一。

（二）建立完善的农民社会福利资金投放制度

就农民社会福利的资金运行机制而言，包括筹资、管理以及投放使用等三个环节。筹资是农民社会福利的基础，资金管理是农民社会福利事业发展的保证，而资金的投放使用是它们的目的。规定完善的资金投放规范是农民社会福利资金供给制度的重要内容。资金投放制度的核心在于划分比例：城

乡福利资金的投入比例；不同地区之间的农民社会福利资金投入比例以及不同项目之间的资金投入比例。

1. 明确规定社会福利资金中的城乡投放比例

确定具体额度是我国社会福利资金的惯常投放方式，即以社会福利项目为依据，对不同的社会福利项目投入一定的资金。城市优先发展方针导致绝大部分的社会福利资金投放到城市的社会福利项目，农民社会福利保障水平远远落后于城市，导致了城乡社会福利的严重失衡。为此，我国农民社会福利法在规定国家应加大农民社会福利资金的数额时，应明确其在整体社会福利资金中的具体比例。具体言之，应以工业反哺农业、城市支持农村为指导思想，参考城乡区划比例及人口需求度划分国家所筹集到的社会福利资金，并将这一比例上升到最高层面上来，统筹指导城乡福利资源配置。

2. 明确规定不同地区的农民社会福利资金投入比例

由于我国地区的经济与社会发展很不均衡，经济发达地区与欠发达地区的农民社会福利资金投入存在巨大差距。这导致不同地区的农民社会福利水平存在巨大差异。要消除这种不平衡，农民社会福利法就必须根据一定的标准明确规定各地区农民社会福利资金的投放比例。具体言之，国家应以强化对贫困地区的社会福利扶持，消除农民社会福利的不平衡为指导思想，根据农村的经济社会发展程度以及福利水平，构建农民社会福利需求的层次体系。然后，按照发展程度不同的农村社会在福利需求体系中的位置制定相应的资金投放比例并严格执行。需强调的是，由于各地区社会经济发展的速度不同，导致其社会福利的层次地位具有变动性。国家法律应以五年为一周期，重新统计分析各地区的福利水平，确定新的层次地位，以此为标准，制定更符合实际的资金投放比例。

3. 明确不同项目的社会福利资金投入比例

在确定上述两个资金投放比例之后，要实现农民社会福利资金投放的科学化，还需确定不同社会福利项目的资金投放比例。人的需求有层次，经济社会越发达，农民的需求层次越高。因此，不同地区农民对农民社会福利项目的需求层次不同。发达地区的农民对能够满足其较高层次需求的农民社会福利项目的需求偏好强，而不发达地区的农民需要的重点在于能够满足其较低需求层次的社会福利项目。据此而言，能够满足较高需求的社会福利项目投资应在发达地区的农民社会福利资金投入中占有较大比例。能够满足较低层次需求的社会福利项目投资应在欠发达地区的农民社会福利资金投入中占有较大比例。

五、权利实现：由难及变为可及

农民社会福利权的实现制度包括福利项目体系的建立、决策机制以及服务供给机制等内容。要保证农民社会福利权的有效实现，农民社会福利法需对以上三种制度予以完善。

（一）建立城乡一体化的农民社会福利项目体系

城乡项目的不同是城乡社会福利二元结构的核心，要破除城乡福利二元结构的格局，农民社会福利法就必须根据统筹城乡发展的要求，建立城乡一体的农民社会福利项目体系。具体言之：农民社会福利法必须明确规定农民社会福利包括农村公共福利与农村特殊群体福利。农村公共福利包括公共卫生福利、公共教育福利、公共设施福利（公益事业福利）以及社区社会福利。农村特殊群体福利包括农村儿童福利、农村残疾人福利以及农村老人福利。

农村儿童福利项目主要包括：其一，由儿童生活补贴（包括供养、寄养与散居三种）与儿童营养补贴构成的儿童收入保障项目。其二，由免费幼教以及免费义务教育组成的儿童教育福利。其三，由免费免疫、儿童医疗福利以及残疾儿童康复补贴组成的儿童医疗保障。其四，由儿童免费牛奶计划、免费午餐以及婴儿喂养津贴组成的儿童养育福利。

农村残疾人福利项目主要包括：其一，以残疾人生活补贴为核心的收入福利。其二，由残疾儿童免费教育、学校食堂伙食补助以及在家教育补助组成的教育福利。其三，以康复津贴和医疗费用补贴为核心的医疗福利。其四，由残疾人住房保障、运动体育设施以及无障碍设施构成的设施与住房福利。其五，由残疾人就业补助、就业技能训练以及残疾人工厂等组成的就业福利。其六，以残疾人乘长途交通工具半价优惠、免费使用收费公共设施、免费公交等为主要内容的优惠福利。

农村老年人福利项目包括：其一，以老人基本津贴与老人护理津贴为主要内容的收入保障福利。其二，由老人医疗补贴、健康档案、定期免费体检组成的健康福利。其三，以老年学校为核心的老年人教育福利。其四，以临终关怀、机构养老以及社区养老为核心的老人服务福利。其五，由乘用长途交通工具半价优惠、免费使用收费公益公共设施以及生日、节日慰问组成的优惠福利。其六，农村老人的娱乐保障。

（二）改革现行的农民社会福利供给决策机制

前已述及，农民社会福利供给有两种决策机制：自上而下型和自下而上型。我国目前农民社会福利供给采取第一种决策方式。这种决策机制不能反映农民对福利的偏好和以此为基础的真实需求，降低了农民社会福利的应有效益，存在严重弊端。于是，有学者建议农民社会福利供给应将自上而下型的决策机制改为自下而上型的决策机制。采取自下而上的决策机制需满足以下条件：农民是完全的理性经济人；农民能够充分表达其对农民社会福利的偏好程度；农村民主制度完整，能为农民表达意愿提供畅通有效的渠道。

然而，就我国农村的社会发展状况而言，实行自下而上的福利供给决策机制的条件尚不成熟：其一，农民受教育程度低决定了其决策的非理性因素强烈；其二，农村的民主制度尚不健全。因此，目前实行自下而上的供给决策机制，非但不能实现农村福利项目的最优供给，还有可能起南辕北辙的作用。基于以上理由，我国目前应采取两者相结合的决策机制。具体言之：

第一，在国家进行农村社会福利项目建设时，必须通过调查问卷、访问等民意调查方式摸清农民的福利需求。

第二，对中央和省级政府提供的农民社会福利，农民难以显示其需求层次，宜采用以自上而下的决策模式为主，自下而上的决策模式为辅的供给决策机制。

第三，对于其他各级政府提供农民社会福利，宜采用以自下而上的决策模式为主，自上而下的决策模式为辅的供给决策机制。

第四，自下而上决策模式的内容。其一，村民委员会组织村民大会对乡镇政府提出的农民福利供给规划、具体计划以及资金落实情况等提出建议和意见。其二，政府工作人员将意见建议汇总，将其提交乡镇人民代表大会讨论修订，根据县市财政情况，制定出可以实施的福利供给项目和数量。其三，根据公开透明的原则，由选举产生的农民福利委员会对农民社会福利供给予以监督，并将其内容在县市范围内公告，保证福利供给的质量与效率。

（三）建立完善的农民社会福利服务供给机制

农民社会福利服务供给，是指由社会福利实施机构根据法律规定提供农民社会福利的行为。高效、合理的供给行为是农民社会福利法律能否实现其制度目的的关键。在农民社会福利服务供给中，责任主体与实施主体存在两种关系。其一，责任主体与实施主体为同一主体即国家出钱，由国家机构实施；其二，国家出钱，由社会组织等非国家机构实施。中华人民共和国成立后，我国的社会福利由国家包办、国家出资、国家实施。

因国家出资、国家实施的社会福利存在资金有限、效率低以及服务差等不足，我国提出了社会化的社会福利发展方式，这必然要求我国农民社会福利的供给由国家实施向国家购买服务转变。就此而言，我国农民社会福利的实施应以国家购买服务为主导方式，农民社会福利法应对政府购买服务作出相应的规定：其一，政府购买服务的方式应该是通过招标方式签订合同。合同的主要内容包括：购买项目、价金、合同当事人的权利与义务、合同期限、合同失效、评估标准与评估方法、违约责任、项目的监督管理以及社会监督机制等内容。其二，对项目的监督管理作出规定。在服务提供者履行合同时，政府还需对其进行一定的监督管理，主要包括服务项目的开展、农民对所提供服务的使用以及项目实施结果等。其三，项目监管应引入社会监督机制，以确保服务内容的全面落实和服务质量的提升。其四，规定合同实施结果评估的内容。即政府邀请专家学者、独立的评估机构等第三方对合同的履行过程、履行结果、所生效益和影响因素等予以评估，并提供相应的评估结果。

六、监督管理：由“九龙治水”转为“一龙治水”

（一）实现农民社会福利主管机构的统一

前已述及，我国农民社会福利多头管理的体制存在诸多弊端，要解决该问题，需实现管理机构的统一。

第一，明确规定民政部门为农民社会福利事业的主管机关。由于农民社会福利事业的管理职能涉及部门利益，要取消教育、卫生等部门的社会福利管理职责，存在一定难度。因此，农民社会福利法必须以强制性规范取消其他部门的管理职责，确立民政部门的主管机关地位。

第二，明确规定其他机关的配合义务与责任。虽然民政部门是农民社会福利的主管机关，但涉及相关专业问题时，仍需要其他业务部门的配合。因此，农民社会福利法必须规定教育、卫生等部门在农民社会福利供给中的配合义务。为使这些义务能够顺利履行，法律还必须规定相关行政部门违背配合义务的法律责任。

第三，剥离隶属于民政部门的社会福利实施机构。民政部门举办社会福利机构不符合社会福利社会化的要求。应根据“管办分离”原则剥离各级民政部门的社会福利机构。民政部门只能作为整个农民社会福利事业的主管机构和农民社会福利机构的监管者，而不能是福利机构的主管者。

（二）农民社会福利资金管理制度的完善

针对我国农民社会福利资金管理中存在的问题，农民社会福利法应采取以下完善措施：

第一，需明确规定主管机构应设置农民社会福利资金专用账户，福利资金必须专款专用，禁止任何组织和个人挪用、挤占甚至贪污农民社会福利资金。

第二，统一资金管理机构。我国农民社会福利多头管理的格局导致了农民社会福利资金的低效率。在明确民政部门作为社会福利的主管机构以后，所有农民社会福利资金的管理都应由民政部门负责，法律不应再赋予其他行政机构农村福利资金管理权限。

第三，农村福利资金的管理应实行公开透明原则。每一年度，主管机构应对资金的用途、数额以及效果等向同级人大常委会报告，并向社会公开，接受立法机关以及社会公众的监督。

第四，严格规定违反资金管理职责的法律责任。民政部门的相关人员有挪用、挤占以及贪污和其他危害农民社会福利资金安全的违法行为，应承担民事、行政责任，情节严重者还应承担刑事责任。

（三）建立全面的农民社会福利监督机制

前已述及，我国现行的农民社会福利监督机制存在诸多不足，为弥补这些不足，国家应该建立完整的农民社会福利监督机制。具体言之：

1. 建立农民社会福利供给的事前与事中监督机制

事前监督的形式为福利项目实施前的评审。即主管部门在进行农民社会福利建设前，通过邀请专家、社会组织负责人以及农民代表等对项目的必要性、可行性与成本收益比等内容进行讨论。事前监督可以将不符合农民需求以及社会经济发展的项目予以排除，以避免人力、物力与财力的浪费。事中监督主要是指项目实施中的分析决议。即在项目开展中，邀请专业人士对资金到位以及使用情况、项目规模与效益以及进展速度等进行分析并提出相应的意见与建议，以发现和解决项目实施中的问题，保证项目进度，实现预定建设目标。

2. 规定绩效监督和事后考核制度

其一，将农民社会福利建设作为政府政绩的内容，并以此作为官员升迁的重要指标。农村福利建设成效显著的官员优先提升。其二，规定农民社会福利项目的考核制度。考核包括实质考核与程序考核。前者是指对农民社会福利项目的社会效益与经济效益进行评估。由于社会福利属于社会事业，考核结果应以社会效益为主，以经济效益为辅。后者是指对农村社会福利项目实施过程是否符合法定程序进行考核，以保证项目建设者依法而行。其三，将项目受益人——农民纳入考核评议人的范围。他们的意见和建议应该成为决定考核结果的重要标准。

3. 建立农民社会福利的审计制度

审计制度原本仅用于财税领域，但现在已经扩展成为一种对行政工作合法性、合目的性和有效性的监督制度。审计监督既可以发现福利项目实施中的问题，又可以揭露违规使用资金的行为，能够有效保证社会福利资金按照用途使用。我国农民社会福利法应将审计作为一种监督制度予以规定。

第六章　农民集体社会保障职责的制度完善

第一节　农民集体社会保障职责的理论基础

一、集体为其成员承担社会保障职责是社会主义共同富裕本质的必然要求

（一）集体所有制的本质特征要求集体为其成员提供社会保障

法律确定农民集体对其成员承担社会保障的义务主体地位是我国社会主义共同富裕本质的必然要求，也是实现社会主义本质的重要手段。何谓社会主义的本质？社会主义的本质在于共同富裕。邓小平反复强调社会主义的本质在于共同富裕。“社会主义的根本任务是发展生产力，逐步摆脱贫穷，使国家富强起来，使人民生活得到改善。社会主义的特点不是穷，而是富，但是这种富是人民的共同富裕。”“社会主义的本质特征是解放生产力，发展生产力，消灭剥削，消除两极分化，最终达到共同富裕。”党的十六大以来，党和国家的一系列关于我国社会发展目标的政策论述都体现了社会主义共同富裕的本质要求，并力图将我国的社会主义共同富裕推进到新的发展阶段。比如“十一五”和“十二五”规划提出，要“更加注重社会公平，使全体人民共享改革发展成果”，“明显增加低收入者收入，持续扩大中等收入群体，努力扭转城乡、区域、行业和社会成员之间收入差距扩大趋势”。特别是“构建社会主义和谐社会”的提出，更进一步明确了我国实现社会主义共同富裕的阶段性目标与任务，这对于社会主义本质的实现，意义不可谓不大。实现社会主义共同富裕的经济基础是社会主义公有制，即全民所有制与集体所有制。江泽民在党的十六大报告中提出：“集体经济是公有制经济的重要组成部分，对实现共同富裕具有重要作用。”社会主义集体所有制下实现共同富裕的逻辑路径如下：其一，集体所有制实现集体成员的共同富裕；其二，以集体成员共同富裕为基础，国家与全民所有制实现社会主义全体人民的共同富裕。在

社会主义经济的发展中，会产生以下两种贫富差距：一是同一集体成员之间的贫富差距。集体成员会因为机遇、能力等问题出现发展不平衡，贫富差距悬殊，从而导致同一集体成员两极分化的情况。二是不同集体的成员之间会产生贫富差距。集体与集体之间发展不平衡，会导致不同的集体成员之间发展不平衡，贫富差距悬殊，从而导致不同集体成员之间两极分化的情况。

要实现社会主义共同富裕，就必须避免和消灭上述两种两极分化情形的出现，而集体社会保障就是消灭集体成员之间两极分化的主要手段。因为农民集体为其成员提供社会保障的过程，就是将集体收入依法在集体成员内部再次分配的过程。通过集体收入的再次分配，就可以有效消除集体成员之间存在的过大的贫富差距，避免集体成员之间两极分化的产生。具体言之，作为集体成员的农民可能会因各种风险而陷入生活困境。生活陷入困境的农民必然成为集体中的弱势群体，若不对其进行物质帮助，他们自身的生存权都无法得到保障，更遑论发展。这样，集体成员之间必然会出现贫富差距悬殊和两极分化，而集体社会保障则能够为陷入生活困境的成员提供基本生存条件，并且为其度过人生波折期提供条件，从而帮助他们恢复正常生活并促进其发展。因此集体保障能够有效防止集体成员之间的贫富差距悬殊，防止成员两极分化，从而实现集体成员的共同富裕。

集体经济组织要为集体成员提供社会保障必须具备最基本的两个条件：其一，要有物质基础即集体经济组织有公共财产积累；其二，集体经济组织享有村社权力，可在其成员范围内依法分配该收入。

第一，集体经济组织通过国民收入的初次分配获得集体收入。在不同的经济体制下，集体经济组织获得收入的方式不同。计划经济时期，人民公社体制下的集体收入来源是在分配集体总收入之前扣除的集体提留以及为集体扣除一定比例的公积金、公益金以及各种生产费与管理费。我国农村经济体制改革后至农村税费改革之前，集体收入是集体向农户收取的“三提”。由此可知，在农村税费改革之前，我国集体经济组织的收入来源是集体提留以及公益金、公积金等各项费用收入。它们是集体为其成员提供社会保障的物质基础。然而，自 2006 年进行农村税费改革之后，我国集体经济组织丧失了独立的收入来源。这导致集体经济组织的社会保障功能因缺乏物质基础而无法有效发挥。我国农村税费改革取消农村集体的“三提”，对于减轻农民负担具有一定的积极意义。然而，取消“三提”存在不合理之处，并产生了不容忽视的消极影响。其一，“三提”的取消不符合集体所有制的本质要求。前已述及，集体所有制的任务在于实现集体成员的共同富裕，进而实现社会主义的共同富裕。农村税费改革取消了集体收入来源，使集体经济组织丧失了在其内部的收入再分配功能，这就无法实现集体成员的共同富裕。其二，“三提”的取消超出了国家的权限。农业税以及所谓“五统”，实际都是国家的税收，因此，国家可以通过公权力的行使取消。然而，集体提留是集体经济组织为其成员提供公共服务所收取的地租，其属于私法范畴，国家公权力为了减轻农民负担，直接取消集体提留，已经超越了国家权力的行使范围，违背了私法自治原则。其三，“三提”的取消不利于集体经济的有效实现。集体经济要发展壮大，集体经济组织必须要有独立的收入，并将其作为经营运作的资本。农村税费改革后，集体经济组织丧失了收入来源，这直接导致了集体经济缺乏发展壮大的资本，非常不利于集体经济的有效实现。

第二，集体经济组织要通过集体收入再次分配为其成员提供社会保障，实现成员的共同富裕，必须依赖高效的村社权力行使。所谓村社权力是指：“农村社区内村、组及集体经济组织所拥有的管理农村社会事务、组织经济活动的权力。”〔1〕由此可知，村社权力是集体收入再次分配的合法性基础。只有集体经济组织拥有管理集体事务、组织集体经济活动的权力，其为集体成员提供社会保障才合法合理，并获得社会及其成员的认同。

（二）集体经济组织为其成员承担社会保障义务是集体经济有效实现的必然要求

集体经济组织对其成员承担社会保障责任是我国社会主义国家性质的必然逻辑。我国社会主义公有制必然要求集体经济有效实现，而集体经济的有效实现必然要求集体经济组织为其成员提供社会保障。具体言之：

1. 社会主义的国家性质必然要求集体经济有效实现

关于集体经济如何有效实现，邓小平提出了“两个飞跃”理论。“两个飞跃”理论，为我国农村集体经济发展指明了前进方向和发展目标。根据该理论，我国农村集体经济的发展目标是以集体所有制为经济基础的集体化与集约化，而家庭承包责任制是发展集体经济的必要手段和必经阶段。“总的来说，在全国，要巩固集体经济，也就是要巩固社会主义制度，这是根本方

〔1〕 童列春：“农村集体经济有效实现中的村社权力”，载《农业经济问题》2011年第11期。

向。”“农村经济最终还是要实现集体化和集约化。有的地区农民已经提出集约化问题了。只要生产发展了，农村的社会分工和商品经济发展了，低水平的集体化就会发展到高水平的集体化，集体经济不巩固的也会巩固起来。关键是发展生产力，要在这方面为集体化的进一步发展创造条件。”党的十六届三中全会通过的《中共中央关于完善社会主义市场经济体制若干问题的决定》提出，要积极探索公有制的多种有效实现，适应经济市场化不断发展的趋势，进一步增强公有制经济的活力，以明晰产权为重点，发展多种形式的集体经济。党的十七大报告提出要：“探索集体经济有效实现形式，发展农民专业合作组织，支持农业产业化经营和龙头企业发展。”“必须充分认识在新的历史条件下发展壮大农村集体经济的重大意义，不断探索农村集体经济发展的新路子，营造农村集体经济发展的良好环境，以推进我国农村现代化进程，带领广大农民群众走上共同富裕的道路。”由此可知，集体经济有效实现是我国社会主义经济发展的必然要求。另外，发展集体经济是建设社会主义法治国家的要求。我国宪法明确规定集体所有制是我国公有制经济的重要组成部分，宪法规定要予以实施，就必须使集体经济有效实现。

2. 集体为其成员提供充分全面的社会保障是集体经济有效实现的必然后果

2006 年 10 月，党的十六届六中全会通过的《中共中央关于构建社会主义和谐社会若干重大问题的决定》提出：“要发展农民专业合作组织，增强农村集体经济组织服务功能。”2008 年 10 月，党的十七届三中全会通过的《中共中央关于推进农村改革发展若干重大问题的决定》提出：“要发展集体经济，增强集体组织服务功能，培育农民新型合作组织，发展各种农业社会化服务组织，鼓励龙头企业与农民建立紧密型利益联结机制，着力提高组织化程度。”根据以上论述可知，集体经济有效实现之目的在于充分发挥集体经济组织的服务功能，为成员提供社会保障是集体经济组织服务功能的重要内容。集体经济有效实现是手段，而为集体成员提供包括社会保障在内的各种公共服务是集体经济有效实现之目的。由此可知，集体经济的存在目的必然要求集体经济有效实现之后为其成员提供全面优质的社会保障服务。

二、农村集体经济组织对其成员负有社会保障义务是由法律调整机制决定的

（一）集体经济组织的社会保障义务主体地位是法律调整机制的当然逻辑

“法律与上层建筑的其他组成部分一样，并不是仅仅消极地反映社会，而是对社会有强大反作用，或对社会发展起促进作用，或对社会发展起阻碍作用。现代社会的法律的总体社会功能，实际上是通过调整社会关系来改造社会，促进社会进步。”〔1〕法律要改造社会，促进社会进步，必须通过规范社会主体的行为，调整社会关系来实现。而法律调整社会关系必须遵循一定的调整机理。“所谓法律调整，是统治阶级通过国家所规定的社会关系参加者的一般行为模式以及实现该模式的各种法律手段，通过赋予社会关系参加者以一定权利并使其承担相应法律义务的方式，来调节社会关系参加者的行为，进而调整社会关系的活动。”〔2〕据此，可将法律的调整机理论述如下：其一，根据社会关系参与者即主体的地位认定社会关系的性质。其二，根据社会关系的性质，赋予主体一定的权利，使其承担相应的义务，通过权利义务来调节社会主体之间的利益关系。其三，以法律责任为威慑手段，使义务人履行义务，实现权利主体的适法利益。其四，通过规定法律事实构成要件规范人类行为，使纳入法律调整范围的社会关系变动符合社会进步的要求。由法律的调整机理可知，认定社会关系的性质是法律调整功能发挥的核心，而对社会关系性质的认定又取决于主体在社会关系中的地位。

由此可知，科学确定主体在法律关系中的地位，是法律调整机理的首要环节。社会主义的经济基础决定了我国的所有制包括全民所有制、集体所有制以及个人所有制。与此相对应，我国社会关系的主体包括国家、集体与个人。集体是社会主义中社会关系的重要主体。而私有制国家，社会关系的主体是国家与个人。“社会主义物质利益关系，是国家（包括中央和地方）、集体（包括全民所有制和集体所有制企业）和劳动者个人三者之间的物质利益关系。认真研究他们的内在联系，正确处理他们之间的关系，对于实现社会主义生产目的，调动人民群众的社会主义积极性，加速社会主义现代化建设

〔1〕付子堂：《法律功能论》，中国政法大学出版社 1999 年版，第 118 页。

〔2〕王天木主编：《法理学》，中国政法大学出版社 1992 年版，转引自谢晖：“论法律调整”，载《山东大学学报（哲学社会科学版）》2003 年第 5 期。

的进程，有着极为重要的意义。"[1]据此可知，国家、集体与个人之间的关系是社会主义国家最基本的社会关系。实现法律对这三者之间关系的科学调整，是实现法治、推动社会主义事业发展的重要手段。我国《宪法》第 14 条规定："国家合理安排积累和消费，兼顾国家、集体和个人的利益，在发展生产的基础上，逐步改善人民的物质生活和文化生活。"《宪法》的该条规定为将国家、集体与个人之间的社会关系纳入法律调整范围奠定了基本法基础。社会保障制度是以国民收入再分配为手段来调整国家、集体与个人的利益关系。集体是我国收入分配关系中的重要主体。"任何法律制度的建立和完善，都需要确认反映客观规律的社会关系与社会生活。"[2]我国社会保障法律制度要实现对社会保障关系的有效调节，必然首先要确定农民集体在农村社会保障制度中的法律地位，这是法律调整机制的必然要求。

（二）集体社会保障职责是集体所有权与农民成员权实现的必然要求

集体所有制是我国公有制经济的重要组成部分。法律对集体所有制作出反应并进行调整的制度就是集体所有权。"所有权是所有制关系在法律上的能动反映，主要是对所有制主体对生产资料的归属支配关系的法律确认和保护。集体所有权在实质上也是集体所有制在法律上的反映。"作为反映并调整集体所有制的所有权制度，其内容主要包括主体、客体与内容。其中，法律如何反映集体所有制主体，并将其塑造为合乎法律科学要求的所有权者，是我国民法理论亟须解决的重大问题。"构造作为集体土地所有权主体行使土地所有权的组织形式，以保障集体土地所有权主体权益的充分实现，是解决集体土地所有权问题的关键点。"[3]将农民集体构造成符合我国社会主义本质和法律科学要求的主体，其关键在于如何使农民集体特定化。"在民法上作为主体的，都是特定的人。"[4]民法上的人之典型形态是自然人与法人。很显然，农民集体不同于自然人，因此，如何将农民构造成民法上的法人，是极具理论意义与实践意义的重大课题。

法人，就是社会成员为了实现其特定目的而成立的社会组织。这种社会组织通过法律技术设计，从人格上已经独立于成立它的社会成员。根据法人

---

〔1〕 张文麒："论兼顾国家、集体、个人三者利益"，载《兰州学刊》1981 年第 1 期。

〔2〕 高飞：《集体土地所有权主体制度研究》，法律出版社 2012 年版，第 125 页。

〔3〕 高飞：《集体土地所有权主体制度研究》，法律出版社 2012 年版，第 3 页。

〔4〕 孙宪忠编著：《物权法》（第 2 版），社会科学文献出版社 2011 年版，第 15 页。

的现实运作机理，法人所参与的社会关系包括两种：对外关系与对内关系。这种所谓的人格独立只具有相对意义，即在处理法人与第三者之间的社会关系与权利义务关系时，法人具有独立的人格。至于法人内部的社会关系及法律关系，仍然受其成立者的管理与支配，并不能独立于其组成人员。简言之，法人的人格独立对外独立，对内不独立。将农民集体构造成法人，关键是如何构造其内部治理结构，使其符合社会主义本质以及集体所有制的目的。社会主义的本质在于共同富裕，这必然要求集体所有制的目的在于实现集体成员的共同富裕。因此，集体所有权主体制度的设计必须满足集体成员共同富裕的制度目标。而作为私有制下的法人制度，其目的并非其组成人员的共同富裕。制度目的决定制度内容，由于农民集体与传统法人的目的截然不同，这也要求将农民集体构造成法人时，其内部治理结构并不能完全照搬传统法人的治理理念与结构设计。

也正是基于上述理由，我国《宪法》第17条规定，集体经济组织实行民主管理，依照法律规定选举和罢免管理人员，决定经营管理的重大问题。我国《物权法》第59条规定，农民集体所有的不动产和动产，属于本集体成员集体所有。该条规定凸显了成员在集体所有权主体中的地位，即成员是集体所有权主体的构成分子。“农民集体所有权是一定集体范围内的全体成员，依法按照平等民主、多数决的原则，形成集体意志，占有、使用、收益、处分归属于全体集体成员的财产的权利。”〔1〕宪法与物权法的上述规定为我国建立成员权制度奠定了法理基础，提供了规范依据。即我国农民集体进行法人构造时，其内部治理结构必须遵循以民主管理为基础的成员权。成员权是集体成员享有集体资产收益的条件。如前所述，社会主义的本质以及集体所有制的目的必然要求农民集体为其成员提供社会保障，这导致获得集体保障成为成员权的重要内容。“集体组织成员权涵盖了土地承包经营权、征地补偿款分配权、宅基地分配权、股份分红权、集体福利获得权等经济权利以及经济民主管理权利。”〔2〕“农村集体经济组织成员还有享受集体福利、集体所有的公共设施和公共服务的权利，享有组织章程规定的其他权利。”〔3〕“凡是为改善

〔1〕 韩松、姜战军、张翔：《物权法所有权编》，中国人民大学出版社2007年版，第105页。
〔2〕 吴兴国：“集体组织成员资格及成员权研究”，载《法学杂志》2006年第2期。
〔3〕 张钦：“农村集体土地成员权研究”，兰州大学2008年硕士学位论文。

和提高全体社会成员物质、精神生活而采取的措施、提供的设施和服务等都称为社会福利，不仅包括我们所谓的社会保障内容，而且还包括公共文化、公民免费教育、公共卫生服务与设施、家庭救助等。”〔1〕因此，农民集体为其成员提供社会保障是集体所有权制度的必然要求，也是农民成员权的重要内容。

三、集体经济组织为农民成员提供社会保障有着坚实广泛的国情基础

集体经济组织存在及其功能发挥是我国集体社会保障职责承担的组织基础。根据集体所有制的要求，一定集体范围内的生产资料归集体经济组织劳动者所有。我国现在的集体所有制实现形式包括集体经济组织所有制以及社区集体所有制。有学者统计，“中国目前存在200多万个农村集体经济组织。”〔2〕在没有独立的集体经济组织的社区，由村民委员会代行集体经济组织的部分职能。无论是以集体经济组织实现集体所有制还是以村委会代行集体经济组织的职能实现集体所有制，集体经济组织与村委会对农业生产与农民生活都发挥了无可替代的作用。“根据统计，从1985年到1998年为止，集体经济对农民福利事业的投入始终都高于国家财政的投入。”〔3〕根据浙江省的统计，“2005年村级生产性与生活性公共设施建设资金投入中，集体经济投入在总投入中分别占了61.1%和60.7%，而公共设施建成后的运营维护费用，集体经济投入的比重则高达88.1%。从全省总体情况来看，凡是村级集体经济发达的村，无论是村容村貌还是村内基础设施、社会事业、农民福利等都搞得很好，而村级集体经济缺乏实力的村，村内的各方面建设都明显落后。”〔4〕由以上数据可知，农民集体经济组织的存在，对农民生活保障发挥着无可替代的重要作用。我国未来农村社会保障制度建设，应该是重视并发扬集体经济组织的社会保障职能，而不是完全废除集体经济及其社会保障职责。

农民对集体功能发挥的需求以及农民的集体观念，是集体社会保障的民意基础。关于农民集体所有权制度的存废问题，学界有三种不同的观点：即

---

〔1〕林嘉：《社会保障法的理念、实践与创新》，中国人民大学出版社2002年版，第10页。

〔2〕彭海红：“中国农村集体经济的现状及发展前景”，载《红旗文稿》2010年第23期。

〔3〕参见民政部财务和机关事务司编：《中国民政统计年鉴（2003）》，中国统计出版社2003年版。转引自沈洁：“中国社会福利政策建构的理论诠释”，载《社会保障研究（北京）》2005年第1期。

〔4〕周国富：“发展壮大村级集体经济 夯实新农村建设物质基础”，载《农村经营管理（北京）》2007年第5期。

农地私有化、农地国有化以及完善集体所有等三种不同的观点。但是，“迄今为止，虽然农业生产关系发生了数次变革，但农村的土地权属关系却一直没有被打乱，可见集体土地所有权制度到目前为止基本上还符合国情、民心。”〔1〕正是因为广大的农民对于集体所有权具有较强的认同感，因此，农民对于农村集体经济组织为其提供社会保障有强烈需求。国家社科基金重大招标课题“我国农村集体经济有效实现的法律制度研究”的课题组成员在2010年为期1个月的大范围田野调查中，专门调研了农民对集体保障的需求问题。调研结果显示，农民对集体经济组织发挥其社会保障职能需求强烈。当问及“您认为强大的集体经济组织能够在农村社会保障中发挥哪些作用？（可多选）”，90.7%的受访者认为集体可以为成员提供社会保障缴费补贴；80%的受访者认为集体能够发挥组织动员功能；91.6%的受访者认为集体可以为成员提供社区养老服务等社会保障服务。由以上论述可知，广大的农民群众认可集体所有制以及农民集体经济组织存在的合理性，并且对于集体社会保障职能的发挥有着强烈的需求。集体经济有效实现并为农民提供集体保障具有广泛而深厚的民意基础，发展壮大集体经济，并且充分发挥其社会保障职责，能够得到农民有力的支持和拥护。

四、集体为成员提供社会保障符合国际社会保障的发展趋势，有坚实的理论基础

农民社会保障从本质上讲属于一种公共产品。早期公共产品供给理论认为由于公共产品具有非竞争性与非排他性两种特质。因此，在公共产品供给领域存在着市场失灵。公共产品不能通过市场手段予以供给，而只能由政府提供。然而，政府提供公共产品同样存在政府失灵而导致公共产品无法有效供给的缺陷。因此，现代的公共产品供给理论认为公共产品可以由多主体供给。社区也是公共产品的重要供给主体。在国外，社区供给包括社会保障在内的公共产品运动方兴未艾，其已经成为公共产品供给的重要主体。基于公共产品的社区供给理论，社区保障已经成为社会保障的重要形式。“从目前的改革看，发达国家社会保障制度虽然有差异和不同特点，但却都进一步强化

〔1〕 高飞：“物权立法与中国农村集体土地所有权改革的现实选择”，载《环境资源法论丛》2002年第0期。

了社区社会保障的地位和作用。”[1]由此可知，社区保障是国外社会保障发展的一种趋势。而我国的集体所有制就是一种社区所有制，农民集体就是一个社区，其提供社会保障符合公共产品的社区供给理论以及发展社区保障的进步趋势。“社区所有制是指一定范围内的全体居民对于属于社区的生产资料和财产不可分割地共同占有的所有制。”“这种社区所有制在我国农村的乡、村、村民小组社区以及城市街道社区中都客观存在，而其中最为典型的就是我国广大农村地区存在的社区集体所有制。”因此，我国的集体所有制是一种社区所有制，而农民集体就是这种社区所有制的主体，由农民集体为其成员提供社会保障，既符合社会保障发展的普遍趋势，又符合我国社会主义公有制的本质要求。社区所有制导致农民集体具有社区性。“社区性是指农村集体经济组织按居住区域组成，是在一定农村区域内，拥有共同经济利益的独立经济单位。”[2]“农户、社区和社会是具有不同功能的组织形式，在农户和社会之间最重要的功能组织就是社区，与社区行为有关的公共事业发展，是农户与农村社会进步的共同条件，诸如教育制度、文化休闲、公共安全、公共物品的供给、福利救济等，构成了社区公共事业的主要内容。这些正是农业社会主义最有价值、最具有制度色彩的东西。”[3]因此，集体社会保障能够实现将我国的特殊国情与国外社会保障理论与实践的发展趋势有机协调，是社会保障制度与理论本土化的典范。

第二节　农民集体社会保障职责的规范文本解读

一、现行制度对农民集体社会保障职责相关规定的透视

（一）农村集体经济组织的私权主体地位

准确界定农村集体经济组织的法律地位，必须首先理解何谓地位。“布莱克法律辞典中对地位一词有四种解释。第一种把地位解释为状态、条件和社

---

〔1〕 谭晓辉、范文杰：“论我国社区社会保障建设的目标模式”，载《商场现代化》2005年第11期。

〔2〕 于学强、魏宪朝：“农村集体经济组织的法律解读”，载《中国集体经济》2009年第27期。

〔3〕 石磊：《中国农业组织的结构性变迁（1978-1998）》，山西经济出版社1999年版，第119页，转引自陈小君等：《田野、实证与法理：中国农村土地制度体系构建》，北京大学出版社2012年版，第25页。

会地位。这意味着地位应与某种参照物或标准做比较。第二种把地位解释为法律关系，意味着地位应包含不同主体在发生相互关系时的权利、义务和责任。第三种解释则直接明了地指出了地位就是指发生关系的各主体的权利、责任、能力和无能力。第四种解释则强调了地位是发生关系的主体之间客观上存在着不以各主体主观意志所转移的客观实在性。”〔1〕根据以上关于地位的界定可知，法律地位包括如下内容：其一，法律地位是主体在法律关系中的位置。其二，法律关系的内容即处于该位置的主体享有的权利与承担的义务。其三，主体的法律地位是其享有权利，承担义务的前提。即地位决定主体所享有权利、承担义务的性质与内容。而权利与义务也反映了主体的法律地位。因此，主体的法律地位与其享有的权利，承担的义务密不可分。根据上述关于法律地位的界定，农民集体的法律地位就是指农民集体在法律关系中，相对于其他主体所处的位置，以及因该位置所享有的权利和承担的义务或责任。根据我国现行的相关法律，农民集体的法律地位包括两种：私权主体地位以及社会保障义务主体地位。其中，私权主体地位是社会保障主体地位的制度前提与基础。农村社会保障制度中的法律地位，是指农民集体在社会保障关系中所处的位置，以及由该位置所享有的权利以及义务。农民集体作为私权主体地位，是指其在民商法律关系中，私权的享有者以及私法义务的承担者。主要包括以下内容：

第一，所有权主体即集体财产的所有者。我国的社会主义公有制包括全民所有制与集体所有制。根据经济基础与上层建筑的关系，我国的法律制度必然反映并调整集体所有制关系。“集体所有权在实质上也是集体所有制关系在法律上的反映。”〔2〕我国一系列的法律都规定了农民集体的所有权主体地位。我国《宪法》第10条规定，农村和城市郊区的土地，除由法律规定属于国家所有的以外，属于集体所有；宅基地和自留地、自留山，也属于集体所有。《民法通则》第74条规定，劳动群众集体组织的财产属于劳动群众集体所有。我国《物权法》第59、60、62与63条就集体所有权的客体、主体与权利行使等作了专门规定。其中第59条专门规定了农民集体的所有权主体地

〔1〕 叶芸：“试论行政法律关系中民办高等学校的法律地位”，载《科技进步与对策》2005年第3期。

〔2〕 韩松：《集体所有制、集体所有权及其实现的企业形式》（修订版），法律出版社2009年版，第62页。

位：农民集体所有的不动产和动产，属于本集体成员集体所有。我国《土地管理法》第 8 条规定，农村和城市郊区的土地，除由法律规定属于国家所有的以外，属于农民集体所有；宅基地和自留地、自留山，属于农民集体所有。我国《物权法》第 60 条规定："对于集体所有的土地和森林、山岭、草原、荒地、滩涂等，依照下列规定行使所有权：（一）属于村农民集体所有的，由村集体经济组织或者村民委员会代表集体行使所有权；（二）分别属于村内两个以上农民集体所有的，由村内各该集体经济组织或者村民小组代表集体行使所有权；（三）属于乡镇农民集体所有的，由乡镇集体经济组织代表集体行使所有权。"我国《土地管理法》第 11 条规定："农民集体所有的土地依法属于村农民集体所有的，由村集体经济组织或者村民委员会经营、管理；已经分别属于村内两个以上农村集体经济组织的农民集体所有的，由村内各该农村集体经济组织或者村民小组经营、管理；已经属于乡（镇）农民集体所有的，由乡（镇）农村集体经济组织经营、管理。"根据《物权法》和《土地管理法》的上述规定，我国农民集体包括乡镇农民集体、村集体以及村民小组农民集体。"这三类农民集体所拥有的土地比例为 1:9:90，乡镇农民集体的土地比例仅占很小的比例。"〔1〕由此可知，我国农民集体主要指村农民集体以及村民小组农民集体。农民集体的财产所有者地位是其在其他民事法律关系中法律地位的基础。农民集体的其他性质的民事法律地位都派生于农民集体的所有权主体地位。

第二，集体资产的经营管理者。农民集体这一法律地位来自于其作为集体财产的所有权主体。既然农民集体是集体财产的所有者，其当然可以通过行使所有权来经营管理集体财产。即经营管理是集体所有权权能的重要内容。我国《宪法》第 17 条规定："集体经济组织在遵守有关法律的前提下，有独立进行经济活动的自主权。集体经济组织实行民主管理，依照法律规定选举和罢免管理人员，决定经营管理的重大问题。"由此可知，我国《宪法》以基本法的形式规定了农民集体的集体资产经营者的法律地位。之所以这样规定，在于强调农民集体的市场主体地位。农民集体的财产根据用途与目的可以分

---

〔1〕沈守愚、陈利根："土地的自然性和村民小组的主体权利辨析"，载《南京农业大学学报（社会科学版）》2007 年第 2 期，转引自祝之舟：《农村集体土地统一经营法律制度研究》，中国政法大学出版社 2014 年版，第 5 页。

为经营性资产与非经营性资产。对于经营性资产，农民集体主要通过经营来增值保值，从而壮大集体经济。对于非经营性资产，集体主要行使管理权能，以使其能够更好地为成员的公共利益服务。集体经营财产的最重要方式是统一经营，即农民集体可以根据其所有权，去经营集体用以营利的经营性资产。我国《宪法》第8条规定："农村集体经济组织实行家庭承包经营为基础、统分结合的双层经营体制。农村中的生产、供销、信用、消费等各种形式的合作经济，是社会主义劳动群众集体所有制经济。参加农村集体经济组织的劳动者，有权在法律规定的范围内经营自留地、自留山、家庭副业和饲养自留畜牲。"《物权法》124条规定："农村集体经济组织实行家庭承包经营为基础、统分结合的双层经营体制。农民集体所有和国家所有由农民集体使用的耕地、林地、草地以及其他用于农业的土地，依法实行土地承包经营制度。"根据上述规定，农民集体可以采取分散经营的方式，也可以采取统一经营的方式。

根据集体经济采取的经营方式不同，农民集体具有两种不同的法律地位。采取以发包方式分散经营的，农民集体是集体土地的发包者与农户服务者。采取统一经营方式的，农民集体是集体资产的统一经营者。首先，农民集体是分散经营中的发包者与服务提供者。《农村土地承包法》第13条第1款规定："农民集体所有的土地依法属于村农民集体所有的，由村集体经济组织或者村民委员会发包；已经分别属于村内两个以上农村集体经济组织的农民集体所有的，由村内各该农村集体经济组织或者村民小组发包。村集体经济组织或者村民委员会发包的，不得改变村内各集体经济组织农民集体所有的土地的所有权。"我国《农业法》第10条第3款规定："农村集体经济组织应当在家庭承包经营的基础上，依法管理集体资产，为其成员提供生产、技术、信息等服务，组织合理开发、利用集体资源，壮大经济实力。"其次，采取统一经营方式的，农民集体是集体财产的统一经营者。所谓统一经营，是指"农民集体或农民集体出资设立的经济组织对集体资产的经营活动"。[1]据此，农民集体是集体资产的统一经营者。最后，农民集体是集体投资的经营管理者。《物权法》第67条规定："国家、集体和私人依法可以出资设立有限责任公司、股份有限公司或者其他企业。国家、集体和私人所有的不动产或者动产，

〔1〕 祝之舟：《农村集体土地统一经营法律制度研究》，中国政法大学出版社2014年版，第6页。

投到企业的，由出资人按照约定或者出资比例享有资产收益、重大决策以及选择经营管理者等权利并履行义务。”

第三，国有农地的使用者。《农村土地承包法》第 2 条规定：“本法所称农村土地，是指农民集体所有和国家所有依法由农民集体使用的耕地、林地、草地，以及其他依法用于农业的土地。”该法第 13 条第 2 款规定：“国家所有依法由农民集体使用的农村土地，由使用该土地的农村集体经济组织、村民委员会或者村民小组发包。”《物权法》124 条规定：“农村集体经济组织实行家庭承包经营为基础、统分结合的双层经营体制。农民集体所有和国家所有由农民集体使用的耕地、林地、草地以及其他用于农业的土地，依法实行土地承包经营制度。”根据上述规定，农民集体还可以成为国有土地的合法使用者，并可以发包人的身份将其所使用的国有农地发包给其成员。”

第四，生产服务提供者。我国《农业法》第 10 条第 3 款规定：“农村集体经济组织应当在家庭承包经营的基础上，依法管理集体资产，为其成员提供生产、技术、信息等服务，组织合理开发、利用集体资源，壮大经济实力。”

第五，社区公共产品的提供者。《宪法》第 19 条第 4 款规定：“国家鼓励集体经济组织、国家企业事业组织和其他社会力量依照法律规定举办各种教育事业。”《宪法》第 21 条第 1 款规定，国家“鼓励和支持农村集体经济组织、国家企业事业组织和街道组织举办各种医疗卫生设施，开展群众性的卫生活动，保护人民健康。”《农业法》第 73 条第 1 款规定：“农村集体经济组织或者村民委员会为发展生产或者兴办公益事业，需要向其成员（村民）筹资筹劳的，应当经成员（村民）会议或者成员（村民）代表会议过半数通过后，方可进行。”我国《村民委员会组织法》第 2 条第 1、2 款规定：“村民委员会是村民自我管理、自我教育、自我服务的基层群众性自治组织，实行民主选举、民主决策、民主管理、民主监督。村民委员会办理本村的公共事务和公益事业，调解民间纠纷，协助维护社会治安，向人民政府反映村民的意见、要求和提出建议。”

（二）农民集体在社会保障法律关系中的法律地位

前已述及，农民集体在不同的法律关系中具有不同的法律地位。在民事法律关系中，农民集体的法律地位是私权主体。而在社会保障制度中，农民集体也具有一定的法律地位，从而享有相应的社会保障权利，承担相应社会保障义务与责任。具体言之：

（1）国家社会保险以及其他保障项目筹资制度中的出资者。农村社会保险制度是现代农民社会保障制度的核心内容。在进入工业化发展的中后期之后，我国开始逐步建立农民社会保险制度，从我国目前农民社会保险制度的实施看，其都采取了国家、集体与个人三方出资筹资制度。2003 年，国家印发《国务院办公厅转发卫生部等部门关于建立新型农村合作医疗制度意见的通知》（国办发［2003］3 号）。该规范性文件中多次强调农民集体的出资者地位。其一，该法对新农合进行概念界定时明确农民集体的出资者地位。所谓新型农村合作医疗制度："是由政府组织、引导、支持，农民自愿参加，个人、集体和政府多方筹资，以大病统筹为主的农民医疗互助共济制度。"其二，在规定新农合的基本原则时再次强调：对新农合筹资，乡（镇）、村集体要给予资金扶持。其三，该法在新农合的筹资制度中又一次强调新农合实行国家、集体与个人三方出资的多方筹资制度。《国务院办公厅转发卫生部等部门关于进一步做好新型农村合作医疗试点工作指导意见的通知》（国办发［2004］3 号）中也强调：要积极鼓励有条件的乡村集体经济组织对本地新型农村合作医疗给予适当扶持。其四，新农合制度力图将农民集体与农户出资予以区分，其目的之一就在于确定农民集体的出资者地位。新农合制度反复强调集体出资部分禁止向农民摊派，即集体出资必须使用集体自身积累的集体资产。

之所以这样，理由就在于：其一，新农合制度将农民集体与农户作为同等的出资者对待，因为向农民摊派其实质还是农户自己出资。其二，为了防止农民集体以新农合筹资为名义不合理加重农民负担。

2009 年，我国开始进行新型农民社会养老保险的试点。新农保也实行国家、集体与个人三方出资的筹资制度。《国务院关于开展新型农村社会养老保险试点的指导意见》（国发［2009］32 号，现已失效）多次强调农民集体的出资者地位。其一，个人、集体与政府筹资是新农保制度的基本原则。新农保制度在基本原则的章节中明确规定：个人（家庭）、集体、政府合理分担责任，权利与义务相对应。其二，新农保的任务目标中也再次明确了农民集体在新农保筹资机制中的出资者地位。该法规定新农保的任务目标是探索建立个人缴费、集体补助、政府补贴相结合的新农保制度。其三，新农保筹资机制章节对农村集体经济组织的出资者地位再次确定并将其细化。新农保基金由个人缴费、集体补助、政府补贴构成。有条件的村集体应当对参保人缴费给予补助，补助标准由村民委员会召开村民会议民主确定。2010 年发布的《社会保险法》第 20 条以社会保险基本法的形式再次强调新农保实行个人、集体与政府三方出资的筹资机制，农民集体经济组织是新农保重要的筹资主体之一。在某些社会救助中，农民集体也负有一定的出资义务。比如，根据相关的规定，农村集体可将一部分集体收入用于救助农村五保户。我国《农村五保供养工作条例》第 11 条中规定，农村五保供养资金，在地方人民政府财政预算中安排。有农村集体经营等收入的地方，可以从农村集体经营等收入中安排资金，用于补助和改善农村五保供养对象的生活。

（2）社会保障制度实施中的协作者。社会保障制度要顺利实施，离不开农民集体的协助。因此，我国诸多的社会保障法律规范都明确规定了农民集体的社会保障协助者的法律地位。农民集体的这一法律地位在农民社会救助制度的实施中体现得尤其明显，这也表明该法律地位对于农民社会救助制度实施的重要性。

所谓社会救助是“指国家和社会对通过自身努力仍难以维持基本生活的社会成员所给予的物质帮助和服务”。[1]由此可知，农民获得社会救助的实质条件有两个：其一，必须是勤劳上进的农民。即农民社会救助不应该由那些好逸恶劳、游手好闲等不愿意过日子的农民享有。其二，难以维持基本生活的农民。即勤劳上进的农民因为疾病、自然风险等原因，虽然通过其努力奋斗，仍然无法维持其基本生存。社会救助制度顺利实施并要实现其制度目标的前提与核心在于确定符合条件的救助对象。根据我国《宪法》的规定，申请和获得社会救助是中华人民共和国公民的权利。但是，获得社会救助必须符合一定的救助条件。因此，公民要获得社会救助，就应当提出申请并如实报告其生活状况，然后由相关部门核查其是否符合救助对象。若申请者符合救助的条件，则国家和社会应依法给予申请者一定救助。在救助对象的确定以及农民社会救助制度的实施中，农民集体的协助者地位非常重要。按照我国现行相关法律的规定，农民集体在农民社会救助中具有以下法律地位：

第一，救助申请的接受者。基本生存难以维持的农民要想获得社会救助，必须向救助机关提出申请，这是其获得社会救助的首要环节。我国有关农民社会救助的规范性文件基本上都规定了农民集体是农民社会救助申请的接受

〔1〕 陈锡文等：《农村社会保障制度》，中国劳动社会保障出版社 2011 年版，第 81 页。

者。比如农村医疗救助，《关于实施农村医疗救助的意见》（民发［2003］158号，现已失效）规定救助申请人（户主）向村民委员会提出书面申请。2006年新修改的《农村五保供养工作条例》（简称新《条例》）第3条第3款规定，村民委员会协助乡、民族乡、镇人民政府开展农村五保供养工作。该法第7条规定，享受农村五保供养待遇，应当由村民本人向村民委员会提出申请。再如，我国的最低生活保障对象的确定，村民委员会受乡（镇）人民政府委托，也可受理申请。

第二，救助对象的初步确定者。根据我国社会救助法律规范的相关规定，农民社会救助的申请者是否符合救助条件，首先应由农民集体民主初步决定，然后报相关的职能部门批准。我国《关于实施农村医疗救助的意见》（民发［2003］158号，现已失效）规定村委会收到医疗救助申请后，应经村民代表会议评议同意，然后报乡镇人民政府审核。新《条例》规定，集体成员提出五保供养的申请后，由村民委员会评议，对符合条件的申请者在本集体范围内进行公示。若无重大异议，则将申请书以及其他相关材料报送乡镇人民政府审核。《国务院关于在全国建立农村最低生活保障制度的通知》（国发［2007］19号）规定，村民委员会对申请人开展家庭经济状况调查、组织村民会议或村民代表会议民主评议后提出初步意见，报乡（镇）人民政府；乡（镇）人民政府审核后，报县级人民政府民政部门审批。

第三，救助对象家计情况的调查者。前已述及，农民社会救助制度顺利实施并实现其制度目标的关键在于选择符合救助条件的对象。农民集体是农民社会救助对象的初步确定者，这必然要求农民集体对救助对象是否符合救助条件进行调查。农民集体对救助申请者的家计调查应包括以下两方面的内容：其一，救助申请者自身的资格条件。即接受救助者必须属于勤劳上进者。社会救助不应该是养懒汉的温床，农民集体必须严格把好这一关。其二，调查救助者家庭经济条件。即救助者的经济条件无法维持其基本生存。我国农村最低生活保障制度明确规定了农民集体的这一法律地位。《国务院关于在全国建立农村最低生活保障制度的通知》（国发［2007］19号）规定，村民委员会对申请人开展家庭经济状况调查、组织村民会议或村民代表会议民主评议后提出初步意见。

第四，某些农村救助项目中的辅助给付者。《农村五保供养条例》确定了农民集体的保障给付辅助者的法律地位。新《条例》规定，五保供养由政府取代农民集体成为五保供养的义务承担者。然而，这一转变仅仅意味着五保供养的费用由原来的集体负担变为由政府承担。但是，对于五保供养方式，并没有实质影响。我国法律规定了两种五保供养方式：集中供养与分散供养。对于分散供养的五保户，法律明确规定可以由农民集体即村委会提供照料。而且，村委会必须和政府签订供养服务合同，保证五保供养对象的供养水平达到法律规定的水平。

第五，救助对象救助条件变化相关情况的报告者。接受救助的农民的经济条件会变化，即导致生活困难的原因消灭后，其经济状况可能好转，因此不再符合农民社会救助的条件。对于这种情况，政府应该停止对其继续进行社会救助，以实现资源的有效利用和农民社会救助的制度目标。关于救助对象经济条件是否发生变化以及是否不再符合救助条件，农民集体具有无可比拟的信息优势。因此，法律规定农民集体的报告义务是合理科学的。新《条例》第 8 条规定了两种情形下农村五保供养对象不再符合五保供养条件的，村委会有报告的义务。其一，农民不再符合五保供养条件的。其二，五保供养对象死亡的。出现以上两种情形后，村委会应当及时向乡镇人民政府报告，由其核销接受供养者的《农村五保供养证书》。

第六，被监督者与相应的责任承担者。由于农民集体在农民社会救助中居于一定的法律地位，并承担与其法律地位相应的职责与义务。因此，他必须接受集体成员的监督。《国务院关于在全国建立农村最低生活保障制度的通知》（国发［2007］）规定，村民委员会、乡（镇）人民政府以及县级人民政府民政部门要及时向社会公布有关信息，接受群众监督。对公示有异议的，要进行调查核实，认真处理。新《条例》第 20 条规定：“农村五保供养待遇的申请条件、程序、民主评议情况以及农村五保供养的标准和资金使用情况等，应当向社会公告，接受社会监督。”

第七，调查配合者。由于经济状况困难，导致农民难以维持基本生活是其获得社会救助的实质条件。因此，对于救助申请者是否符合救助条件，除农民集体进行初步家计调查外，国家相关职能部门也负有对申请者家计情况进行调查的义务。而在相关职能部门调查的过程中，农民集体负有积极配合的义务。《关于实施农村医疗救助的意见》（民发［2003］158 号，现已失效）规定：有关单位、组织和个人应当如实提供所需情况，配合有关医疗救助工作的调查。新《条例》第 7 条规定，乡、民族乡、镇人民政府应当对申请人的家庭状况和经济条件进行调查核实；必要时，县级人民政府民政部门可以进行复核。申请人、有关组织或者个人应当配合、接受调查，如实提供有关情况。

二、现行农民集体社会保障法律地位规定的不足

现行法律法规对于集体经济组织在农民社会保障中的法律地位有诸多的规定，这无疑具有重要的意义。其一，农民集体地位的上述规定为他发挥服务成员的职能提供了法律保障，有利于集体经济的有效实现和集体所有制目的之达成。其二，科学确定农民集体在社会保障中的法律地位符合社会主义的本质要求，有利于促进我国社会保障制度的实施及制度目标的实现。然而，现行的相关规定也存在一些不足。

（一）不符合总分的立法模式

法律是由规范组成的体系。按照体系化的要求，法律制度必须简约与完整，且法律规范之间不存在矛盾。法律制度必须简约，是指制度应以最少或较少的法律规范实现对调整对象的完全妥当调整。法律体系的简约性主要通过“提取公因式”而形成的总分体系来实现。即将某一法律制度共通性的内容抽象提取出来作为总论的内容，避免法律规范的重复规定而实现制度的简约性。我国现行农民社会保障法律制度对于农民集体法律地位的规定，存在大量重复性规定，从而违背了法律制度简约性的要求。比如，关于农村社会保险的筹资制度确定集体出资人地位的规定，就完全可以通过农民社会保险法总论的内容加以规定而避免重复。再如，关于农民集体在农民社会救助中法律地位的规定，我国的医疗救助、五保供养以及最低生活保障制度的相关规定存在大量重复，这也违背总分模式的体系化要求。要解决这样的问题，立法者应在农民社会救助法或社会救助法总论中集中规定集体经济组织在农民社会救助中的法律地位，从而以总分结构来避免重复规定，实现制度体系的简约性。

（二）制度逻辑构成不完整

法律制度是由具有相同性质的法律规范组成的体系。一个完整的法律规范应包括如下内容：事实构成、法律后果以及责任。事实构成是指法律规范适用的条件。法律后果是指当法律适用的事实构成出现时，当事人之间享有的权利与负担的义务。责任是指义务主体不履行义务时应该承担的不利法律

后果。一个完整的法律规范必须包含以上三个内容。法律规范的逻辑结构决定了一项法律制度必须具有义务主体不履行义务时追究责任的相关规定。我国农民社会保障法律法规关于集体职责缺乏相应的责任规定，导致该项制度的逻辑构成不完整。比如，关于农民集体在社会救助中的地位，法律让集体负担了众多的作为义务，却没有规定集体不履行义务时应该承担的责任。责任是义务得以履行的保障，缺乏关于法律责任的规定，导致集体不履行义务也不会承担任何法律责任，集体履行其义务的可能性就大大降低。再如，相关法律法规均规定有条件的农民集体负有为农民社会保障筹资的义务，而法律却未规定符合条件的集体不履行该义务时应该承担的责任。这无疑会使集体筹资义务的规定变成一纸空文。由此可知，现行制度关于集体法律地位的制度规范不完整，这无疑不利于农民社会保障法律制度的实施以及调整目标的实现。

（三）集体所享有的权利与所承担的义务不匹配

权利义务一致性是法律调整社会关系、分配社会利益的基本原则。马克思曾言："没有无义务的权利，也没有无权利的义务。"黑格尔认为："一个人负有多少义务，就享有多少权利；他享有多少权利，也就负有多少义务。"据此，某一权利主体负担的义务应与其享有的权利相适应、相平衡。我国目前关于集体经济组织社会保障职责的法律规范违背了权利义务一致性原理。比如，关于集体在社会救助中的地位，法律让集体负担了众多的作为义务，然而，却没有规定集体应该享有的权利。集体承担的义务与其享有的权利失衡会产生如下问题：其一，集体的社会保障职责难以落实。缺乏集体享有权利的规定，会使国家与集体的利益关系失衡，集体就丧失了履行其义务的积极性与动力。另外，由于集体经济组织缺乏财产积累，国家让集体经济组织承担一定的义务却不让其享有相应的权利，这会导致集体履行义务没有物质基础，对于法律规定的职责，存在有心无力的两难局面。其二，不利于集体经济有效实现。权利的本质是利益，如果法律规定集体经济组织在对国家履行一定义务的同时，还享有一定权利。这就可以使集体经济组织能够有一定的公共财产积累，为集体经济的发展壮大提供物质基础。而缺乏集体经济组织应享有权利的规定，使其无法获得发展壮大的"第一桶金"，进而无法有效实现集体经济。

(四) 没有充分发挥集体经济组织防范社会保险道德风险的功能

道德风险，是指从事经济活动的人在最大限度地增进自身效用的同时做出不利于他人的行动。在社会保险中也存在大量的道德风险。从理论上分析，参保人与保险人都可能存在道德风险，但保险法着重强调与防范的是投保人的道德风险。道德风险既造成了社会保险基金的不必要流失，威胁基金安全，又恶化了社会道德，因此必须严加防范。社会保险中道德风险产生的原因在于参保人与保险机构之间信息不对称。要消除道德风险，就必须消除这种信息不对称的状态。因此，社会保险管理机构以及实施机构必须及时准确地掌握参保人的相关信息。然而，现实生活中，由于精力有限、投保人隐瞒等原因，保险机构很难准确及时地掌握社会保险参保人的相关信息，因此无法有效防范参保人的道德风险。相较于社会保障管理机构以及经办机构，农村集体经济组织与参保成员不存在信息不对称的情形。因为农村社会属于熟人社会，大家彼此了解。又由于集体经济组织与村民的近距离性，信息流传速度快。就此而言，参保农民是否存在道德风险行为，集体经济组织通常能及时掌握。因此，我国农民社会保障法律制度应赋予集体经济组织防范道德风险的义务并让其享有与该义务相称的权利，积极发挥农民集体的信息优势。然而，我国目前的农民社会保障法律制度并未赋予农民集体相应的职权，这实属一大遗憾。

第三节　农民集体社会保障职责制度构建的规范设计

一、农民集体社会保障职责立法的体系化

(一) 农村集体经济组织社会保障职责规范体系化的意义

要将集体经济组织社会保障职责纳入法制化轨道，就必须进行相应的立法。其实质便是农民集体社会保障职责规范的体系化，目的在于对因农村集体承担社会保障职责所产生的社会关系进行系统化规制。康德认为：“体系是一个依原则将知识构成的整体，从而一个法学体系可称为一个根据统一的观点将法律概念构成的整体。”所谓农民集体社会保障职责规范的体系化，是指调整集体社会保障职责关系的法律规范遵循一定的法律价值目标，按照一定的逻辑结构而组成的一个有机联系的整体。其中，法律价值目标是其灵魂，

而法律体系是灵魂之载体。即一为“道”，一为“器”。农民集体社会保障职责法律规范体系化的意义甚大。

第一，对农民集体社会保障职责立法是法律科学化的必然产物。由于在法律的实施过程中存在大量的价值判断以及在法学研究中无法做到价值中立，所以有一部分人否认法学是一门科学，但通说认为法学是一门科学。作为科学的法律必然要实现立法的体系化。“作为对世界的解释，任何一种理论，甚至是自称‘反体系’理论，只要不是武断任意，而是讲道理重论证的，它都必须有一个体系。在这个意义上，体系直接表现为科学的最起码要求。”〔1〕由此可知，体系化是法律作为科学的必然要求，只有体系化的法律才能称之为科学的立法。具体言之，法律体系化的思想基础和动力是理性哲学，理性哲学虽然有将人类理性无限放大的趋势，但是其进步意义无疑是主流的、巨大的。要想体系化，就必须打破诸法合体，将法学从神学的束缚中解放出来。而理性哲学不但是将人从神学桎梏中解放出来的强大思想武器，而且也为人类勇于面对自然、挑战自然、改造自然提供了强大的思想武器。

第二，体系化有助于法律实施。其一，有助于法律适用。法律体系是由法律部门组成的有机整体，而法律部门的构成以法律规则为具体单位，以法律概念为细胞内核。要正确适用法律，第一个步骤就是根据产生社会关系的法律事实对法律的调整对象进行定性，确定系争纠纷应由哪个部门法调整。第二步是确定调整该社会关系的法律部门后，还要确定该系争关系属于该部门法的哪个具体制度。第三步根据所确定的法律制度找寻应该适用的法律规范。由此可知，体系化能够确保法官迅速快捷地找到裁判依据，提高司法效率。其二，体系化解释。合理科学的体系对于法律的解释具有重要意义，即所谓体系解释方法。其主要功能有二：“其一，以法律条文在法律体系上之关联，探求其规范意义。”“其二，采体系解释方法以维护法律体系及概念用语之统一性。”〔2〕合理科学的法律体系有利于快速准确地找法，从而提高司法的效率。法官司法的过程也就是根据已经发生的法律事实，找出可资适用法律规范从而作出裁判的一个逻辑推理过程。在当代法治社会，法律浩如烟海，如何快速准确地在数目极其庞大的法律规范中找出可资适用的法律，成为提

〔1〕 孙伯鍨等：“体系哲学和马克思主义哲学”，载《江苏社会科学》2000年第1期。

〔2〕 梁慧星：《民法解释学》（第3版），法律出版社2009年版，第218页。

高司法效率的关键。而体系化的民法就可以很好地解决法官找法这一难题，提高司法效率。另外，由于体系具有解释法律之功能，因而还可以帮助法官提高裁判的水平达到效率与公平兼顾。其三，法律体系对于法律漏洞的补充和法律发展具有重大的意义。概念法学派的法学家基于对人类理性的无限崇拜，认为人类可以制定出一个内在体系自给自足的，调整所有社会关系的无所不包的法典，他们将法律体系的作用扩大到了无以复加的地步而认为法律没有漏洞。但是，法律的发展和人类社会的实践表明，法律会存在漏洞，而且必须予以补充。由于人类社会生活的连续性，法律漏洞的补充还必须受现有法律体系的约束和指导。法律体系是由法律概念按照一定的逻辑结构组合而成的有机整体。但是每个法律概念都负荷着一定的法律价值，因此，体系化就意味着法律概念和法律价值的双重体系化，体系化还意味着概念和概念之间，概念和价值之间，价值和价值之间必须高度统一和协调，不能够有矛盾。法律漏洞的补充既然不能够脱离现行法律体系，那就必须接受现行法律体系的要求和指导，将补充漏洞的法律规范和谐地纳入现行法律体系，与现行法律体系所需贯彻的基本价值保持高度一致，这也符合法律稳定性和渐变妥当性的要求。其四，体系化能够确保裁判的公正性。“因为法律愈有逻辑性和体系性，就愈能够保障裁判的统一性和公正性。”〔1〕其五，体系化有助于农民集体遵守法律，履行职责。“矛盾的法律会使守法者陷入一种两难境地”，“冲突的规则，使得人民无法措其手足”。由此可知，要使农村集体经济组织遵守法律，积极履行其社会保障义务，农民集体社会保障职责的立法必须实现体系化，只有这样，农村集体经济组织才能按照法律的规定行事。

（二）农村集体经济组织社会保障职责体系化的要求

“成文化、法典化的意义其实在于法律的系统化——即所谓理性化。”〔2〕理性化的核心要求在于体系要素的一致性即无矛盾性。“一个话语和思想体系的理性化程度与它的逻辑连贯性是一致的，越是缺乏连贯性，也就越是缺乏

〔1〕梁慧星：“中国民法典编纂的几个问题”，载《山西大学学报（哲学社会科学版）》2003年第5期。

〔2〕陈妙芬：“形式理论与利益法学——法律史学上认识与评价的问题”，载《台湾大学法学论丛》2001年第2期，转引自易军：“中国民法继受中的体系性瑕疵与协调”，载《法商研究》2009年第5期。

理性；连贯性的彻底丧失，也就是理性的彻底丧失。”[1]因此，农民集体社会保障职责立法的体系化必须遵循一定的逻辑，符合无矛盾性的要求。拉伦茨认为，法律体系包括内部体系与外部体系，前者是指法律的概念体系，后者是指法律的价值体系。就此而言，农民集体社会保障职责规范的体系化必须实现内部体系与外部体系的无矛盾性。其一，实现概念的逻辑性，重视概念的位阶性以及概念的同一性。其二，价值的协调性。要实现内部体系的无矛盾性就必须合理排列农民社会保障职责立法的各种价值，使其形成高低有序的顺序。

农民集体社会保障职责立法的体系化还应遵循总分的立法结构，即包括两大部分：农民集体社会保障职责立法总则与农民社会保障职责立法分则。总分的体系结构是立法科学化的表现形式，它具有以下优点：

第一，总分的立法模式能够简化农民集体社会保障职责的立法内容。总则内容是运用提取公因式的方法将分则中的共通性规定进行集中性规定的立法，这样可以避免大量的重复性以及引用性规定，简化了立法内容。“黑克恰如其分地将总则编的这一功能比喻为‘列车时刻表符号说明’，前面已经说明过的东西，后面就没有必要再作重复了。”[2]

第二，总分的立法模式有利于找法，提高法律适用效率。虽然总分的立法模式将总则的内容规定在前，分则的内容规定在后，但法律适用顺序是先适用分则，再适用总则。根据该法律适用原则，法官适用法律时，一般会从分则开始入手，然后至总则。这样一种思维模式为法官找法指明了方向，使其找法活动有矩可循，避免了找法的盲目性，从而提高了找法的效率与精确性。

第三，总则的设置有利于深切理解法律的基本理念、价值以及基本原则。总则的设立对弘扬法律的基本精神和理念具有重要作用，总则就是要借助于抽象的原则来宣示法律的基本理念。总则部分开宗明义地表明了立法目的以及基本原则。只有通过对法律总则的研究，才能对法律分则编中具体制度的设计及其运用有更深切地掌握和领会，才不至于停留在表面，或者错误地理解甚至运用这些制度。

---

〔1〕 王巍：《相对主义：从典范、语言和理性的观点看》，清华大学出版社 2003 年版，第 109 页。
〔2〕 [德] 迪特尔·梅迪库斯：《德国民法总论》，邵建东译，法律出版社 2000 年版，第 45 页。

第四，总则的设置能够弥补法律漏洞。法律总则是具体法律规范的生长之源，在分则对某个具体问题没有规定的时候，必须通过总则中的基本原则、制度加以弥补，从而产生出填补法律漏洞与法律空白的新制度。总则的规定是抽象的、一般的，这就为法律的发展留下了空间。法律漏洞的存在是不可避免的，法律漏洞既可能因为立法之际的认识局限与疏漏而存在，也可能因为嗣后经济社会的发展而产生的新的社会纠纷、法律问题而存在，而且一些具体的规则也可能因时间的流逝而无法适应社会生活的发展变化。此际，法官当然可以运用法律解释、类推适用等法律技术来适用法律或发展法律。但在不存在总则的情况下，上述法律技术常常会出现解释明显超出一般语义的情况，这就使得法官对法律的发展虽然具有正当性，但欠缺合法性。而如果存在着总则，“由于总则是高度抽象的，总则的规范实际上是高于具体规范的”，[1]因此，总则的设置为法律的发展开辟了空间，能够有效弥补法律的滞后性与社会的发展性之间的矛盾，提高法律适用的妥当性。

综上所述，由于总分模式的立法结构具有无与伦比的优势，我国农村集体社会保障职责立法也应采取总分结构的制度构建模式。

二、农民集体社会保障职责立法体系化的模式选择

从理论上分析，我国农民集体社会保障职责的立法有两种模式可以选择：分散立法模式以及集中（单独立法）立法模式。所谓的分散立法模式，是指将农民集体社会保障职责规范规定在每部单独的农民社会保障立法中。比如，在制定农民社会保险法时规定集体的职责；制定农民社会救助法时专门规定农民集体对农民的社会保障职责；在农民社会福利法中规定农民集体的社会福利职责等。我国现行的立法模式采取的是分散立法模式。所谓集中立法模式，是指单独制定专门的集体社会保障职责条例，对集体经济组织在农民社会保障中的职责进行集中规定。这两种立法模式各有优缺点，分散立法模式能够保证各个单项农民社会保障法律保持体系的完整性，但却无法突出集体的社会保障职责，弱化社会成员对集体的认可程度，不利于农民集体经济的发展壮大。集中立法模式的优点在于能够将集体经济组织的社会保障职责体系化，突出集体在社会保障中的功能作用，强化社会成员对集体的认可度，

〔1〕 徐国栋编：《中国民法典起草思路论战》，中国政法大学出版社2001年版，第321页。

有利于农民集体经济的有效实现。要克服上述立法模式的不足，我国农民集体社会保障职责立法应该采取分散立法与集中立法相结合的立法模式。具体言之，各项农民社会保障单行法对农民集体的职责进行原则性规定，作为农民社会保障的一般法。然后，再制定专门的农民集体社会保障职责条例，将各单行法中的农民集体社会保障职责规范予以具体化，使其具有可操作性。混合立法模式具有以下优点：

第一，混合立法模式可以有效克服以上两种立法模式体系性的不足。前已述及，分散立法模式与集中立法模式各有其优缺点，并且优缺点刚好相反。分散立法的优点即为集中立法的缺点，缺点即为集中立法的优点。所以，要充分克服它们的缺点，发挥其优点，只能采取混合立法模式。其一，混合立法模式可以保证农民社会保障单项立法的体系化。根据社会保障立法的原理，我国农民社会保障立法应该根据社会保障项目立法，即农民社会保险法、农民社会救助法以及农民社会福利法。根据社会保障运行的客观规律，每个单项立法的内容应包括以下几个有机联系的整体：社会保障的主体制度、社会保障筹资制度、社会保障资金运营制度、社会保障资金给付制度以及社会保障监管制度。集体经济组织是农民社会保障中的重要义务主体之一，对其职责与行为进行科学规范构成各单项农民社会保障法律规范的有机构成内容。若集中立法，则农民社会保障法律制度的重要内容即农民集体社会保障职责制度将会被提取出来，这会造成各单项农民社会保障法律制度的残缺不全，而混合立法则能够有效克服这一缺陷。混合立法模式将农村集体经济组织对农民的社会保障职责进行原则性规定，这样一来，能够使农民社会保障法律的主体制度维持完整性，确保了各个农民社会保障单行法的体系性。其二，混合立法模式能够凸显农村集体经济组织的功能，使人们重新估量集体经济的存在价值。分散立法将集体经济组织对农民的社会保障职责凌乱地规定在各个单行法中。这样的立法模式使农村集体经济组织的社会保障职责湮没在体系庞杂的其他法律中，无法凸显农村集体经济组织在农民社会保障法律制度中的重要地位，进而为农地私有化的论者提供了攻讦集体经济的理由。而集体经济组织社会保障功能的单独立法则可以明确凸显集体经济的重要价值，使人们重视集体经济的意义，从而坚定人们的集体所有制信心，保证社会主义事业的顺利推进。

第二，混合立法模式能够实现法律适用的科学化。根据相互之间的适用关系，法律可以分为一般法与特别法。何谓特别法，何谓一般法，学者之间存在不同的观点。如有人认为："所谓特别规定，就是根据某种特殊情况和需要规定的调整某种特殊社会关系的法律规范。所谓一般规定，就是为调整某类社会关系而制定的法律规范。"〔1〕还有人认为："一般法是指在时间、空间、对象以及立法事项上作出的一般规定的法律规范，特别法则是与一般法不同的适用于特定时间、特定空间、特定主体（或对象）、特定事项（或行为）的法律规范"。〔2〕还有学者认为，"特别法是与一般法不同的适用于特定时间、特定空间或特定主体的法律规范"。〔3〕第三种观点以法律的效力范围界定特别法与一般法的概念混淆了这两者之间的关系，实属不可取。笔者认为上述第一种观点与第二种观点都有一定道理。第一种观点以法律所调整的对象为标准划分特别法与一般法的关系，符合法律制度与法律部门的划分标准。但是该界定并没有明确界定什么是一般社会关系、什么是特殊社会关系以及这两者之间的关系，导致该概念过于抽象，使得法律适用存在困难。第二种观点所列的特别法的界定标准不完善。其一，过于宽泛，将法律的效力范围因素作为界定标准，犯了和第三种观点同样的错误。其二，过于狭窄，没有将其他合理的界定因素纳入概念范围。既然法律部门的划分标准是其所调整的社会关系具有特殊性，因此，界定一般法与特别法的关系也应从法律所调整对象的特殊性着手。社会关系的构成要素包括主体、客体、内容以及变动根据。据此，可以将特别法界定为调整主体特殊、变动根据特殊、客体特殊以及内容特殊的法律规范。一般法是指调整构成要素不具有特殊性的普通社会关系的法律规范的总称。然而，无论对特别法与普通法作如何的界定，"特别法优于一般法"是国际社会所一致遵循的法律适用的一般原则。我国2000年通过的《立法法》也明确规定了这一项法律适用的基本规则。该法第83条规定，同一机关制定的法律、行政法规、地方性法规、自治条例和单行条例、规章，特别规定与一般规定不一致的，适用特别规定。据此，关于农村集体经济组织社会保障职责的立法也必须遵循特别法与一般法的关系进行立法。

---

〔1〕 乔晓阳主编：《立法法讲话》，中国民主法制出版社2000年版，第293页。

〔2〕 汪全胜："'特别法'与'一般法'之关系及适用问题探讨"，载《法律科学（西北政法大学学报）》2006年第6期。

〔3〕 张娜："学习《立法法》，把握适用规则——访中国社会科学院法学所研究员李步云"，载《人民法院报》2000年7月1日。

关于集体经济组织在农民社会保险、农民社会救助以及农民社会福利中的普通职责，以一般法的方式在各单项农民社会保障法中予以规定，进而成为农村集体经济组织社会保障职责的一般法。而关于农民集体经济组织特殊社会保障职责的规定，以特别法的形式予以集中规定，进而形成农村集体经济组织社会保障职责的特别法。关于农村集体经济组织职责的法律适用，就可以遵循一般法与特别法的关系。集中立法中有规定的适用集中立法，集中立法中没有规定的，适用一般法中关于集体经济组织社会保障职责的规定。通过科学合理的法律适用可有效规范集体经济组织承担社会保障职责的行为，充分挖掘集体经济组织的潜力，发挥其社会功能。

第三，混合立法能够促进集体经济有效实现。集体经济是我国社会主义经济基础的重要组成部分。胡锦涛在党的十八大报告中指出，中国特色社会主义道路，中国特色社会主义理论体系，中国特色社会主义制度，是党和人民 90 多年奋斗、创造、积累的根本成就，必须倍加珍惜、始终坚持、不断发展；全党要坚定这样的道路自信、理论自信、制度自信。而在农村旗帜鲜明地反对土地私有制、坚持集体经济是三个自信的必然要求。改革开放以来党的几任领导人都非常重视集体经济对社会主义道路的意义。邓小平指出："农村经济最终还是要实现集体化和集约化。有的地区农民已经提出集约化问题了。只要生产发展了，农村的社会分工和商品经济发展了，低水平的集体化就会发展到高水平的集体化，集体经济不巩固的也会巩固起来。关键是发展生产力，要在这方面为集体化的进一步发展创造条件。"党的十六届三中全会通过的《中共中央关于完善社会主义市场经济体制若干问题的决定》提出，要积极推行公有制的多种有效实现形式，适应经济市场化不断发展的趋势，进一步增强公有制经济的活力，以明晰产权为重点，发展多种形式的集体经济。党的十七大报告提出要："探索集体经济有效实现，发展农业专业合作组织，支持农业产业化经营和龙头企业发展。"2008 年 10 月，党的十七届三中全会通过的《中共中央关于推进农村改革发展若干重大问题的决定》提出，要发展集体经济、增强集体组织服务功能，培育农民新型合作组织，发展各种农业社会化服务组织，鼓励龙头企业与农民建立紧密型利益联结机制，着力提高组织化程度。由此可知，坚持社会主义道路就必须坚持集体所有制，就必须使集体经济发展壮大。另外，制度自信也要求我国必须坚持发展壮大农村集体经济。我国《宪法》第 8 条规定，农村集体经济组织实行家庭承包经营为基础、统分结合的双层经营体制。农村中的生产、供销、信用、消费等各种形式的合作经济，是社会主义劳动群众集体所有制经济。因此，坚持集体所有制并发展壮大集体经济，是落实宪法规定的必然要求。面对集体经济发展现状，即使法律规定的集体经济组织社会保障职责制度很完善，它也会因为集体经济缺乏履行职责的物质基础而无法实施。因此，要保证集体经济组织积极履行其对集体成员应承担的社会保障义务，集体经济就必须发展壮大进而有效实现。在依法治国、建立法治国家的治国方略下，集体经济的有效实现必然要纳入法治的轨道，国家应制定专门的集体发展促进法律来保证集体经济的壮大。我国目前尚缺乏这样的法律规范，这无疑不利于集体经济的有效实现。而对集体经济组织社会保障职责单独立法，则可以为集体经济发展壮大提供一定的法律保证。其一，为保证集体经济有效实现并切实履行其社会保障职责，单独集体经济组织社会保障职责立法可以专门就集体经济如何发展壮大的问题作出规定。当然，促进集体经济发展壮大的相关规范也可以在农民社会保障法中予以规定。然而，农民社会保障法是根据社会保障运行机制制定的有机体系，若将集体经济有效实现的法律也在其中规定，会导致农民社会保障法律的体系瑕疵。因此，要依法促进集体经济有效实现，保证其履行社会保障职责，并且维持农民社会保障法的体系性，只能采取混合立法模式。其二，集中立法可以规定集体经济履行义务应享有的权利，这可以扩大集体公共财产积累，壮大集体经济。根据权利义务一致性原理，集体经济组织在承担一定的社会保障义务时，还应该对国家享有一定的权利。权利的本质是利益，因此，集体经济组织权利的实现过程就是集体经济组织财产扩大的过程。这可以为集体经济的有效实现提供资本积累。由此可知，集体经济组织社会保障职责单独立法对集体经济有效实现能产生相应的推进作用。

三、农民集体社会保障职责集中立法的主要内容

我国农民集体社会保障职责集中立法的内容应该包括总则与分则两部分。总则是分则部分内容的共通性规定，分则是有关农民集体社会保障职责特殊事项的规定。

（一）农民集体社会保障职责的立法总则

总则的主要内容应该包括：立法目的；国家对农村集体经济组织的职责；

农民集体社会保障职责条例的基本原则；集体经济组织在农民社会保障中的一般权利以及一般义务。具体言之：

第一，立法目的。目的法学派的创始人耶林认为，“目的是全部法律的创造者，法律并不像历史法学派认为的那样，是偶然地、无意识地、默默地产生的，而是根据人类想要实现的社会目的而有意识地制定的。法律与社会目的相连，从社会目的中，法律获得其内容，所有法的规定，具有维护社会的生活条件之目的。”〔1〕他又将法律目的，比喻为在茫茫大海上指引航船方向的“导引之星”（北极星）。由此可知，科学合理地确定法律目的对于促进社会健康发展具有极其重要的意义。我国农村集体经济组织的立法目的包括：其一，促进集体经济发展；其二，保证农民集体切实履行其社会保障职责；其三，保护农民社会保障权益，使农民共享发展成果，实现社会公平正义。之所以强调农村集体经济组织社会保障职责立法应促进集体经济发展，理由在于农村集体经济的发展壮大是其承担社会保障职责的物质基础。若没有农村集体经济的有效实现，则指望其承担社会保障职责无异于缘木求鱼。因此，农村集体社会保障职责立法不仅要规定集体的社会保障职责，而且还要通过科学的规范设计，使得集体经济组织获得公共财产积累，确保其切实履行该义务。农民社会保障权益的实现，有赖于国家与集体积极完全地履行其社会保障职责。保证农民社会保障权益的实现，理所当然地成为农村集体经济组织社会保障职责立法的直接目的。社会保障制度的目的就是促进公平正义，这与市场经济体制追求效率最大化截然不同，农村集体经济组织社会保障职责立法作为我国社会保障制度立法的独具特色的组成部分，当然要以追求社会公平正义为天职，而公平正义的实现则能够使全体农民享受发展成果。

第二，国家对集体的义务与职责。由于目前我国农村集体经济普遍式微，无法为农民提供社会保障等基本公共服务。要体现社会主义公有制的优越性，保证集体经济有效实现是国家义不容辞的义务。据此，我国农村集体社会保障职责立法应强调国家通过农民社会保障职责的承担促使集体经济有效实现。我国农村集体社会保障职责立法应规定：国家为农民建立基本社会保障制度，政府应通过财政转移支付、金融支持等方式促进集体经济有效实现。

---

〔1〕［德］阿图尔·考夫曼、温弗里德·哈斯默尔主编：《当代法哲学和法律理论导论》，郑永流译，法律出版社2002年版，第166页。

第三，农村集体经济组织社会保障职责立法的基本原则。“原则”一词来源于拉丁文“principium”，有“开始、起源、基础、原则原理、要素”等义。“原则”一词在现代汉语中是“观察问题、处理问题的准绳”之意，加以“基本”修饰是为强调其根本性和普遍性。在英文中，“principle”一词的基本含义是指其他规则的来源和依据，同时又是直接的行为规则。《布莱克法律词典》将“原则”解释为“法律的基本性的公理或原理，为其他（法律）构成基础或根源的全面的规则或原理”。可见国内外关于“基本原则”的认识大致相同，都着意强调其为基础性和准则性的规则，并认为其可作为研究和操作的双重方法。据此可将集体经济社会保障职责法律的基本原则界定为贯穿于集体社会保障职责立法、司法、守法的始终，具有普遍适用效力和衡平作用的指导思想和根本标准。基本原则能够作为法律基本准则的根本原因在于它反映了法律所调整对象的本质特征与运作规律。因此，农民集体社会保障职责法律的基本原则应该反映其所调整对象的本质特征与运作规律。农民集体社会保障职责法律的调整对象是集体承担社会保障职责所形成法律规范的总和。农民社会保障关系的核心在于合理分配国家、集体之间的社会保障职责。据此，可将农民集体社会保障职责法律的基本原则概括为以下几个：集体职责整全原则；合理负担原则、民主参与原则以及权利义务相一致原则。集体职责整全原则是指农民集体社会保障职责的承担应该体现在所有的农民社会保障项目中，并且在农民社会保障的各个环节集体都应履行其职责。合理负担原则，是指农民集体经济组织承担的社会保障职责不应超出其承受能力之外，若其代替国家承担社会保障职责，国家应支付一定报酬，促使集体经济有效实现，其目的在于解决国家、集体以及个人在农民社会保障关系中的利益分配问题。民主参与原则，是指农民集体在承担其社会保障职责时，贯彻民主管理的要求，确保农民成员权的各项要求在其中予以体现。

第四，农民对集体的权利。权利与义务相对应，集体的社会保障职责本质上是集体为其成员所负担的义务，必然要有相对性的权利主体。所以，农村集体社会保障职责立法总则还应概括性规定农民对集体享有的权利。只有这样才符合法律调整社会关系的机理。我国农村集体社会保障职责立法应规定：作为集体成员的农民有权利要求集体在不同的社会保障项目中承担相应的社会保障义务。农民对集体承担社会保障义务的相关事务享有决策权、参与权、知情权、表达权与监督权。

第五，农村集体经济组织的筹资义务。资金筹措是社会保障运行的首要环节，按照合理分配国家、集体以及农民个人物质利益关系的要求，农民集体应该承担一定的筹资义务。因此，我国集体社会保障职责立法应规定：在农村社会保障中，集体经济组织应承担一定的筹资义务。农村集体经济组织没有能力承担该义务的，由国家代其承担。

第六，农民集体参与社会保障基金运营的权利。农村社会保障的保障水平应随着社会经济的发展而提高，要实现这一目标，科学合理的运营方式是确保农村社会保障基金增值保值的关键。为保证农村社会保障基金保值增值，保护农民社会保障权益的充分实现，农民集体应该有权利参与农村社会保障基金的运营。为此，我国法律应规定：农民集体经济组织有权利参与农民社会保障基金的运行过程，决定基金运营方式应听取农民集体经济组织的意见；集体经济组织有权利知道基金运营成果，并应将该信息告知集体成员。

第七，农村集体经济组织参与社会保障监管的权利。社会保障的监督管理是影响基金安全以及社会保障待遇支付及时足额发放的重要因素。监管体制合理与否，对于农民社会保障权的充分及时实现意义巨大。要保护农民的社会保障权益，就必须赋予农民集体经济组织有代表农民参与农民社会保障的监管的权利。为此，我国集体社会保障职责立法应规定：农村集体经济组织有权利代表农民参加农村社会保障的监督与管理，维护农民合法的社会保障权益；各级政府应积极为农民集体参与监督管理创造便利条件。

第八，农村集体经济组织的给付义务。利益给付是农民社会保障运行的最后环节，社会保障经办机构给付社会保障利益应贯彻方便农民的原则，尽量保证给付的及时快捷。毫无疑问，由农村集体经济组织实施给付或协助给付能够最大化地实现农民的社会保障权益。为此，我国集体社会保障职责立法应规定：农村集体经济组织有义务依法实施或协助国家对农民进行社会保障给付。农村集体组织代理政府或协助政府对农民进行社会保障给付的，国家应完全补偿农民集体垫付的费用并支付一定的报酬。

（二）农村社会保障职责立法分则

1. 农民集体在农村社会保险中的职责

第一，农民集体的筹资义务。有公共财产积累的村集体或组集体应对参加农民养老保险的集体成员予以集体补助。补助标准由村民委员会召开村民大会或村民代表大会民主确定。

第二，确定参保困难成员的方式。农村集体经济组织应通过集体成员大会或代表大会的方式确定本集体的重度残疾人等缴费困难群体的家庭，并将结果在本集体予以公示，接受成员的监督。集体成员对上述结果有不同意见的，有权向本集体申请复议，也可以向乡镇或县级农民养老保险行政主管部门提出异议。

第三，农村集体经济组织的公示义务。农村集体经济组织每年在行政村或小组范围内对村组内参保人缴费和待遇领取资格进行公示，接受群众监督。集体成员认为公示结果有问题的，有权利向乡镇政府或县级行政主管部门反映情况。对于群众反映的问题，主管部门应在合理的期限内予以答复或解决。

第四，农村集体经济组织防范道德风险的义务。集体成员存在冒领养老金、提前领取养老金以及重复领取养老金等道德风险行为时，集体经济组织应及时向养老保险主管机关通报。

第五，集体优先提供养老服务权。国家以政府购买公共服务的方式提供农民养老保险给付的，应支持农村集体经济组织开展相应的服务，并优先向农村集体经济组织购买所需的服务项目。

第六，农民集体的宣传义务。农村集体经济组织应配合政府以通俗易懂、节约方便的原则宣传新农保政策，引导农村居民积极参保。国家应承担相应的宣传费用并支付农村集体经济组织合理的劳务报酬。

第七，农民集体的意见建议权。农村集体经济组织应向国家和政府主管部门反映农民的意见和要求，并积极上报新农保实施过程中出现的新情况、新问题，提出并总结解决新问题的办法和经验。

第八，农民集体对成员参加新农合的补助义务。有条件的乡村集体经济组织应对本地新型农村合作医疗制度给予适当扶持。集体扶持的出资标准以及出资数额应由村委会召开村民大会或村民代表大会表决通过。

第九，集体经济组织的优先管理与实施权。国家根据需要委托有关机构管理实施新农合，在同等条件下应优先委托农村集体经济组织进行新农合相关事务的管理与给付。

第十，农民集体对新农合的监督管理权。农村集体经济组织有权利对农村合作医疗委员会及其经办机构管理新农合基金的行为进行监督，有权利知晓新农合资金的筹集、支付情况。农村集体经济组织应将新农合资金的筹集、支付情况在本集体范围内予以公告。

第十一，受委托时的费用收取权。国家委托农村集体经济组织收缴参保农民保险费的，集体经济组织应接受委托，但国家应承担相应的费用。

第十二，集体监管人员的产生方式。农村合作医疗管理、监督委员会中的农民代表应由农村集体经济组织选举决定，参与选举投票的代表由村民大会或村民代表大会投票产生。

第十三，农民集体的信息公开义务。农村合作医疗经办机构要采取张榜公布等措施，定期向农村集体经济组织公布农村合作医疗基金的具体收支及使用情况。农村集体经济组织应将这些情况及时公布给集体成员。

第十四，农民集体的意见建议权。新农合管理机构在农村卫生机构中择优选择农村合作医疗的服务机构时，应听取农村集体经济组织的意见和建议。农村集体经济组织应采取多种方式征求农民对新农合的意见与建议，并将这些意见与建议及时通告给新农合管理与实施机构。

第十五，农民集体的宣传配合义务。农村集体经济组织应配合政府积极宣传新农合制度的法律法规，鼓励成员参加新农合。农村集体经济组织不能强迫农民参保。

第十六，农民集体的代收代缴义务。经参保的全体集体成员或成员代表大多数同意，农村集体经济组织可以代为收缴农民的个人缴费。

第十七，农民集体的公示义务。国家实行新农合基金使用管理的县、乡、村公示制度，农村集体经济组织有义务配合国家主管机关公示相关内容并应将其作为村务公开的重要组成部分。

第十八，农民集体对农村医疗设施建设的支持义务。农村集体经济组织应对国家建立农村社区卫生服务机构提供必要的人力及物力支持，支持方案应由农民集体成员大会或成员代表大会讨论通过。

第十九，农民集体的道德风险防范义务。农村集体经济组织有权利对农民及定点医疗机构的违法行为及道德风险行为进行监督，并应检举揭发参保农民以及医疗机构的违法违规行为。

2. 农民集体在社会救助中的职责

第一，集体经济组织接受申请的义务。认为自己应享有某项社会救助权利的集体成员，要获得该项救助应向集体经济组织提出书面申请，集体经济组织应该接受该申请。

第二，集体经济组织的家计审查职责以及救助名单确定方式。集体经济组织经过家计调查后，应提出初步获救助者名单并召开村民大会或村民代表大会确定符合条件的救助者。

集体经济组织确定的救助者名单应在本集体范围内进行为期不少于15天的公示。

公示期限届满后，对于没有异议的救助申请，农村集体经济组织负责人应及时报相关的职能部门批准。

第三，集体经济组织的报告义务。接受社会救助的集体成员丧失救助资格后，农村集体经济组织应及时向社会救助主管部门报告。

第四，农民集体社会救助实施情况的公示义务。农村集体经济组织应将社会救助的申请条件、程序、民主评议情况以及农民社会救助的标准和资金使用情况等在本集体范围内予以公示，接受集体成员监督。

集体经济组织应将本集体成员接受社会救助的事项作为村务公开的重要内容，将接受救助的集体成员、接受救助的项目以及数额等情况在本集体范围内公开，并公开国家社会救助监督机关的联系方式，确保农民监督权的实现。

第五，集体经济组织的配合义务。国家有权机关进行家计调查时，农村集体经济组织应积极配合，如实反映被调查者的家庭经济状况。

3. 农民集体在社会福利中的职责

第一，农民集体的福利供给义务。集体经济有效实现的农村集体经济组织应该为成员提供与其经济实力相符的社会福利，具体事项由集体成员大会或集体成员代表大会决议决定。

第二，集体经济组织的协助供给义务。国家提供社会福利需要占用集体土地的，须经集体经济组织成员大会决议通过。集体提供土地的面积与位置由集体经济组织成员代表大会表决决定。

第三，集体经济组织的同意义务。国家提供社会福利需要通过集体经济组织同意的，集体经济组织应予以允许。

第四，集体经济组织的管理义务。集体经济组织应该管理位于本集体经济组织范围内的社会福利设施，管理费用由国家承担，并支付集体经济组织合理的劳务报酬。

第五，集体经济组织的配合义务。国家为农民提供社会福利设施需要集体经济组织配合的，集体经济组织应提供必要的协助，国家应支付一定的费用。

Reference

参考文献

著作类：

[1] 陈小君等:《农村土地法律制度的现实考察与研究：中国十省调研报告书》，法律出版社 2010 年版。

[2] 陈小君等:《后农业税时代农地法制运行实证研究》，中国政法大学出版社 2009 年版。

[3] 陈小君等:《农村土地法律制度研究——田野调查解读》，中国政法大学出版社 2004 年版。

[4] 陈小君等:《农村土地问题立法研究》，经济科学出版社 2012 年版。

[5] 韩松:《集体所有制、集体所有权及其实现的企业形式（修订版）》，法律出版社 2006 年版。

[6] 宋士云:《中国农村社会保障制度结构与变迁（1949-2002）》，人民出版社 2006 年版。

[7] 郝书辰、董西明等:《新时期农村社会保障制度研究》，经济科学出版社 2008 年版。

[8] 王国军:《社会保障：从二元到三维》，对外经济贸易大学出版社 2005 年版。

[9] 邓大松、刘昌平等:《新农村社会保障体系研究》，人民出版社 2007 年版。

[10] 庹国柱等:《制度建设与政府责任——中国农村社会保障问题研究》，首都经济贸易大学出版社 2009 年版。

[11] 杨翠迎:《中国农村社会保障制度研究》，中国农业出版社 2003 年版。

[12] 曹建民、龙章月、牛剑平:《中国农村社会保障制度研究——以西北贫困地区为例》，人民出版社 2010 年版。

[13] 李君如、吴焰等:《建设中国特色农村社会保障体系》，中国水利水电出版社 2008 年版。

[14] 林义主编:《农村社会保障的国际比较及启示研究》，中国劳动社会保障出版社 2006 年版。

[15] 刘苓玲:《中国社会保障制度城乡衔接理论与政策研究》，经济科学出版社 2008 年版。

[16] 张新生:《我国二元经济与农村多元过渡社会保障研究》，经济科学出版社 2009 年版。

[17] 严俊:《中国农村社会保障政策研究》，人民出版社 2009 年版。

[18] 杨华:《中国城乡一体化进程中的社会保障法律制度研究》，中国劳动社会保障出版

社 2008 年版。
[19] 邓微等:《中国转型期农村社会保障问题研究》，湖南人民出版社 2006 年版。
[20] 欧阳仁根、赵新龙:《中国农村社会保障法律制度研究》，人民出版社 2009 年版。
[21] 郑功成:《社会保障学——理念、制度、实践与思辨》，商务印书馆 2000 年版。
[22] 林义主编:《社会保险》（第 3 版），中国金融出版社 2010 年版。
[23] 林义主编:《社会保险基金管理》（第 2 版），中国劳动社会保障出版社 2007 年版。
[24] 林嘉:《社会保障法的理念、实践与创新》，中国人民大学出版社 2002 年版。
[25] 许经勇:《中国农村经济制度变迁六十年研究》，厦门大学出版社 2009 年版。
[26] 陈锡文等:《中国农村制度变迁 60 年》，人民出版社 2009 年版。
[27] 贺雪峰:《什么农村，什么问题》，法律出版社 2008 年版。
[28] 贺雪峰:《乡村社会关键词——进入 21 世纪的中国乡村素描》，山东人民出版社 2010 年版。
[29] 温铁军:《“三农”问题与制度变迁》，中国经济出版社 2009 年版。
[30] 徐勇:《乡村治理与中国政治》，中国社会科学出版社 2003 年版。
[31] 许琳主编:《社会保障学》，清华大学出版社、北京交通大学出版社 2005 年版。
[32] 曹信邦主编:《社会保障学》，科学出版社 2007 年版。
[33] 孙光德、董克用主编:《社会保障概论》（第 4 版），中国人民大学出版社 2012 年版。
[34] 温海红主编:《社会保障学》，对外经济贸易大学出版社 2010 年版。
[35] 钟仁耀主编:《社会保障学教程》，北京大学出版社 2011 年版。
[36] 张民省编著:《社会保障管理学》，光明日报出版社 2010 年版。
[37] 林毓铭:《社会保障管理体制》，社会科学文献出版社 2006 年版。
[38] 成志刚:《社会保障导论》，湖南大学出版社 2003 年版。
[39] 郭爱妹、张戌凡:《多学科视野下的农村社会保障研究》，中山大学出版社 2011 年版。
[40] 刘翠霄:《天大的事：中国农民社会保障制度研究》，法律出版社 2006 年版。
[41] 杨团、毕天云、杨刚:《21 世纪中国农民的社会保障之路》，社会科学文献出版社 2010 年版。
[42] 张邦辉:《社会保障的政府责任研究》，中国社会科学出版社 2011 年版。
[43] 刘苓玲:《中国社会保障制度城乡衔接理论与政策研究》，经济科学出版社 2008 年版。
[44] 赖达清主编:《社会保障法：保障公民生存权利的法律形式》，四川人民出版社 2003 年版。
[45] 葛寿昌主编:《社会保障经济学》，复旦大学出版社 1990 年版。
[46] 黎建飞主编:《社会保障法》（第 4 版），中国人民大学出版社 2011 年版。

[47] 徐放鸣、路和平、朱青:《社会保障初论》,中国财政经济出版社 1990 年版。
[48] 郭崇德主编:《社会保障学概论》,北京大学出版社 1992 年版。
[49] 方乐华编著:《社会保障法论》,世界图书出版公司 1999 年版。
[50] 种明钊主编:《社会保障法律制度研究》,法律出版社 2000 年版。
[51] 覃有土、樊启荣编著:《社会保障法》,法律出版社 1997 年版。
[52] 郭成伟、王广彬:《公平良善之法律规制—中国社会保障法制探究》,中国法制出版社 2003 年版。
[53] 史探径主编:《社会保障法研究》,法律出版社 2000 年版。

论文类:

[1] 陈小君等:“后农业税时代农地权利体系与运行机理研究论纲——以对我国十省农地问题立法调查为基础”,载《法律科学(西北政法大学学报)》2010 年第 1 期。
[2] “农村土地问题立法研究”课题组、陈小君:“农村土地法律制度运行的现实考察——对我国 10 个省调查的总报告”,载《法商研究》2010 年第 1 期。
[3] “农村土地问题立法研究”课题组等:“农地流转与农地产权的法律问题——来自全国 4 省 8 县(市、区)的调研报告”,载《华中师范大学学报(人文社会科学版)》2010 年第 2 期。
[4] 陈小君:“我国妇女农地权利法律制度运作的实证研究与完善路径”,载《现代法学》2010 年第 3 期。
[5] 陈小君、蒋省三:“宅基地使用权制度:规范解析、实践挑战及其立法回应”,载《管理世界》2010 年第 10 期。
[6] 陈小君:“农村土地制度的物权法规范解析——学习《关于推进农村改革发展若干重大问题的决定》后的思考”,载《法商研究》2009 年第 1 期。
[7] 陈小君:“走在乡间的小路上——漫谈我国农村土地法律制度之‘四面墙’”,载《法学家茶座》2007 年第 18 辑。
[8] 韩松:“农民集体所有权主体的明确性探析”,载《政法论坛》2011 年第 1 期。
[9] 韩松:“农地社会保障功能与农村社会保障制度的配套建设”,载《法学》2010 年第 6 期。
[10] 韩松:“关于土地承包经营权调整的立法完善”,载《法学杂志》2010 年 12 期
[11] 韩松:“集体建设用地市场配置的法律问题研究”,载《中国法学》,2008 年第 3 期。
[12] 韩松:“农民集体所有权是新农村建设法律保障的制度基础”,载《西北农林科技大学学报(社会科学版)》2007 年第 4 期。
[13] 韩松:“我国物权立法中规定集体所有权的思考”,载《法学杂志》2005 年第 4 期。
[14] 韩松:“论成员集体与集体成员——集体所有权的主体”,载《法学》2005 年第 8 期。

［15］高飞："集体土地所有权主体制度研究"，中南财经政法大学 2008 年博士学位论文。
［16］高飞："论集体土地所有权主体之民法构造"，载《法商研究》2009 年第 4 期。
［17］耿卓："论农地承包经营权自由流转的必要性与可行性——一种多元视角"，载《中南财经政法大学研究生学报》2007 年第 2 期。
［18］耿卓："农地承包经营权流转自由之实现"，载《甘肃政法学院学报》2009 年第 1 期。
［19］吴忠、范君晖："进一步完善农村社会保险制度的基本构想"，载《商业研究》2007 年第 2 期
［20］张骏："我国农村社会保险运营模式探讨"，载《中国农业银行武汉培训学院学报》2008 年第 1 期。
［21］韩留富："加快农村社会保险制度发展的着力点——对南阳市 46 位乡镇长的调查与思考"，载《中国农村经济》2003 年第 11 期。
［22］王文素："农村社会保险基金筹集渠道探索"，载《中央财经大学学报》2003 年第 11 期。
［23］上官玉馨："农村社会保险立法的切入点"，载《上海市经济管理干部学院学报》2010 年第 1 期。
［24］郭培："对我国传统农村社会养老保险制度的反思与借鉴"，载《生产力研究》2010 年第 9 期。
［25］肖金萍："公平视阈下农村社会养老保险制度构想"，载《社会科学战线》2010 年第 8 期。
［26］孟娇："我国农村社会养老保险存在的问题及完善对策"，载《广东农业科学》2010 年第 2 期。
［27］张建伟："中国农村社会养老保险制度：转型与发展"，载《中央财经大学学报》2010 年第 5 期。
［28］张运刚："新型农村社会养老保险制度探索"，载《四川师范大学学报（社会科学版）》2010 年第 4 期。
［29］黄晶："对完善我国新型农村社会养老保险制度的探讨"，载《宁夏社会科学》2010 年第 3 期。
［30］范欣："关于农村社会养老保险制度建设的思考与对策"，载《广东农业科学》2010 年第 7 期。
［31］梅荣斌："关于新型农村社会养老保险政策解读——基于公平与效率的视角"，载《农业考古》2010 年第 6 期。
［32］司春燕："关于新型农村社会养老保险制度完善与推进的思考"，载《农业经济》2011 年第 4 期。
［33］桂在泓、王平："基于协商民主的我国新型农村社会养老保险制度的推进"，载《安

徽农业科学》2009 年 36 期。

［34］湖北省武汉市财政局课题组："推行新型农村社会养老保险的实践与思考"，载《中国财政》2010 年第 24 期。

［35］华黎、郑小明："完善新型农村社会养老保险财政资金供给的思路与对策"，载《求实》2010 年第 10 期。

［36］杨红朝："新型农村社会养老保险制度的发展探讨"，载《特区经济》2011 年第 3 期。

［37］高君："浙江省建立新型农村社会养老保险制度研究"，载《学术论坛》2010 年第 9 期。

［38］邓大松、薛惠元："新型农村社会养老保险制度推行中的难点分析——兼析个人、集体和政府的筹资能力"，载《经济体制改革》2010 年第 1 期。

［39］覃双凌、林祖媛："新型农村社会养老保险制度试点运行存在的问题及对策——以广西为例"，载《安徽农业科学》2010 年第 32 期。

［40］韩晓建："新型农村社会养老保险制度潜在问题研究"，载《商业会计》2011 年第 5 期。

［41］窦艳芬："构建新型农村社会养老保险制度的思考"，载《农业经济》2010 年第 6 期。

［42］刘军民、周志凯："推进新型农村社会养老保险可持续发展"，载《中国财政》2010 年第 1 期。

［43］詹连富："论我国农村社会养老保险制度建立问题"，载《吉林大学社会科学学报》2010 年第 1 期。

［44］王祥军："农村剩余劳动力转移背景下的农村社会养老保险制度的构建"，载《安徽农业科学》2010 年第 13 期。

［45］郭小聪、李洪涛："社会政策执行过程中的合作治理研究——以广州市农村社会养老保险政策为个案"，载《学术研究》2010 年第 10 期。

［46］王圣军："城乡一体化：新型农村合作医疗制度的归宿"，载《农村经济》2009 年第 8 期。

［47］李曦、姜羔："'以人为本'视阈下的新型农村合作医疗制度改革——以江西省宜春市奉新县赤田镇为例"，载《农业考古》2009 年第 6 期。

［48］石琬如："促进新型农村合作医疗可持续发展的方法探索——以安徽省铜陵县为例"，载《农业经济》2010 年第 7 期。

［49］谢圣远："对农村合作医疗保险制度的思考"，载《统计与决策》2005 年第 8 期。

［50］杨晓玲："对完善新型农村合作医疗制度的思考"，载《农业经济》2011 年第 2 期。

［51］李琼："发展和巩固西部贫困地区新型农村合作医疗制度的路径探讨——以湘西土家

族苗族自治州为例”，载《中南民族大学学报（人文社会科学版）》2010年第4期。
[52] 刘建伟：“关于新农村合作医疗制度建设问题的研究与对策”，载《中国经贸导刊》2009年第21期。
[53] 母晓萌：“河北省新型农村合作医疗制度发展研究”，载《河北学刊》2010年1期。
[54] 高则一：“解读新型农村合作医疗制度：发展历程、困境和对策”，载《前沿》2010年第1期。
[55] 张甲习：“农村合作医疗保险存在问题及建议分析”，载《特区经济》2007年第2期。
[56] 陈东、韩景愈：“浅析新农村建设中新型农村合作医疗制度的完善”，载《商业时代》2010年32期。
[57] 包国宪、高选：“欠发达地区农村新型合作医疗可持续发展研究”，载《甘肃社会科学》2010年第2期。
[58] 张劲松：“探析我国新型农村合作医疗制度”，载《农业经济》2009年第10期。
[59] 金淑彬：“提高四川农村合作医疗保险实效的路径选择——对四川省农村合作医疗保险的实地调查”，载《管理现代化》2007年第3期。
[60] 刘国艳、骆平原、尹丹：“完善广西新型农村合作医疗制度的对策研究”，载《经济研究参考》2010年第11期。
[61] 袁建华、初可佳、曾晓佳：“完善欠发达地区农村合作医疗保险制度之政策措施初探”，载《现代财经（天津财经大学学报）》2011年第1期。
[62] 刘雅静、张荣林：“我国农村合作医疗制度60年的变革及启示”，载《山东大学学报（哲学社会科学版）》2010年第3期。
[63] 石宏伟、朱飞英、金丽霞：“我国农村合作医疗制度现状分析与对策”，载《经济纵横》2009年第10期。
[64] 杨玲、柯冬林：“我国农村社会养老、医疗保险制度研究——以湖北省为例”，载《中南财经政法大学学报》2006年第5期。
[65] 夏莉艳：“我国商业保险公司参与新型农村合作医疗问题研究”，载《经济纵横》2007年第2期。
[66] 徐创洲、韩树蓉：“我国新型农村合作医疗面临的突出问题及其解决之策”，载《中州学刊》2011年第1期。
[67] 袁辉：“我国新型农村合作医疗制度：公平与合作视角的分析”，载《农业经济问题》2010年第7期。
[68] 刘波、任旭：“我国新型农村合作医疗制度改革研究”，载《财经问题研究》2010年第5期。
[69] 李琼：“西部贫困地区新型农村合作医疗制度的可持续发展探讨”，载《河南大学学

报（社会科学版）》2010 年第 5 期。
[70] 魏来："新型农村合作医疗：价值取向、偏差与对策回应"，载《甘肃社会科学》2009 年第 4 期。
[71] 樊国昌："新型农村合作医疗保险制度的问题及发展建议"，载《经济论坛》2006 年第 6 期。
[72] 李珍、王平："新型农村合作医疗的社会保险学分析"，载《华中师范大学学报（人文社会科学版）》2010 年第 3 期。
[73] 代英姿："新型农村合作医疗的问题与对策——以辽宁地区家庭为样本"，载《社会科学辑刊》2010 年第 4 期。
[74] 王碧华："新型农村合作医疗的性质及其运行矛盾分析"，载《甘肃社会科学》2008 年第 4 期。
[75] 邹静琴等："新型农村合作医疗制度的实践困境与机制构建"，载《中国行政管理》2009 年第 8 期。
[76] 韩留富："新型农村合作医疗制度可持续发展问题研究——基于社会资本视角的分析"，载《甘肃社会科学》2009 年第 4 期。
[77] 包国宪、李美鑫："新型农村合作医疗制度一体化进程问题研究"，载《甘肃社会科学》2010 年第 4 期。
[78] 张潜、周发明："中国农村医疗保险存在的问题及解决途径"，载《农村经济》2007 年第 1 期。
[79] 邱云生、刘莎："对新型农村合作医疗问题的认识与思考——基于制度构建的视角"，载《农村经济》2010 年第 4 期。
[80] 杨海文、於怡："农村新型合作医疗保险制度中筹资机制研究"，载《中南财经政法大学学报》2005 年第 1 期。
[81] 叶慧："我国民族贫困地区新型农村合作医疗制度实施状况调查——以贵州省若干农户为例"，载《中南民族大学学报（人文社会科学版）》2011 年第 2 期。
[82] 吕伟、吴鹏、赵卿丞："对新型农村合作医疗在寻甸县实践的思考"，载《云南行政学院学报》2010 年第 5 期。
[83] 韩德："发挥保险专业优势　推动新型农村合作医疗事业的发展"，载《中国金融》2005 年第 23 期。
[84] 程毅："非均衡发展条件下新型农村合作医疗制度可持续发展研究"，载《宁夏社会科学》2010 年第 6 期。
[85] 楚永生、张兰英："江苏省新型农村合作医疗制度运行机制及绩效的实证分析"，载《审计与经济研究》2009 年第 6 期。
[86] 李华、杨中浩："商业保险参与新型农村合作医疗的效果分析"，载《学术交流》

2009 年第 10 期。
[87] 陈成文、许一波:“从构建和谐社会看建立新型农村社会救助体系”，载《湖南师范大学社会科学学报》2006 年第 1 期。
[88] 张俊武、陶恩前:“对农村社会救济问题的几点思考”，载《安徽农学通报》2006 年第 4 期。
[89] 龙卓舟:“农村社会救济体系的构建”，载《财贸研究》2004 年第 4 期。
[90] 王润华:“我国农村社会救助体系的现状、问题与对策探讨”，载《广东农业科学》2011 年第 3 期。
[91] 郭明霞:“对中国新农村建设中社会救助体系框架与对策的思考”，载《社科纵横》2007 年 11 期。
[92] 崔秀荣:“构建贫困地区农村社会救助制度的理性思考”，载《农村经济》2007 年第 12 期。
[93] 苏东海:“贫困地区农村社会救助制度亟需改善”，载《中国社会保障》2003 年第 4 期。
[94] 潘林伟:“稳定与发展——农村社会救助法律制度体系的现状与完善”，载《云南行政学院学报》2007 年第 4 期。
[95] 关信平:“论我国农村社会救助制度的目标、原则及模式选择”，载《华东师范大学学报（哲学社会科学版）》2006 年第 6 期。
[96] 方青:“论我国社会救助制度的改革”，载《安徽师范大学学报（人文社会科学版）》1999 年第 4 期。
[97] 李辉婕、吴自明:“我国农村社会救助工作面临的问题及对策”，载《安徽农业科学》2007 年第 34 期。
[98] 李正兴:“中部地区构建农村社会救助体系的探讨”，载《中国市场》2006 年第 48 期。
[99] 蒯小明:“我国农村社会救助的供给不足与国家责任”，载《经济与管理研究》2007 年第 7 期。
[100] 叶金国、仇晓洁:“中国农村社会保障财政资源配置问题及对策研究”，载《河北学刊》2015 年第 4 期。
[101] 叶金国等:“农村社会保障筹资水平与地方财政筹资能力研究——以河北省为例”，载《经济与管理》2015 年第 2 期。
[102] 林晓宁、徐图:“城镇化背景下日本农村社会保障制度对我国的启示”，载《税务与经济》2015 年第 3 期。
[103] 祝萍、周沛:“我国农村社会保障制度的重构与弥合”，载《求索》2014 年第 11 期。

[104] 刘峰："农村社会保障从传统向现代转型研究"，载《湖南社会科学》2014年第6期。

[105] 白小平："从政策到程序：农村社会保障程序制度的解构与取向"，载《理论月刊》2014年第1期。

[106] 黄清峰、刘艺戈："农村社会保障制度变迁的演进逻辑与路径选择——从路径依赖到路径创造"，载《社会保障研究》2014年第2期。

[107] 杨斌、徐敬凯："1978年以来中国农村社会保障制度的发展及评价——基于'三体系'的分析框架"，载《山东社会科学》2014年第4期。

[108] 李健："城镇化发展中建立农村社会保障体系的措施"，载《经济研究参考》2014年第18期。

[109] 汪晓华："我国农村社会保障制度法制化路径建构"，载《江西社会科学》2014年第4期。

[110] 唐娟莉："农村社会保障供给状况与需求满意度实证研究"，载《农村经济》2014年第8期。

[111] 左卫霞："新农村社会保障法律制度建设的思考探析"，载《兰州学刊》2013年第11期。

[112] 范志轩、陈翔："近年来我国农村社会保障研究述评"，载《中国海洋大学学报（社会科学版）》2013年第1期。

[113] 仇晓洁、李聪、温振华："中国农村社会保障支出均等化水平实证研究——基于公共财政视角"，载《江西财经大学学报》2013年第3期。

[114] 闫小欢、霍学喜："农民就业、农村社会保障和土地流转——基于河南省479个农户调查的分析"，载《农业技术经济》2013年第7期。

[115] 何惠珍："农村社会保障制度建设难题及其破解"，载《湖南社会科学》2013年第3期。

[116] 蔡少琴、李郁芳："土地保障对农村社会保障替代性分析"，载《商业研究》2013年第8期。

[117] 李迎生："农村社会保障制度改革：现状与出路"，载《中国特色社会主义研究》2013年第4期。

[118] 王珂瑾："从缺位到归位：农村社会保障中的政府责任"，载《兰州学刊》2013年第10期。

[119] 白小平："输入型农村社会保障制度困境与公共品供给的现代转型"，载《中州学刊》2013年第9期。

[120] 仇晓洁、温振华："中国农村社会保障财政支出效率分析"，载《经济问题》2012年第3期。

[121] 葛庆敏、田丽:“争议声中的探索:我国农村社会保障制度建设的对策分析”,载《西南民族大学学报(人文社会科学版)》2012 年第 3 期。

[122] 陈雄:“域外经验对中国农村社会保障制度完善之启示”,载《湖南社会科学》2012 年第 2 期。

[123] 朱梅、李燕凌:“农村社会保障制度变迁中政府主导逻辑的困境与超越”,载《湖南社会科学》2012 年第 2 期。

[124] 王治荃:“和谐社会语境下农村社会保障制度的完善”,载《河南师范大学学报(哲学社会科学版)》2012 年第 4 期。

[125] 郭竞成:“浙江农村社会保障市场机制利用的调查报告”,载《保险研究》2012 年第 3 期。

[126] 王月春:“土地流转背景下农村社会保障法律制度的完善”,载《广西社会科学》2012 年第 10 期。

[127] 刘峰:“农村社会保障资金来源立法构想”,载《求索》2012 年第 12 期。